高等院校信息管理与信息系统专业系列教材

信息管理学教程
（第五版）

杜 栋 编著

清华大学出版社
北京

内 容 简 介

本书从管理科学领域出发,以信息科学理论为基础,对信息管理学的学科体系进行了探讨,阐述了信息管理的基本原理和方法,讨论了战略的信息管理和信息管理的组织问题,着重介绍了信息管理过程和信息管理系统。最后,书中还提供了信息管理的实证研究与案例分析内容。本次修订版与时俱进,对第四版部分过时内容做了删减,并增添了一些反映移动互联网、云计算和大数据技术的信息管理新内容。本书不仅立意新颖,而且在全书的整体结构设计和具体内容取舍上有许多独特的创新。在强调理论和方法重要性的同时,突出了实践性和可操作性。每章后均有习题、课堂讨论和弹性作业。

本书可作为高等院校信息管理与信息系统专业以及管理类、财经类各专业本科生和工商管理硕士(MBA)教材,也可供从事信息化工作的管理人员和技术人员参考。

本书封面贴有清华大学出版社防伪标签,无标签者不得销售。
版权所有,侵权必究。举报: 010-62782989, beiqinquan@tup.tsinghua.edu.cn。

图书在版编目(CIP)数据

信息管理学教程 / 杜栋编著. —5 版. —北京: 清华大学出版社,2019(2020.12重印)
(高等院校信息管理与信息系统专业系列教材)
ISBN 978-7-302-52684-1

Ⅰ. ①信… Ⅱ. ①杜… Ⅲ. ①信息管理—高等学校—教材 Ⅳ. ①G203

中国版本图书馆 CIP 数据核字(2019)第 057429 号

责任编辑: 贺　岩
封面设计: 傅瑞学
责任校对: 宋玉莲
责任印制: 宋　林

出版发行: 清华大学出版社
　　网　　址: http://www.tup.com.cn, http://www.wqbook.com
　　地　　址: 北京清华大学学研大厦 A 座　　邮　编: 100084
　　社 总 机: 010-62770175　　邮　购: 010-62786544
　　投稿与读者服务: 010-62776969, c-service@tup.tsinghua.edu.cn
　　质量反馈: 010-62772015, zhiliang@tup.tsinghua.edu.cn
印　刷　者: 北京富博印刷有限公司
装　订　者: 北京市密云县京文制本装订厂
经　　销: 全国新华书店
开　　本: 185mm×260mm　　印　张: 16.5　　字　数: 388 千字
版　　次: 2002 年 4 月第 1 版　　2019 年 4 月第 5 版　　印　次: 2020 年 12 月第 3 次印刷
定　　价: 48.00 元

产品编号: 083073-01

出版说明

20世纪三四十年代,一直摸索着前进的计算技术与刚走向成熟的电子技术结缘。这一结合,不仅孕育了新一代计算工具——电子计算机,还产生了当时谁也没有料到的巨大效应:电子计算机——这种当初为计算而开发出来的工具,很快就超出计算的范畴,成为"信息处理机"的代名词。

信息能促成管理系统的优化,促进组织创新,绩效提升;信息能提高计划与决策的科学性和及时性,是信息时代组织生存、发展、竞争制胜的有力武器;信息能革新企业内部的生产力要素结构,使资源转换系统的生产率大幅度提高,同时以不断增加的柔性适应市场需求结构和消费结构的快速变化。

随着信息技术的发展与广泛应用,人类开始能够高效率地开发并利用信息,信息资源对人类社会的作用得以有效地发挥,并逐步超过材料和能源成为人类社会的重要支柱,信息化成为一个时代的口号。与此同时,信息资源开发与管理人才越来越受社会青睐。

信息管理与信息系统专业是一个培养信息化人才的专业,是一个培养信息资源开发与管理方面的专门人才的专业。从知识结构上看,它处在管理学、信息科学与技术及相关专业领域的交叉点上。它既对技术有极高的要求,又要求对组织有深刻的理解,对行为有合理的组织,反映了科学与人本融合的特点。这种交叉与融合正是信息管理与信息系统专业最重要的特征,是别的学科或专业难以取代和涵盖的。但是,从20世纪70年代末开始创办到90年代初,尽管国内设置该专业的院校已有150多所,但还没有形成一个能很好反映自己特色的教材体系。1991年全国10所院校的信息管理专业的负责人在太原召开第一次研讨会,异口同声地谈起创建一套符合专业需要的教材体系的话题。此后,经过1993年在大连、1995年在武汉召开的会议,又有更多的院校加入这一研讨之中。这些研讨活动得到了国家教委有关部门的赞许和支持。通过研讨,大家在建设具有专业特点的教材体系、改变简单照搬其他专业教材上取得了共识。1996年正式启动这个项目,协商由张基温教授担任主编,由魏晴宇教授、陈禹教授担任顾问。在清华大学出版社的大力支持下,从1997年起这套我国信息管理与信息系统专业的第一套系列教材陆续问世。迄今已经10年多,当初规划的七八本教材已经扩展到30多本,形成了一套品种多样、影响面广的系列教材,不仅为信息管理和信息系统专业建设作出了贡献,而且被许多计算机专业所选用。这些都是编委会全体同人和作者、广大使用本系列教材的师生以及出版社的编辑们辛勤劳动的结果。

同时,我们也欣喜地看到,10年来,信息管理与信息系统专业也有了较大的发展,不仅其规模已经发展到500多个教学点,而且随着信息化的纵深推进,随着电子商务、电子政务和企业信息化的发展,专业的教学内容也与时俱进地深化和更新,从过去的围绕信息系统分析与设计,已经延伸到信息资源的开发与管理;专业的定位也逐步明晰,即为信息化建设与管理培养人才。同时,近年来围绕提高教学质量,许多学校开展了精品课程建设和教材建设。这些都标志着这个专业正在走向成熟。

  成熟的专业需要优秀教材的支持。为此,我们将重新审视并陆续修订这套教材。在这套教材问世 10 周年之际,我们再一次表示一个心愿:希望与全国的同行共勉,在教材和专业建设上齐心协力,作出更大贡献。我们将在原来的基础上,重新审视、不断补充、不断修改、不断完善。对于它的任何建设性意见,都是我们非常期盼的。为此,这套教材将具有充分的开放性:每一本教材都是一个原型,每一位有志者对它的建设性意见都将会被采纳,并享有自己的知识产权,以使它们逐步成为精品。

《高等院校信息管理与信息系统专业系列教材》编委会

2007 年 1 月 28 日

第五版前言

《信息管理学教程》出版以来，被众多学校选用为教材，并受到广大读者的厚爱。与时俱进，不断更新教学内容，改进教学方法，是作为一本精品教材应该积极去做到的。

回望历史的天空，20世纪90年代，以个人电脑和桌面软件为主导的信息化浪潮为我们带来了前所未有的变革。继往开来，21世纪第一个十年，以互联网为主导的新技术浪潮，创造出基于互联网的众多新产业、新价值。互联网时代方兴未艾，3G、4G、WiFi、智能终端、大数据、云计算等技术的飞速发展，在21世纪第二个十年又带领我们大踏步地走进移动互联时代，为信息管理学注入了新鲜血液。当下，4G时代已经到来，而且，5G在中国也已经不再是一个未来时的概念，它已经成为一个进行时的现实。另外，还有大数据、云计算、区块链等都是热议的话题。所以，我们应该以崭新的面貌迎接移动互联新纪元。而这些对信息管理学的教学都提出了新机遇和新挑战。

本次修订版在相关章节中，适当补充了一些移动互联网、云计算等新技术的引导内容，并对原来的第12章——"大数据时代的信息管理"进行了扩充。

杜 栋
2019年2月

第四版前言

本书自 2002 年面世以来,已经连续印刷了近 20 次,反映了读者对本书的普遍认可和基本肯定。期间,由本人主持的以此教材为蓝本的"信息管理学"课程也被评为江苏省高等学校精品课程,积累了比较丰富的教学资源。10 多年过去了,虽然本书也修订了 2 次,但是,随着科学技术的进步和生产力水平的提升,尤其是在世界范围内,大规模生产、分享和应用数据的时代——大数据时代正在到来,这对信息管理教学和研究带来了新的机遇和挑战,要求我们重新思考大数据背景下的信息管理专业建设和人才培养。基于此考虑,对本书进行了全新的修订。

从 2009 年开始,"大数据"逐渐成为信息技术行业的流行词汇。2012 年 5 月,联合国"全球脉动计划"发布了题为《大数据促发展:挑战与机遇》的报告,指出大数据像纳米技术和量子计算一样带来了根本性的变革,将会塑造一个全新的 21 世纪。大数据的战略意义不仅在于掌握庞大的数据信息,更重要的是体现在对海量的结构化和非结构化数据进行专业化处理,并快速获得有价值信息的能力方面。大数据像春天的萌芽,即将破土而出;大数据像东方的旭日,即将冉冉升起;大数据像大海的浪潮,即将汹涌澎湃。深入研究大数据技术的特点以及对信息管理学的冲击,是一项具有重要战略意义的课题,既有特殊的理论意义,也有迫切的现实意义。通过对大数据理论研究和实践应用的观察与分析,积极探讨大数据时代的信息管理问题,以使本书能跟上时代的步伐,继续发挥其指导、引导和启发的作用。

本书不仅用全新的大数据视角看待信息管理,补充了最新的知识和内容,而且每章后面增添了课堂讨论题目和课外弹性作业,这样不仅可以增加课堂教学的互动性,而且可使以往的课堂教学走向更大的开放的学习空间。相信本书会给信息管理学界再次带来一阵清风,为信息管理创新人才的培养提供新的思路和参考。

编 者
2014 年 5 月

第三版前言

《信息管理学教程》(第一版)问世后,由于该书反映了我们运用系统科学思想和方法进行本专业教学内容与课程体系改革研究的成果,获得了江苏省高等教育教学成果奖;第二版出版后,也连续印刷了多次,而且被评为江苏省高等学校精品教材。这些都激励本人必须继续做好本书的修订工作,精益求精,回馈读者。目前呈现给大家的是本书的第三版。

早在1999年,教育部新的本科专业目录中的"信息管理与信息系统"专业,其主要课程就列有"信息管理学"。后来很多学校相继开设了"信息管理概论"之类的课程,该课程被列为新专业的主干基础课或核心基础课。它的主要目标是给本专业的学生提供一种概论性的专业入门知识,让学生认识本专业,培养专业感情和修养,使学生了解本专业的基本知识框架和能力要求,为后续课程的学习和今后的工作指明方向。本人也一直认为,这门课程的开设意义重大,它应该置于本专业课程体系之首。

2004年,教育部高教司委托高等学校管理科学与工程学科教学指导委员也为本专业确定了类似的主干课程,名称叫"信息资源管理"。有人认为,"信息管理"与"信息资源管理"是一回事情;但也有人认为,信息资源管理只是信息管理的一部分,是信息管理不断演化和发展的阶段性产物。虽然"信息资源管理"这个名称时髦些,但是本书将继续维持原来的书名,因为这样与本专业目前的名称比较吻合。课程的名称到底叫什么倒无所谓,只是必要的内容和知识是应该交代给学生的。

近几年来,以"信息管理"命名的教材也陆续出版了一些,但由于本专业是来源于不同背景的整合专业,所以不可能编写出适合各种需求的通用教材,指定哪一本书作为本专业皆适用的教材也不太现实。另外,作为专业导论性或概论性的入门书,不能面面俱到地把所有相关课程的教学内容细节都纳入进来,造成不必要的重复和累赘,编成一本"百科全书"。其实,入门书只需交代给学生专业的知识结构和能力要求,培养他们的专业意识和职业修养就足够了。

出于我们的专业背景和视角,本教材的用户群主要设定为理工科院校的管理学院或商学院和财经类院校的信息系或计算机系的本专业师生,尤其是理工科院校的管理学院使用本书最为合适。当然,更为可喜的是,很多计算机应用类的专业也使用了本教材。本教材继续保持了原有的简单化、明了化、规范化风格,也将继续发挥其具有的指导性、引导性、启发性特点。一本质量好、读者满意的教材,在人才培养方面的作用是不可估量的。编者期望能得到新老读者的继续关心和支持,及时反馈使用本教材中遇到的问题。本人的 E-mail:dudong64@sohu.com。另外,需要本教材PPT的教师,也可通过此电子邮件索取。

编 者
2006 年 8 月

第二版前言

本书(第一版)出版两年来,受到广大读者的欢迎,先后印刷了多次。本次再版保留了原书的特色和风格,补充和增加了一些新内容,使原书内容更加饱满和充实。

回想做第一版时大体的路线图是:管理学背景/信息学基础——信息管理学学科体系——信息管理原理/信息管理方法——信息管理战略/信息管理组织——信息管理过程/信息管理系统——信息管理实证研究/信息管理案例分析。其中案例分析部分当时由于种种原因没有附上。

当时的基本观点是,信息管理学既然是管理学研究的一个新的分支,它理应遵循管理学的一般规律,所以试图去处理信息管理理论和管理学基本理论的关系与融合问题。另外,将信息技术应用和信息系统建设等有机地融入信息管理理论与实践之中的做法,也是期望大家一起来共享这一理论研究成果和实践工作经验。

更为重要的是,由于本人是系统工程专业出身,受系统思想和方法的熏陶颇深。信息管理工作本身也是一种系统性工作,所以,本书特别强调系统科学思想和系统工程方法在信息管理中的应用。可以看到,组织信息管理工作的系统化是一个十分现实的问题,其基本含义有二:一是常规工作的系统化,即用系统工程的方法来管理组织信息工作;二是利用计算机和现代通信技术建立人机结合的管理信息系统。这两方面都是十分重要的。

本书主要是为信息管理与信息系统专业的本科生提供一本入门的教材,以便使这个专业的学生一开始就明确该专业将来是做什么的,为此要有哪些知识和本领,使他们能够积极地、主动地去学习和锻炼。因为这个专业终究还是一个新的专业,学生往往缺乏对本专业领域的目标、任务的正确理解,甚至简单地把这个专业等同于计算机技术专业,所以,入门课的开设很有必要。

另外,恐怕最容易引起争议的是本书对信息技术内容的处理。现代信息技术并不是一种技术,而是围绕着信息处理这个目标集中起来的一大批不同的技术。一般来说,很难想象要求学生深入掌握所有这些技术,这不可能也不现实。需要说明的是,本书并非认为信息技术知识不重要(的确,本专业的学生必须了解并在今后的工作中使用这些技术),而是考虑到由于本专业的教学计划中一般已开设了几乎全部的计算机硬件、软件及网络通信和数据管理课程,所以,没有必要进行重复介绍,一个极为概括的引言和适当的渗透就够了。本书的另一个考虑也是想培养学生从组织管理实际需要出发,主动地去寻求信息技术的支持,而不是被动地将计算机应用于管理中。所以,本书在有关信息技术知识点的论述中,着重介绍了与信息管理和信息系统密切相关的信息技术前沿问题,这样有利于学生开阔眼界,拓宽知识面。

由于信息管理领域知识面宽、综合性强,许多理论和实践问题尚待进一步总结。第二版安排了案例分析一章,以增强读者理论联系实际的能力。这些案例大部分来自 http://www.e-works.net.cn 网站,在此对原创作者和单位表示致谢。

希望此书新版能在有关专业大学生、教师和从事信息化工作的科技人员和管理人员中再次产生共鸣。

编 者

2004 年 6 月于龙城

前　言

　　1998年普通高校本科专业目录调整后,一个新的整合专业——"信息管理与信息系统"专业诞生了。就在当年,我有幸主持了一项本专业面向21世纪教学内容与课程体系改革计划项目,在本专业的课程体系总体规划和教学内容相互协调方面,做了一些努力。同时,我深感教材建设是教改的重要组成部分,于是萌发了在出版第一本书——《管理控制论》后,写一本新专业的导论书,为本学科建设和本专业发展添砖加瓦的想法。

　　我从事管理信息系统教学和科研工作多年,切身的体会就是信息管理理论和方法在信息系统开发和应用中有着十分重要的战略地位和指导作用。从事信息系统建设,缺乏必要的对信息的收集、加工、存储、传递和使用的信息管理基本知识是不行的。

　　信息系统的建设仅仅是整个信息化工作中的一个重要环节。过去搞信息系统建设,仅着眼于信息系统自身,而不顾信息系统的基础和延伸,其指导思想多是技术导向而不是管理导向。由"以信息技术应用为中心"转向"以信息资源管理为中心"的新观点,反映了信息系统建设的发展规律。

　　信息管理是目的,信息系统是手段。只有目的和手段相统一,才能真正推进信息化工作。我写此书的动机就是力求揭示信息管理与信息系统的内在联系与规律,强调信息系统和信息管理的有机结合。目的是帮助更多的人增加一些对信息管理知识的了解,促进他们成功地进行信息系统的建设。

　　信息管理是管理科学的一个新的分支。信息管理主要是指对信息资源的管理。信息管理的实质在于"管理过程"。信息管理的目的就是充分开发和有效利用信息资源。

　　信息管理既是一个实践问题,也是一个理论问题。信息管理实践活动已逐渐在政府机关、企业团体等社会组织机构中发展起来,并建立起了各种各样的管理信息系统。相比之下,对于信息管理的理论研究在我国还显得相当薄弱。理论的落后在一定程度上制约了我国信息管理活动的深入发展,影响我国的信息资源整体开发与利用水平。

　　国外的信息管理主要是研究组织(非个人或社会)的信息资源的管理问题。本书的主题非常明确,即定位于社会组织机构(以工商企业为主)中对信息资源的管理。更具体地说,本书重点是从微观的角度论述信息管理,而不同于一般从宏观的角度去论述的著作。当然,本书也注意到从社会经济发展的高度,从信息化的全局去考虑。

　　概括起来,本书的创新之处和特色主要有以下几点:

　　(1) 从管理科学领域出发,阐述信息管理基本原理、方法及其应用。

　　(2) 定位于社会组织机构(而非个人或社会)中对信息资源的管理。

　　(3) 揭示信息管理与信息系统间的相互关系,促使两者有机地结合。

　　(4) 从理论上和实践上进行研究,特别是加强信息管理的实证研究。

　　(5) 遵循教学规律、加大教改力度,注重素质教育是本书的一大特点。

作为一本导论书,编者强调培养和训练学生的信息管理意识和信息管理能力,使他们在今后的学习和工作中能懂得如何充分开发、有效利用和科学管理信息资源,真正成为高质量的信息管理人才。

为了写这本书,我参考不少书籍(文献中仅列了主要的参考书目),在此向这些书籍的作者表示感谢。本书中不妥之处,还望读者指正。

杜　栋

2001年8月于常州新区

目 录

第 1 章 管理学背景 ... 1
1.1 管理和管理科学的概念 ... 1
1.2 管理思想的演变过程 ... 2
1.3 信息管理课题的提出 ... 3
1.4 信息管理对组织管理的影响 ... 5

第 2 章 信息学基础 ... 12
2.1 信息 ... 12
2.2 信息科学理论基础 ... 17
2.3 信息科学 ... 20
2.4 信息技术、信息资源与信息化 ... 22

第 3 章 信息管理学概述 ... 30
3.1 信息资源管理 ... 30
3.2 信息管理 ... 35
3.3 信息管理科学 ... 41
3.4 信息管理学的实用体系和相关内容 ... 44
3.5 信息管理学的学科发展与专业教育 ... 62

第 4 章 信息管理的基本原理 ... 66
4.1 信息源与信息组织 ... 66
4.2 信息流与信息管理 ... 69
4.3 信息宿与信息使用 ... 74
4.4 信息资源开发与利用 ... 77

第 5 章 信息管理的基本方法 ... 85
5.1 引言 ... 85
5.2 逻辑顺序方法 ... 86
5.3 物理过程方法 ... 87
5.4 企业系统规划方法 ... 87
5.5 战略数据规划方法 ... 90

第 6 章 战略的信息管理 ... 94
6.1 战略信息管理的引入 ... 94
6.2 战略信息管理的基本理论 ... 96
6.3 信息战略规划 ... 98

第7章 信息管理的组织 · 103
- 7.1 信息管理机构 · 103
- 7.2 信息管理组织体系 · 105
- 7.3 信息主管 · 108
- 7.4 信息工作者 · 112

第8章 信息管理过程 · 116
- 8.1 信息需求与服务 · 116
- 8.2 信息收集与加工 · 119
- 8.3 信息存储与检索 · 126
- 8.4 信息传递与反馈 · 132

第9章 信息管理系统 · 142
- 9.1 信息系统概述 · 142
- 9.2 组织中的信息系统 · 154
- 9.3 信息系统开发 · 157
- 9.4 信息系统运行维护与管理 · 174
- 9.5 信息系统的新进展 · 182

第10章 信息管理实证研究 · 191
- 10.1 信息战略管理 · 191
- 10.2 信息过程管理 · 193
- 10.3 信息基础管理 · 206
- 10.4 信息系统管理 · 210

第11章 信息管理案例分析 · 213
- [案例1] 海尔公司步入信息化时代 · 213
- [案例2] 神龙公司供应链管理 · 214
- [案例3] "格力造"ERP · 215
- [案例4] CRM让融氏远离脱节 · 218
- [案例5] 扬子汽车电子商务应用 · 221
- [案例6] 沈飞公司的信息工作 · 224
- [案例7] 龙涤集团信息化成功之路 · 227
- [案例8] 江铃国际集团MIS · 231
- [案例9] 长虹MIS的实践经验 · 235

第12章 大数据时代的信息管理 · 239
- 12.1 大数据现象的观察与分析 · 239
- 12.2 大数据背景下信息管理面临的挑战 · 241
- 12.3 应对大数据的几点对策 · 244

参考文献 · 247

第1章 管理学背景

本章在简单介绍管理和管理科学的基本概念后,从管理思想的演变过程,剖析现代管理所面临的新形势,引出信息管理的课题,指出信息管理的必要性。在本章末,讨论了信息管理对组织管理的影响,展示了一些最新的管理理念和模式。

1.1 管理和管理科学的概念

管理是人类最古老的活动之一,是人类社会活动和生产活动中普遍存在的社会现象。近几十年来,随着社会的不断进步,科学技术的飞速发展,以及管理活动内容的日益丰富,管理在人们的实际生活和生产过程中的作用越来越受到广泛关注和重视。

形成一项管理活动必须具备五个要素:一是有管理的主体,即由谁来进行管理;二要有管理的客体,即被管理的对象及内容;三是管理的目的,即为什么要进行管理;四是管理职能与方法,即解决如何管理的问题;五是管理环境和条件,即管理中所处的内外环境。它们形成了管理的五个基本要素。

管理的实践活动自古有之,对管理的理论化研究始于19世纪后半叶。作为科学概念,许多学者提出了各种各样的见解,但由于各人下定义的角度不同,或强调的方面不同,表述也就千差万别。

关于管理,国内现在较为统一的定义是:管理是通过计划、组织、指挥、协调、控制等基本职能,有效地利用人力、财力、物力、设备、技术、信息诸种因素,促使它们密切配合,并发挥最高效率,以达到预期的目标。

管理科学则是在长期管理实践的基础上产生的,在当今社会扮演着与科学技术同等重要的角色。人们普遍认为,先进的科学技术和先进的管理科学是推动现代社会发展的"两个车轮",缺一不可。

管理科学通常有广义和狭义两种解释。广义的解释是有关管理的科学,凡有关管理的理论都可称为管理科学;狭义的解释则指西方管理学中的一个学派,该学派又称管理中的数量学派,它几乎是运筹学的同义语。

管理科学学派并不研究管理科学理论问题,而是要把现代自然科学技术的新成果(运筹学、计算机信息系统等)运用到管理上形成新的管理技术。其中,运筹学的各种定量方法的发展和应用为计算机信息系统提供了产生许多支持决策的重要信息的有效工具,而计算机信息系统的建立又为运筹学提供了在企业中充分发挥作用的基础。这说明管理已从由艺术为主的阶段发展到以科学为主的阶段。

古今中外的管理思想和理论可谓浩如烟海。比如,管理过程理论注重"过程"的研究,认为管理是一种过程;管理决策理论认为管理主要不是作业而是"决策",决策是管理的关键,等等。现代管理理论是近代所有管理理论的综合,是一个知识体系,一个学科群。这里只能概括地论及一些管理的基本概念和管理科学中的重要学派,以作为信息管理的理论先导。

1.2 管理思想的演变过程

就管理科学(广义)自身的发展而言,大体可分为科学管理理论、行为科学理论和现代管理理论三个阶段。

1. 科学管理理论所关心的主要是物的因素

科学管理理论的中心问题是提高效率。总的来说,其研究的范围没有超出劳动作业的技术过程。

泰勒作为"科学管理之父"对管理理论的主要贡献是把经验上升为理论,但泰勒在他的《科学管理》中并不是完全没有考虑到人的因素和交流问题。泰勒指出,工人和雇主两方面必须认识到提高劳动生产率对两者都有利,必须都来一次"精神革命",互相协作,共同为提高劳动生产率而努力。而这种关系的维持,正是需要信息的不断交流,这样才能使其科学管理的原理贯彻实施下去。

法约尔提出了管理的五种职能——计划、组织、指挥、协调和控制。关于管理职能的论述构成了法约尔管理思想的核心,该理论直到今天仍然是一种普遍适用的管理理论。特别需要指出的是,法约尔认为,两个平行的指挥链的同级机构之间,在一定范围内进行信息沟通,就像搭一架桥一样,使二者直接沟通,提高解决问题的速度,从而大大提高管理效率。后人称这种做法为"法约尔桥"。

2. 行为科学理论重视的是人的因素

行为科学理论认为人是组织中最重要的资源,它纠正了古典管理理论忽视人的因素的局限性,标志着管理理论已发展到一个新的阶段。

梅奥通过有名的霍桑实验认为,职工是"社会人",企业中存在着"非正式组织",企业中管理人员的领导能力在于要同时具有技术技能和人际关系的技能。

另外,根据明茨伯格的研究,管理实践中存在着沟通人际关系、传递信息和制定决策三类管理角色。成功的管理者同时扮演不同的管理角色。

这些都对信息联系问题做了一定的评价,从一定程度上肯定了信息在管理中的重要地位。

3. 现代管理理论开始研究信息这一因素

现代管理理论有许多,可以说形成了管理理论的丛林。真正把信息作为管理理论研究对象,是现代管理理论中出现的。

巴纳德认为,组织的基本要素有三:共同的目的、协作的愿望、信息,组织的产生和存续只有通过这三个组织要素的有机结合才能实现。

西蒙认为,决策贯穿于管理的各个方面和全部过程,管理就是决策。在决策过程中,他特别强调信息联系的作用,强调信息联系是一种双向过程,包括从组织的各个部分向决策中心的传递,也包括从决策中心向各个部分的传递。

以上介绍的不同管理学派无论是从什么角度来论述信息的作用,我们都注意到这样一个事实,管理中对信息认识和利用程度的高低,是管理理论和实践发展的一个重要标志。尽管许多管理理论没有直接从信息科学的角度进行探讨,但依据这些理论的人们在实际管理活动中,却自觉不自觉地利用信息来从事管理活动。

没有信息,便不可能有真正有效的管理。由于管理环境的变化(特别是全球经济一体化和多元化竞争态势),以及计算机技术和现代通信技术的发展,管理的重心已全面开始向信息倾斜。现代社会已把信息作为一种重要的战略性资源来对待。

概括起来,管理思想的发展过程也就是从科学管理的思想到信息资源管理的思想的演变过程,是管理重心从物的管理到人本管理再到信息资源管理的变化过程。

1.3 信息管理课题的提出

我们知道,构成一个管理系统的两个基本部分是管理者和被管理对象,而建立管理者与被管理对象之间联系的正是信息。从图1-1中可以看出,无论是管理者的目标,还是管理者发出的指令,或者被管理者的状态,以及被管理者对管理指令的反馈,包括对管理者的各种干扰因素,都是以信息的形式存在的。正是这些信息构成了管理者与被管理者之间所有的关系。这种信息联系和信息作用一旦正确地建立起来,管理系统就能发挥自己的功能即实现管理的目标。其中,有关信息的获取、处理、存储、传递和使用,对于同处于管理系统中的管理者和被管理者都是至关重要的。

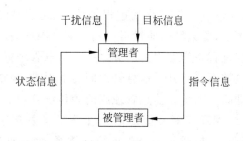

图1-1 最简单的管理模型

管理即管理者通过一定的管理活动作用于管理对象以实现管理目标的过程。管理本身就是一个有序化的过程,在这个过程中,管理者不断向管理对象传递信息,监督管理对象的运行状态,及时收集反馈信息,并不断地做出调整,以保证目标的实现。

同时,在管理活动过程中,所有的管理组织机构都要依靠信息来进行联系和交流。一方面是不同管理层次之间的纵向联系和交流;另一方面是同一层次中不同管理部门和环节之间的横向联系和交流。没有这种联系和交流,整个管理系统将陷入瘫痪。

从一般原理的角度,我们可将信息在管理中的地位和作用归纳为以下四个方面:

(1) 从管理系统的角度看,信息是管理系统的基本构成要素和有机联系的介质。离开了信息,既不能有管理系统的存在,也不能有管理活动的存在。

(2) 从管理过程的角度看,整个管理过程实际上就是以信息为媒介,表现为信息的不断输入、变换、输出和反馈的过程。

（3）从管理组织的角度看，信息是各管理部门、管理层次、管理环节相互间沟通联络、协调行动的桥梁和纽带。

（4）从管理目的的角度看，信息的开发利用是提高经济效益和社会效益的重要途径。信息出速度、出效益、出财富，它是比物质和能量更为重要、更为关键的资源。

以上可见，信息是管理的基础、关键和灵魂。对信息的管理应该是组织管理的核心。信息管理的水平，将影响和制约其他一切管理活动的效率。我们必须积极地开展对信息管理的研究。

信息管理属于人类管理活动的一部分。信息管理是管理领域的新成员，它是以信息为管理对象。根据管理的定义以及现代社会已把信息作为一种重要的战略性资源来对待，我们给信息管理也下一个定义：信息管理是在管理科学的一般原理指导下，对信息活动中的各种要素，包括信息、人员、资金、设备、技术等，进行科学的规划、组织、协调和控制，以充分开发和有效利用信息资源，从而最大限度地满足社会的信息需求。

作为人类管理活动发展的一个阶段，人们对信息管理的重视是最近半个世纪的事。社会对信息作用的认识日益深化，导致组织都把信息管理活动作为管理活动的重要内容。特别是进入20世纪80年代以来，世界的经济发展进入一个激烈竞争的年代。可以说，谁先获得信息，谁就有可能抓住发展经济的机遇。同样，谁能很好地管理和利用信息，谁就有可能占领市场，获得效益。国内外大量事实也已说明：在当前这个激烈竞争的世界上，谁的信息管理现代化水平比较高，谁重视信息资源的开发和利用，谁就能抓住时机，在竞争中取胜。

社会对信息作用的认识日益深化，导致组织把信息管理活动作为管理活动的重要内容。随着全球经济由工业经济向信息经济转变的进程加快，缺乏信息渗透的管理工作将显得苍白无力，要么管理节奏跟不上，要么管理质量得不到保证。因此，在管理工作中，强化信息职能，使之向信息管理发展将是管理学发展的趋势之一。信息管理能促成管理系统的优化，促进组织的创新，使组织的绩效不断上升。信息管理职能的引入，与传统管理职能将构成一种相互依存、相互促进的管理职能系统。信息管理职能为传统管理职能的发挥提供了全方位、全过程的信息；反过来，传统管理职能又促使信息管理职能去充分开发和有效利用信息资源。传统的和现代的管理职能，构成了一个管理循环体系，使管理工作周而复始地进行，每循环一次，管理水平就提高一级。

值得一提的是，狭义的管理科学（运筹学，OR）理论在促进管理理论的定量化与科学化方面做了大量的工作，在当代管理理论中是一个有一定影响的流派，但它过于强调定量技术而忽略管理中实际存在的问题，客观上有一定的局限性。与此相仿，管理信息系统（MIS）由于过分依赖于电子计算机这一现代化手段而忽视人的作用也未能在管理领域发挥更大的作用。因此，超越管理信息系统而兼及定性与定量分析、强调对信息资源进行全面系统管理的信息资源管理（IRM）就成为当今管理领域的一种发展潮流。

IRM与以往的各学派的着眼点不同，它所选择的切入点——"信息资源"具有鲜明的时代特征，它重视信息资源在组织管理决策和竞争战略规划中的作用。在信息资源管理概念提出以后，计算机系统不再被看作信息管理的全部。它强调把信息看作组织的资源，把信息系统看作对这些资源进行管理的工具。信息管理者的工作就是利用计算机信息系统管理这些资源。IRM 强调以信息为中心来组织各管理要素,这是一种全新的管理思想。IRM 主张将信息管理中的技术、人文、经济手段相结合,实现高层次、战略型的管理。所以,IRM 既是一种观念,也是一种模式。

信息管理的概念比信息资源管理的概念要广一些。信息资源管理的含义比信息管理的含义要深一些。信息资源管理是信息管理的一个发展阶段;信息资源管理是信息管理的重要组成部分;信息管理主要是指对信息资源的管理。信息管理的实质在于"管理过程",信息管理的目的在于充分开发和有效利用信息资源。概括起来,信息管理就是充分地开发、科学地管理和有效地利用信息资源的全过程。本书的内容正是基于以上观点进行论述的。

1.4 信息管理对组织管理的影响

组织管理过程实际上是信息沟通的过程。信息沟通是使组织成员团结一致、共同努力来达到组织目标的重要手段。通过有效的信息沟通,可以使组织内部分工合作更为协调一致,实现高效率的管理;也可以使组织与外部环境做到更好的配合,增强应变的能力。可见,信息对组织的生存和发展具有重要的意义,组织必须依靠信息、掌握信息、运用信息。

现代管理的核心是决策。决策的基础是信息,决策的形成过程也就是信息收集、加工、分析和利用,以及新的信息的形成过程。决策者只有迅速准确地获得信息,充分有效地利用信息,才能把握决策时机,提高决策效益。传统的决策依靠决策者个人的经验、凭直觉判断,因而决策被认为是一种艺术和技巧。随着社会问题的日益复杂,人们对决策的要求越来越高。显然在这种情况下,仅凭个人直接经验和主观认识的经验决策远不能满足日益复杂的管理决策的需要。需要注意的是,信息活动贯穿于科学决策的全过程,并渗透到决策过程的每一环节。

近年来,管理者由于两个主要的原因越来越注重信息管理。其一,企业生存环境变得日益复杂,竞争越来越激烈。其二,计算机技术发展惊人,很多原来不敢想的事已经很容易地由计算机来实现了。现代组织的管理者必须改变传统的管理习惯,适应新的管理模式。

与此同时,信息管理对组织也提出了新的要求和产生了前所未有的影响。一方面,随着信息时代的到来,要求组织具有"快速应变"的能力,及时作出科学正确的决策,从而把握发展契机。另一方面,随着信息技术越来越多地被用于组织管理,原有的组织越来越不能适应新的、竞争日益激烈的环境,于是管理学界提出要在组织管理的方方面面进行创新。如"虚拟企业"主张为顺应日益动荡的市场形势,抓住市场机遇,由不同企业为某一特定任务要求而临时组建经济实体;"学习型企业"主张企业进行自我调整和改造,以适应变化的环境,求得有效的生存和发展,等等。

下面引出企业价值链、供应链管理、企业过程再工程、企业资源规划、客户关系管理等概念,讨论信息、信息技术对现代企业管理所产生的影响,指出信息管理的意义。

1.4.1 企业价值链

企业的目的就是通过产品和服务来创造价值并获得利润。企业通过一系列的价值活动来实现价值增值,企业内部的所有价值活动连接在一起就形成了价值链,它实际上也就是整个企业的代称。

具体地讲,价值链是指,任何一个企业均可看作是由一系列相互关联的行为所构成,这些行为对应于物料从供应商到顾客的流动过程,而这一过程就是物料在企业的各个部门不断增加价值的过程。企业创造价值的过程一般可以分解为产品开发、设计、生产、营销以及对产品起辅助作用的一系列互不相同但又相互关联的经济活动,或称为"增值作业",其综合即构成企业的价值链。

企业从事价值链活动,一方面创造顾客认为有价值的产品或劳务;另一方面也需负担各项价值链活动所产生的成本。企业经营的主要目标在于,尽量增加顾客对产品或劳务所愿支付的价格与价值链活动所耗成本间的差距(利润)。

一般认为当企业能提供给顾客更多价值,或能以更低价格提供顾客相同价值时,企业就具有竞争优势。企业可以通过各种方式获得竞争优势,但在信息时代,竞争优势意味着利用信息获得更大的市场份额和利益。因为,从根本上讲企业是由信息资产构成的。如果企业能适当与供应商、顾客和职员分享这些信息资产,则这种信息资产可成为取得竞争优势的保障。

每一个企业都是这样的一个价值链,但是一个企业的产品又成为另一个企业的原料,这样不同的价值链就通过供需关系联系起来,构成一个网络,或更高层次的价值链。随着互联网和电子商务的普及,经营管理者们在建立和完善企业内部价值链的同时,更加致力于将企业内部的价值链与其他企业的价值链相连,以取得进一步的附加价值。这种企业间的价值链的连接被称作价值系统。换句话说,由相关企业的价值链所组成的大的活动系统称为价值系统。

1.4.2 供应链管理

供应链管理(SCM)是由价值链理论发展而来的。早期的供应链概念是指制造企业中的一个内部过程,后来供应链概念开始扩展到关联企业。因为在当前这种市场环境中,一切都要求能够快速响应用户需求,而要达到这一目的,仅靠一个企业所拥有的资源是不够的,在这种情况下,企业必然会将资源延伸到企业以外的其他地方,借助企业的所有资源达到快速响应市场需求的目的。由此在管理理论上,人们提出了供应链的概念,即形成了一条从供应商到制造商再到分销商的贯穿所有企业的"链"。由于相邻节点企业表现出一种需求与供应关系,所以,当所有相邻企业连接起来,便形成了供应链。

供应链是由从供应商的供应商到用户的用户的一系列企业所组成的,这条链上的节点企业必须达到同步、协调运行,才有可能使链上的所有企业都能受益。由于它跨越企业的边界,形成了一种合作制造或战略合作的新思维,所以赋予供应链管理以新的内涵。供应链管理绝不是供应商管理的别称,作为一种新的管理思想,它把供应链上的各个企业作为一个不可分割的整体,使供应链上各企业分担的采购、生产、分销和销售等职能彼此衔接,成为一个协调发展的有机体。

SCM 是一种跨企业的协作,覆盖了从原材料到最终产品的全部过程。这个管理过程中的收益来自把供应商、制造者和最终客户紧密地结合起来,消除或减少了整个供应链中不必要的活动和成本。

通过进一步分析与研究,还可以知道,每个供应链的节点中都有一个核心企业,供应链是由核心企业向供应链前、后扩充而形成的一个综合网络,每个网络中的节点企业的资源在网络中流动。

应当说自从人类生产有了分工以后,供应链就存在了。但 SCM 作为一个概念提出来,对其加以研究并得到应用,依靠的是近 30 年来信息技术的支持和企业信息化程度的提高。一方面正是由于信息技术的发展,使得信息的传送日益便捷,促进了供应链上各企业间的信息交流,跨越企业边界和地域边界的合作变得更加容易;另一方面由于企业内部信息化的进程,使得管理人员能够随时掌握企业生产与库存等状况,控制企业的能力从广度和深度上都大为增强。

随着经济全球化与知识经济的到来,尤其是互联网的飞速发展,市场的资源组合发生了巨大的变化,直接导致了企业由纵向一体化转向横向一体化方向发展,全面的供应链网络正在形成。对企业来说,供应链管理是关系到自身生存、发展的关键。企业只有建立、完善了自己的供应链管理系统,才能更好地对企业自身的采购、销售活动加以控制,才能更好地完成企业自身的商务经营活动。

在企业的供应链上,信息、物料、资金等要能够流动。而业务流程决定了各种流的流速与流量。为了使企业的业务流程能够预见并响应内外环境的变化,企业的业务流程必须保持资源的敏捷畅通。所以,要提高企业 SCM 的竞争优势,还必须对企业的业务流程进行改革。

1.4.3 企业过程再工程

企业过程再工程(BPR)是 20 世纪 80 年代由哈佛大学哈默提出的对管理影响最大的一种思想。它的中文译法各异,有人翻译成业务流程重组,有人翻译成业务流程再造,这里直译为企业过程再工程。该思想在企业管理上早已引起重视,但直到近年来信息技术发展较为成熟以后才真正得以实现。

BPR 以企业过程为对象,从顾客的需求出发,对企业过程进行根本性的再思考和彻底性的再设计。它以信息技术的应用和人员组织的调整为手段,以求达到企业关键性能指标和业绩的巨大提高和改善,从而保证企业战略目标的实现。

再工程的一个特点是着眼于"过程",而传统的方法是着眼于"功能"。再工程关注的要点是企业的业务处理流程,一切"再工程"工作全部是围绕业务流程展开的。

再工程的实质是根据企业的目的根本性地改变企业的运作方式,它强调的是企业应该做什么,而不是过去做过什么,其任务是寻找改进企业性能的创新性方法。

再工程强调从整体着眼,提高总体效能。有时候,一个局部的改造可以提高它本身的效能,但对总体并无重大提高,这样并不是理想的改造。

BPR 的目标在于实现管理现代化。BPR 实现的手段是两个使能器:一个是信息技术;另一个是组织。没有深入地应用信息技术,没有改变组织结构,严格地说不能算是实现了 BPR。

信息技术是 BPR 的推动力。正是信息技术的应用,使企业能够打破常规,创建全新过程,使远大的目标得以实现。常规的方法是先确定业务职能或业务过程的信息需求,然后确定如何通过信息技术来支持这些需求。企业过程再工程改变了企业的一些传统做法,从开始就允许信息技术对企业过程的再设计产生影响,从而能够应付束缚企业实现其长期目标的工作所提出的挑战。

BPR 的对象是流程而不是组织,但它的实施将导致组织机构的变化。实际上,只要对经营流程实行重组,那么完成工作所需要的组织机构形式将变得越来越清楚。业务流程重组后,企业原有部门、科室的分工将会改变,一些组织机构会被合并和撤销。目前,面向信息资源管理和知识管理的"虚拟组织"、"学习型组织"应运而生,使现代管理学的理论与实践获得全方位的拓展。

BPR 的核心思想是要打破企业按职能设置部门的管理方式,代之以业务流程为中心,重新设计企业管理过程,因而受到了改革中企业的欢迎,得到了企业管理学术界的重视。企业流程与企业的运行方式、组织的协调合作、人的组织管理、新技术的应用融合等密切相关。所以,企业流程重组是彻底的、全方位的重组。

虽然目前对 BPR 的内容与效果评价不一,但进入信息化时代的企业要进行彻底改革这一点已无可辩驳。由 BPR 推动的企业管理模式与运作机制的变革,将为信息化时代企业管理的理论与实践开辟新的道路。目前,BPR 在很多企业并没有取得预期的成效,主要原因是多数企业在实施 BPR 时,没有认识到集成化计算机信息系统对业务流程处理的支撑作用,以及信息技术应用只有对原有手工流程的改变和创新才能产生效率与效益的变化,才有可能建立起高效和灵活反应的组织,以应对市场环境的瞬息万变。

概括而言,BPR 与其说是一种方法论,不如说是一个概念,是一种思想,是一种着眼于长远和全局、突出发展与合作的变革理念。BPR 是一种思想,而 IT 是一种技术,尽管 BPR 和 IT 本来是独立的,但在企业信息化工程中我们提倡把两者结合在一起。BPR 需要多种 IT 产品的支持,最基本的产品是企业资源规划。

1.4.4 企业资源规划

20 世纪 90 年代初,美国一家著名的 IT 分析公司根据当时的信息技术的发展趋势和企业对供应链管理的需要,对信息时代以后的制造业管理信息系统的发展趋势和即将发生的变革作出了预测,提出了企业资源规划(ERP)。它是基于计算机技术和管理理论的最新进展,从理论和实践两个方面提供的企业整体经营解决方案。

ERP 是一个发展中的概念,它是在制造资源规划(MRP-2)的基础上综合了其他类型的企业管理信息系统发展起来的,在功能上实现了一个企业具有的各类资源的系统与综合管理,是企业信息化的一个新里程碑。ERP 是将企业所有资源进行整合集成管理,简单地说是将企业的三大流——物流、资金流、信息流进行全面一体化管理的管理信息系统。主要包括:生产控制、物流管理、财务管理和人力资源管理等系统。

ERP 作为企业经营管理的整体解决方案,不仅仅是一套软件,更多的是管理思想和理念的结晶和体现,从而成为崭新的现代制造企业的管理手段。它利用企业的所有资源,包括内部资源与外部市场资源,为企业制造产品或提供服务创造最优的解决方案,最终达到企业的经营目标。

ERP 的主要目标是利用现代管理方法与信息技术,改革企业的管理模式与管理手段,以提高企业在市场上的竞争能力。一个企业的 ERP 系统首先是一个管理改革过程，然后才是技术实施过程。要想理解与应用 ERP 系统，必须了解 ERP 的管理思想和理念，这样才能真正地掌握与运用 ERP。

ERP 系统的核心管理思想就是 SCM，它将企业的业务流程看作一个紧密联系的供应链，帮助企业有效利用全社会供应链上的一切资源来快速高效地响应市场需求变化。它把客户需求和企业内部的经营活动以及供应商的资源融合在一起，体现了以客户为中心的现代企业经营管理思想。

ERP 管理思想体现在两方面：一方面表现在"精益生产"，即企业按大批量生产方式组织生产时，纳入生产体系的客户、代理商、供应商，以及协作单位与企业的关系已不再是简单的业务往来，而是一种利益共享的合作关系。另一方面表现在"敏捷制造"，即企业面临特定的市场和产品需求，在原有的合作伙伴不一定能够满足新产品开发生产的情况下，企业通过组织一个由特定供应商和销售渠道组成的短期的或一次性的供应链，形成"虚拟工厂"。

ERP 之所以得到许多企业的认可，是因为 ERP 的使用给企业带来了切实的效益。由于对信息掌握能力的加强和对市场需求变化迅速的反应，企业可以增进与供应商、经销商、客户的联系，从而提高了客户的满意度。还有生产成本的降低、生产能力的提高，使得企业可以即时给顾客提供高品质的产品和服务，企业形象和竞争力得到巩固和加强。

ERP 系统常常是与 BPR 联系在一起的，它给企业带来的是革命式的变化。因为如果不同步考虑 BPR，一方面 ERP 自身建立在低效的业务基础上，难以发挥其应有的效率；另一方面一旦企业业务流程发生变化，就会导致原有的 ERP 难以继续使用。因此，在实施 ERP 的过程中，往往要伴随着 BPR。

总之，ERP 是借用一种新的管理模式来改造企业旧的管理模式，是先进的、行之有效的管理思想和方法。而且，ERP 体现了以市场为核心的现代企业管理思想，它必将成为新世纪中国企业管理的必由之路。

1.4.5 客户关系管理

传统的 ERP 系统着眼于企业后台的管理，目标是最优地利用企业的各项资源，而缺少直接面向客户的管理。随着互联网和电子商务的发展以及个性化产品、服务和管理的要求，企业越来越直接地面对客户。了解客户并尽快满足其需求成为企业生存的要素之一。基于上述背景，前台管理系统，又称客户关系管理系统出现了。

客户关系管理（CRM）是一种旨在改善企业与客户之间关系的新型管理机制。它应用于企业的市场营销、销售、服务等与客户相关的领域。CRM 的目标是通过提供更快速和更周到的优质服务吸引和保持更多的客户，并通过对业务流程的全面管理来降低企业的成本。究其实质，CRM 是一套全新的管理理念，强调把客户作为自身经营的核心，全心全意为客户服务，围绕客户来开展业务。

从客户关系管理的思想可以看出，实现客户关系管理，一方面，要在经营管理上进行变革，对客户关系管理的相关流程进行重组；另一方面，利用信息技术提供这种管理所必需的平台，保证其流程畅通。管理理念的更新、业务流程重组是实现客户关系管理的基础，而信息技术的利用是使客户关系管理的思想得以落实的保证。

CRM 既是一种概念,也是一套管理技术。作为一个应用软件系统,CRM 凝聚了市场营销等管理科学的核心理念。市场营销、销售管理、客户关怀、服务和支持等构成了 CRM 软件模块的基石。简单地说,客户关系管理就是企业利用信息技术,通过对客户的跟踪、管理和服务,留住老客户、吸引新客户的手段和方法。利用它,企业能收集、跟踪和分析每一个客户的信息,从而知道什么样的客户需要什么东西,真正做到一对一营销,使企业与客户的关系及企业利润得到最优化。

在当今面对电子商务的发展,企业较之以前更加注重和意识到客户的重要性,纷纷由原来的"产品导向型"向"客户导向型"转变。在这一变化过程中,客户关系管理的作用就显得尤为突出了。客户关系管理是联系企业内、外信息的桥梁。企业希望通过 CRM 系统能够了解更多的客户需求,从而为客户提供个性化的产品服务,提高客户满意度,与此同时也能够获得更大的利润。随着互联网的普及及其在企业的广泛应用,全球越来越多的企业开始投入大笔资金实施 CRM。

大多数 ERP 产品包括了销售、营销等方面的管理。而 CRM 产品则是专注于销售、营销、客户服务和支持等方面,因此比 ERP 更进一步。CRM 要与 ERP 在财务、制造、库存、分销、物流和人力资源等方面连接起来,提供一个闭环的客户互动循环,这样才能最大限度地实现其价值。只有实现 CRM 与 ERP 的集成运行,才能真正解决企业供应链中的下游链管理,将客户、经销商、企业销售部全部整合到一起,实现企业对客户个性化需求的快速响应。

全面地看,供应链管理、企业资源规划(建立在企业过程再工程上)、客户关系管理自左至右将供应商、企业和客户连在一起,构成了所谓的 B-B(企业对企业)与 B-C(企业对顾客)价值链(见图 1-2)。其中,ERP 是核心部分。无论是 SCM,还是 CRM,均离不开 ERP,如果没有企业内部管理的支持,SCM 和 CRM 是无法实现的。

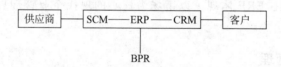

图 1-2 信息管理对企业管理的影响

SCM 定位于企业外部资源,特别是原材料和零部件等资源与企业生产制造过程的集成管理,ERP 定位于企业内部从原材料到产成品交付整个过程的各种资源计划与控制,CRM 则定位于产成品的整个营销过程的管理。三者共同构成了电子商务时代企业运作和管理的基础平台。三者一起,已成为现代企业提高竞争力的三大法宝。

习　题

1. 名词解释

管理、信息管理、MIS、IRM、SCM、BPR、ERP、CRM、精益生产、敏捷制造

2. 填空

(1) 管理的基本职能包括_____、_____、_____、_____、_____。

(2) 管理思想的发展过程也就是从科学管理的思想到信息资源管理的思想的演变过

程,是管理重心从_____的管理到_____管理再到_____管理的变化过程。
  (3) BPR 实现的手段有两个使能器：一个是_____;另一个是_____。
3. 论述题
  (1) 论述管理科学的定义。
  (2) 在管理理论发展的历史中几个主要的关键的论点是什么？其代表人物是谁？
  (3) 论述信息在管理中的作用。
  (4) 论述信息资源管理既是一种观念,也是一种模式。
  (5) 谈谈信息技术对组织管理变革的影响。

课堂讨论和弹性作业

1. 谈谈你对本专业的认识。本专业在整个管理学科中的作用是什么？
2. 你熟悉本专业的课程体系吗？说说本课程的地位和意义。
3. 课后访问本专业相关网站和本课程相关网站。
4. 从 SCM、ERP、CRM 等概念展望今后的学习和工作。

第2章 信息学基础

只有科学地了解信息,才能更好地把握信息,进而使信息更好地为科学技术、经济和社会发展服务。本章将从实质性研究入手,着重讨论信息的基本概念,介绍信息科学的基本知识。最后明确了信息技术的范畴,重点引出了信息资源的概念,并给出了信息化的含义。

2.1 信 息

2.1.1 什么是信息

信息是普遍存在于人类社会的现象。信息无时不有,无处不在。现代社会,信息似乎已成为人所共知的流行词,人们每时每刻都在信息的海洋里工作和生活,然而在该词的理解和使用上却存在着不少"混乱"。这说明,在理论研究和实际应用中都不可避免地要回答这一基本问题——什么是信息?

事实上,人们对信息的定义还没有统一的认识。关于信息的定义已不下上百个,它们从不同的侧面反映了信息的某些特征,但都有这样或那样的局限性。可以说,在信息及其相关领域,信息定义仍是一个研究热点。而且,随着信息地位的不断提高和作用的不断增强,以及人们对信息的认识的不断加深,信息的含义也在不断发展。

信息作为科学概念被确定下来,是专门研究信息的科学——信息论的创始人 C. E. 香农的贡献。香农认为,信息是"用来消除未来的某种不定性的东西"。信息是通信的内容。通信的直接目的就是要消除接受端(信宿)对于发出端(信源)可能会发出哪些消息的不确定性。

科学的信息概念起源于通信技术的需要,后来被广泛应用于各门传统学科和新兴学科领域,已经成为一个普遍有效的概念。原来适用于通信领域的定义,自然不能适用于其他各个领域。

从哲学的高度看,信息是物质的一个重要方面。现实世界是一个不断发展和变化的世界,到处充满着物质的运动与能量的转换,也无处不存在信息。信息是客观世界各种事物特征的反映。信息的运动存在于事物的相互联系、相互作用之中。信息概念反映了物质世界的本质联系,标志着物质的运动和变化的状态。物质的运动过程与信息的运动过程是同步的,人们通过信息的运动可以了解物质的运动。

从控制论的观点看待信息比从哲学的高度看待信息会具体化一点。控制论的创始人 N. 维纳认为,信息是人们在适应客观世界的过程中与客观世界进行交换的内容的名称。在这里,维纳把信息看作广义通信的内容,把人与外界环境交换信息的过程看成是一种广义的通信过程。信息是人与外部世界的中介。没有信息,没有这种中介,人就将同外部世界隔绝,就无法认识世界,更谈不上去改造世界。

我国著名的信息学专家钟义信教授给信息下的定义是：信息是事物存在方式或运动状态，以及这种方式或状态直接或间接的表述。这个定义具有最大的普遍性，不仅能涵盖所有其他的信息定义，而且通过引入约束条件还能转换为所有其他的信息定义。

随着科学技术和经济的发展，人们的认识水平不断提高，信息的概念也在不断拓展。根据近年来人们对信息的研究成果，科学的信息的概念应该概括如下：信息是客观世界中各种事物的运动和变化的反映，是客观事物之间相互联系和相互作用的表征，表现的是客观事物运动和变化的实质内容。

读者看到这里，一定会感觉很烦了，只是一个定义就有这么多种解释。不过不要紧，因为我们不是研究信息理论的，而是利用信息的，具有一定的信息意识就可以了。

在理解信息概念的时候，要注意两个方面：首先，信息是客观世界中各种事物的特征或运动状态在人脑中的反映，它体现出了人们对事物的认识和理解程度；其次，信息是人们从事某项工作或行动所需要的客观依据，人们可以通过获取有用的相关信息来认识事物、作出决策、改造世界。

在对信息的概念有了基本认识后，下面指出其主要特征。

信息是事物的状态、特征及其变化的客观反映。由于事物及其状态、特征和变化是不以人的意志为转移的客观存在，所以反映这种客观存在的信息，同样带有客观性。信息反映的内容是客观的，而且一旦形成，其本身也具有客观实在性。

物质是信息的源泉，信息是物质的普遍属性而不是事物本身，它所表现的主要是物质的运动的状态与方式。任何物质的运动过程同时也是信息的运动过程，而任何信息的运动过程都离不开物质的运动过程。

信息的意义在于传递。没有不经过传递而存在的信息，也不存在没有任何信息的传递。信息在传递过程中发挥它的价值作用。正是由于信息的传递，才出现充满生机和千变万化的世界。人类为了自身的生存和发展，一直在探索和改变信息传递的方式。

值得注意的是，客观事物的实质内容必须通过一定的载体传递，才能成为信息。从某种意义上说，没有信息载体，也就没有信息本身。信息是内容，载体是形式。信息的内容不因载体的形式不同而发生改变。

信息的客观性和可传递性决定了信息具有可存储性。信息可以用载体存储起来，累积下去，可以不受时间和空间的限制，通过传递载体来传播。信息的存储和积累，使人们能够对信息进行系统的、全面的研究和分析。

值得指出的是，信息是可以加工和处理的，对原始信息加工和处理后会得到新的信息。信息的加工，是指人们运用大脑和有关工具对其进行处理的过程。信息的可加工性表现出人们对信息的可认知性。

另外，信息可以从一种形态转换为另一种形态，而不改变其内容。由于信息可以在不同的载体间转换（即可以被加工处理）和传播，并且在转换和传播的过程中不会失去和消失，所以谁拥有了某信息的载体谁就拥有了该信息。这一点和物质体不同。

物质体从一方传递给另一方之后，受方获得了该物质体，传方就失去了该物质体。信息从一方传递给另一方之后，受方获得了该信息，传方并没有失去该信息，仍旧拥有该信息，这就是信息的共享性。由于信息具有共享性，人们可以通过广泛的信息交流，提高信息的利用价值,进而转化为经济价值和社会价值。

概括地说,信息是具体的,并且可以被人所感知、获取和识别,也可以被传递、存储、变换、处理和利用。

比较完整的考虑是:在"纯客观"的定义之外,还必须把信息的使用者(用户)考虑进来。同样的信息对于不同的使用者可能有不同的价值。

信息必须服务于使用者的目的。由于社会分工的不同,人们所从事的工作目的不尽相同,各个层次的人员对信息的需求也不相同,这就要求提供信息服务时必须与使用者的目的联系起来,才能发挥信息的价值和效用。

同一信息发出后,对于不同的接受者来说,在不同的地方、不同的时间和不同的条件下,信息的价值和效用是有差异的。信息的价值体现在它对用户的作用之中。信息的价值是以信息对人的有用程度来区分其大小的。如果有用程度高,则信息价值大;有用程度低,则信息价值小。两者成正比例。

按信息的使用情况,使用价值又分为实际使用价值和潜在使用价值两部分。实际使用价值是指目前条件下信息相对于用户的使用价值;潜在使用价值是指用户目前不能利用的信息所具有的使用价值。

最后指出,信息是有寿命的、有时效的,和世界上任何商品一样,它有一个生命周期。

信息是事物运动和变化的反映,当事物运动和变化的一个特定周期结束后,新的活动周期又开始了。这个新的活动周期,往往不是重复原来的过程,而是在原来基础上向前发展,表现出许多特征。信息的更替性是指信息存在老化、过时的问题,需要经常不断地收集和补充新的信息,进行信息更新,才能使信息如实反映事物的运动和变化。

时效性是信息的一个重要特征。信息的时效性是指信息的功能、作用和效益都是随着时间的改变而改变的。信息使用价值与其所提供的时间成反比。时间的延误,会使信息的使用价值衰减,甚至最后完全消失。所以,信息只有及时、迅速地利用,才能最大限度地发挥其效用。特别是对一些表示客观事物某种发展趋势、动向方面的信息,由于其时效性极强,人们尤其应当注意利用好这类信息。当然,也不排除有些信息的效用已经消失了,但若干年后又有了新的价值,比如天气预报。

2.1.2 本专业领域的定义

信息是一个内涵丰富、外延广阔的概念。信息对于不同的领域具有不同的定义。这里列出与本专业领域有直接关系和重要影响的定义。

1. 企业管理界的信息定义

在管理学界,信息被理解为管理活动的特征及其发展情况的情报、资料等的统称。信息是提供决策的有效数据。在管理学研究和企业管理学研究中,许多学者都肯定,信息对于组织的管理决策和实现组织目标具有参考价值。

具体地说,管理信息是指那些用文字、数据、图表、音像等形式表现的能够反映企业生产经营活动在空间上分布状况和时间上变化程度的情报、资料。通过对它们的分析,可以帮助人们揭示企业经营及其环境变化的规律。

我们知道,管理一般分为三个层次或三个级别:高层管理也称战略管理;中层管理也称战术管理;基层管理也称作业管理。相应地,在一个具体的组织中,就有战略信息(高层)、战术信息(中层)、作业信息(基层)(见表2-1)。战略信息涉及一个单位的长远方针大计;战术信息关系到企业在一个时期内的生产经营活动;作业信息是指与企业日常业务活动有关的信息。

表2-1 不同管理层次的主要信息属性

信息属性 管理层次	信息层次	信息表现	信息来源
战略层	战略信息	预测性	大多外部
战术层	战术信息	现实性	内外都有
作业层	作业信息	记录性	大多内部

信息是管理和决策的重要依据。对于高层管理人员,提供的信息有组织外部信息、组织内部信息,其中又以外部信息为主,以便得到辅助决策信息。而中层管理人员起承上启下的作用,主要提供企业的内部信息,要求得到控制信息,这些信息来自所属各部门,并跨越于各部门之间。而基层管理人员要获得的是日常性的、精确的内部信息,并用以保证切实地完成具体任务,即作业信息。

根据时态的不同,可以将信息划分为历史性信息、现时性信息和预测性信息。历史性信息是反映企业活动在历史上留下痕迹的信息。这类信息大多已被使用过,但为了帮助人们从历史事件中找到借鉴和启发,仍需将它们以资料的形式,作为企业档案的一部分。现时性信息是反映企业目前活动情况及其环境特征的那些信息。它的时效性很强,对于指导和控制企业目前的生产经营活动有着非常重要的作用。这类信息往往是企业信息工作的重点。预测性信息是在利用上述两种信息基础上的一种再生性信息,可以研究并揭示事物发展的一般规律,据此对企业未来进行预测和估计。它对于指导企业及时决策,尽早采取相关措施是非常重要的。

2. 信息管理界的信息定义

从信息管理科学的角度看,美国信息管理专家F.W.霍顿给信息下的定义是:信息是按照用户决策的需要经过加工处理的数据。简单地说,信息是经过加工的数据。或者说,信息是数据处理的结果,如图2-1所示。

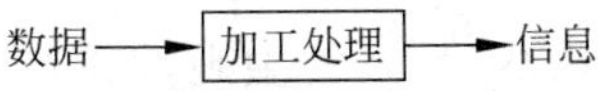

数据 → 加工处理 → 信息

图2-1 数据与信息的关系

一般来说,原始数据在没有经过分析加工以前,其意义不容易被看出与认识。为了得到有意义的、有用的信息,必须对其进行加工处理。就像地下的矿产资源需要开发一样,数据资源也需要开发才能知道它的真正价值。处理工作可以是自动化的或手工的。由数据转化为信息具体是由信息处理者完成的。

数据和信息的关系,可形象地解释为原料和成品的关系,数据是原材料,信息是制成品。

必须指出的是,数据与信息的这两个概念的区别是相对的。在一些不很严格的场合,或不易区分的情况下,人们经常将它们当作同义词,笼统地使用。因为原始数据可能会经过若干个加工处理过程,在这种情况下,前一个处理输出的信息,又会成为后一个处理的输入数据。总之,信息处理的主要目的正是为了产生出对用户更加有用的新的信息。

从信息管理的角度看,信息按加工深度分为一次信息(原始信息)、二次信息(对原始信息加工处理后的信息)、三次信息(管理决策信息)。原始信息是无序的、无规则的,无法进行存储、检索、传递和使用;二次信息是有序的、有规则的,易于存储、检索、传递和使用;三次信息是人类研究的结晶,是为管理决策服务的信息。我们进行信息管理,目的正是为管理决策服务,如图2-2所示。

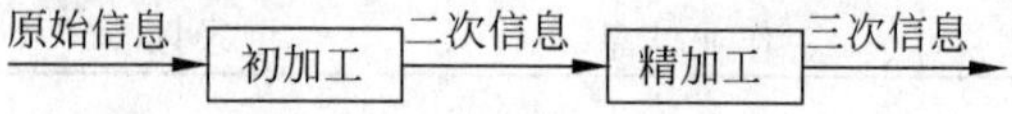

原始信息 → 初加工 → 二次信息 → 精加工 → 三次信息

图 2-2　信息加工的一般模式

2.1.3　相近的一些概念

信息与消息、情报、知识等有一定的联系,但又有明显的区别。

1. 消息

人们通常所说的消息是指包含某种内容的音信。消息是信息的反映形式,信息是消息的实质内容。信息不同于消息,消息只是信息的外壳,信息则是消息的内核。而且,不同的消息中包含的信息量是不同的,有的消息中包含的信息量大一些,有的小一些,有的消息中甚至不包含信息。

2. 情报

情报是指有目的、有时效,经过传递获取的涉及一定利害的特定的情况报道或资料整理的结果。信息的范围比情报广泛得多。可以说所有的情报都是信息,但不能说所有的信息都是情报。我们对过去称为"情报",而现在称为"信息"的概念含义,必须适应时代的变革,必须扩展对它的认识。

3. 知识

知识是人类社会实践经验的总结,是人的主观世界对于客观世界的概括和反映。信息也不等于知识。有的信息有丰富的知识内容,有的信息就没有什么知识内容。人类要通过信息来认识世界和改造世界,又要根据所获得的信息组织知识。信息是知识的原料,这些原料又将会成为新的系统化的知识。

2.1.4　信息的常见分类

为了更深入地研究和有效地使用信息,对信息进行科学的分类无疑也是十分必要的。信息的分类很多,以下仅从实用的角度介绍几种。

信息按内容分为自然信息(非人类信息)与社会信息(人类信息)。那些来源于自然界，并反映自然界的事物与现象的信息，称为自然信息；那些来源于社会，并反映社会上的事物与现象的信息，称为社会信息。以下我们所讨论的信息是指人类社会中存在的信息，特别是与人类的管理活动有关的信息，是可进行加工与处理、传递与交流的信息，即知识性信息。

按信息内容的表现形式分为文献型信息(以语言文字形式出现)、数据型信息(以数据形式出现)、声像型信息(以声音或图像形式出现)、多媒体信息(集文字、声音、图像于一体)。

另外，信息总是在一定的时间与空间里运动，人们在一定的时空中收集、处理与利用信息。按信息的时间状态可分为过去信息(记录信息)、现在信息(控制信息)、未来信息(计划信息)。按信息的空间状态可分为宏观信息(如国家的)、中观信息(如部门的)、微观信息(如企业的)，等等。

2.1.5 信息的重要作用

信息能帮助人们提高对事物的认识，减少活动的盲目性。这是信息最基本的作用，是由信息的本质所决定的。人们从事每种活动，都必须了解和掌握与这种活动有关的各种情况和知识，也就是信息，人们在掌握信息的基础上进行分析判断，才能做出正确的决策，安排好工作计划并监督、控制计划的执行，从而保证取得较好的效果，否则，就是盲目的活动。盲目性来源于人们对事物了解不详和认识不清，也就是存在某种不确定性，而信息奉献给人们的是知识，是事物属性的反映，这种知识和反映能消除人们对事物了解、认识上的不确定性。

1. 信息在现代管理中起着十分重要的作用

管理活动一般包括三个环节：计划决策、组织指挥和控制监督。管理活动的每一个环节都离不开信息。信息是计划的基础；信息是组织的依据；信息是控制的手段。管理活动就是一种获取信息，筛选信息和利用信息来实现组织目标的信息运动。信息应用渗透进管理科学领域，为科学管理提供了有效方法，大大促进管理技术的提高、管理手段的改善和管理科学的发展。

2. 信息在科学决策中也起着十分重要的作用

所谓决策，是指个人或组织为达成既定目标，从若干个可供选择的行动方案中挑选出最优方案并付诸实施的过程。信息影响着决策，因为信息可以消除不确定性。决策正确与否，是与能否及时准确地收集信息、加工处理信息、传递信息密切相关的。信息方法贯穿于决策的始终，为科学决策奠定了基础。及时获取决策活动所必需的、完整的、可靠的信息，是保证决策成功的前提条件。

2.2 信息科学理论基础

信息科学就是认识信息和利用信息的科学。信息科学是20世纪70年代提出的，我国正式使用信息科学一词是80年代初的事情。信息科学还是一门年轻学科，而且，信息理论远落后于信息实践。下面首先介绍信息科学的主要理论基础和重要理论基础。

2.2.1 信息科学的主要理论基础——信息论

信息科学是在信息论基础上发展起来的。20世纪40年代,美国数学家、贝尔电话研究所的香农完成了"通信的数学理论"的研究,奠定了信息论的基础,将人类对信息现象的认识推进到一个新的发展阶段。

通信系统就是信息传递过程。香农提出通信系统的模型(见图2-3),定义了信源(信息的源泉、发信者)、信道(信息传输通道)和信宿(信息的归宿、收信者)。该模型科学地模拟了通信系统的结构和功能。

图2-3 通信系统的模型

1. 信源就是发出消息的来源

任何事物都可能成为信源。信源发出的信息具有随机性,是不确定的。信源因其发送信息的状况可分成两种:一种是能连续发送信息的信源,叫作连续信源;另一种是不能连续发送信息,只能时断时续地发送信息的信源,叫作离散信源。因此,信息也可分为两种:由连续信源发送的信息是连续信息,由离散信源发送的信息是离散信息。

2. 信息传递必然要有传输通道

信道是通信系统的干线,是通信系统的重要组成部分。但是,信息通道又不仅仅是一种物理形式,它具有非常丰富的内涵和形式。一般地说,信息通道即信息交流的渠道。通常,我们把信道分为人工信道和电子信道。为了快速、准确地传输信息,人们多采用电子信道。研究信道的关键问题是信道容量问题,就是信道在单位时间内可以传输多少信息。

从广义上看,信道不仅承担信息的传输任务,而且也担负着信息的存储任务。信息的传输过程,在某种意义上看也是信息的存储过程。

3. 信宿就是信息接收者

信宿应是那些接受信息并使用信息的对象。不过,在一般情况下,人们总是称一个通信过程的始端为信源,终端为信宿,并不严格地考查它是不是使用信息。信宿可以是人,也可以是物,其中包括机器。还应注意,在很多情况下,事物既发出信息,作为信源,又接受信息,作为信宿,不容易划出一个界限来。

信息必须借助于某种符号才能表现出来。信息以一定的符号序列来表现,即编码。只有对信息进行科学的编码才能保证信息处理工作的有效进行。有编码也就必须有解码。解码就是对编码的反变换。对信息的接受者来说,没有解码或解码不科学都不可能发挥信息的作用。在简单信息传递过程中,信源起编码作用,信宿起译码作用,两者必须有共同的编码和译码机制才能进行信息传递。

信息自信源发出，沿着信道向信宿方向传递所形成的"流"，称作信息流。关于信息流的问题，有如下几点需要搞清：

(1) 信息流的大小与信源有关。信源的多少与信源发出信息数量的大小，对信息流的形成有直接的关系。

(2) 信息流的大小与信道有关，确切地讲，与信道容量有关。如果信道太窄或传输速率太低，即使有足够多的信息，其信息流也不会很大。信息的传输速率取决于传输通道的多少和传输工具的传输能力。

(3) 信息流的大小与信宿也有关系。信宿接受能力有大有小，信宿所需要信息数量也有大有小。

通信的最佳状况应是信源所发出的信息与信宿所接收的信息是相同的。但是实际上并不完全是这样。主要原因是噪声与干扰。噪声有两类：系统内噪声和系统外噪声。噪声容易导致信息失真。所以，要尽量减少噪声，排除干扰，力争使通信过程处于最佳状态。

香农信息论就是用数学方法来实现上述模型（信息传递过程）的一般信息理论。在通信系统中，信息传递的最根本要求就是尽可能高效率、高质量地传递信息。高效率是数量指标，高质量是质量指标，如果考虑到实际的实现，还要增加低成本、易操作等方面的要求和指标。

香农所模拟的这个通信系统是最原始、最简单的一个通信系统。虽然仅仅是一个开环系统，是一个单信道、单向传输系统，但是这个模型却是信息论的主要内容。正是通过它第一次向人们揭示了通信过程的原理，并在此基础上建立起信息论这一科学体系的。

香农提出的这一通信系统模型不仅适用于通信系统，也适用于非通信系统。香农的模型虽然是机械的，然而却具有社会含义。需要指出的是，香农的通信系统模型是单向的，为理想化的情况。实际上，社会信息流通是双向的，具有反馈耦合作用。同时，从信源到信宿之间的传递通道是多元的，多元双向通道构成了一个复杂的社会信息流通网。

同时，香农认为信息是可以度量的，提出了信息量的概念和计算方法。信息量是客观存在的，对信息量的研究和把握，在某种意义上决定着信息科学的成熟与发展。香农在其信息度量里引用了概率理论，创造性地将信息度量与不确定性的消除联系起来，从而促使了信息度量理论发生质的飞跃。应该指出的是，香农的信息量公式是运用概率的对数将信息数量化的，这一公式除在信息学的专门研究中具有意义之外，在具体的专业信息管理中并没有多大的意义。

从总体上看，信息论是一门利用数学方法研究信息的传输、变换和处理的科学。它开创了通信科学从定性研究转向定量研究的先河。

2.2.2 信息科学的其他理论基础——系统论与控制论

1. 系统论

系统论是以一般系统为研究对象的理论。系统论的主要创立者是贝特朗菲。他于1945年发表了《关于一般系统论》的论文，宣告了这门学科的诞生。

要素—结构—系统—功能—环境构成了系统五位一体的关系。我们把系统诸要素相互联系、相互作用的内在组织形式或内部秩序叫作系统的结构；与此相对应，关于系统与环境相互联系、相互作用的外在活动形式或外部秩序，则称为系统的功能。显然，系统的结构是"要素的秩序"，系统的功能是"过程的秩序"。而信息是系统秩序的保证。可以说，要素与要素之间、要素与系统之间、系统与环境之间都是通过信息相互联系与相互作用。

系统具有以下三个基本的组成部分：
① 输入；
② 加工；
③ 输出。

广义的系统概念还包括反馈和控制两部分。任何一个系统都是为了完成某一特定目标而构造的。它从环境中得到某些物质或信息（输入过程），同时，它又给环境以某些物质或信息（输出过程）。系统的目标正是在这种不断进行的输入、输出的流动中实现或体现的。系统是一个活的实体，为了其生存和发展的需要，依据客观现实与自身条件，不断地调整自己。

2. 控制论

在香农发表《信息论》的同时，维纳也发表了《控制论》，用统一的观点讨论了人、动物和机器的通信和控制活动，标志着控制论学科的诞生。

所谓控制，是指施控主体对受控客体的一种能动作用。一般说来，控制者正是通过不断对被控对象施加影响来逐步达到目标。控制作为一种作用，至少要有作用者（施控主体）与被作用者（受控客体），以及作用的传递者（控制媒介）这样三个因素。这三部分组成一个整体，相对于某种环境而言，具有控制的功能，这就被称为控制系统。控制论着眼于从控制系统与特定环境的关系来考虑系统的控制功能。

控制论是在信息反馈理论的基础上建立起来的。反馈的内涵是指信息从授者到受者经过处理返回给授者的过程。信息机构通过控制系统把输出信息输送给信息系统的用户，就必然会引起信息用户的反响，是满意还是部分满意或不满意，反馈就是把信息用户的这些反响集中起来，经过分析、筛选，反馈给信息系统的管理者。控制的全过程都是有赖于信息的过程。控制机制正是依靠信息，具体地说是依靠信息反馈来达到控制目的。

总之，信息论与控制论以及系统论的结合构成了相对完整的信息理论体系，逐步形成现代信息科学的基础。换句话说，信息科学源于香农的信息论，而形成于"三论"的统合。

2.3 信息科学

首先需要指出的是，信息科学不同于信息论。信息论是利用数理统计方法研究信息度量、传递和变换规律的学科。而信息科学是研究不同领域里有关信息的收集、加工、存储、传递以及使用的学科，其范围比香农的通信领域要广得多。信息论充其量只能是信息科学发展的基础，或者说是一种狭义的信息科学，而统一于"三论"的信息科学是信息论广泛应用于社会各个领域之后发展的结果。

任何一门科学都有它自己的基本概念。信息科学的基本概念是信息。信息既是信息科学的出发点，也是它的归宿。具体地说，信息科学的出发点是认识信息的本质和它的运动规律;它的归宿则是利用信息来达到某种具体的目的。

以信息为基本研究对象,是信息科学区别于一切传统科学的最基本的特征。换句话说,信息科学之所以能够成为学科之林中的一个新兴学科群体,正是因为有着信息这个独特的研究对象。

一门科学的诞生,除了必须有其特定的研究对象以外,还必须能满足社会发展的需要,有其他学科解决不了的问题和任务。信息科学并不是从天上掉下的,它的形成和发展,是人类社会的信息实践活动的必然产物。人们需要探索信息运动的本质规律。

信息科学具有独特的研究对象和全新的研究内容,同时也具有不同于传统科学方法论的信息科学方法论体系。其中,信息方法是一种具有普遍方法论意义的科学研究方法,并有其自身的特点和特别的作用。

信息方法的特点是用信息概念作为分析和处理问题的基础,它完全撇开研究对象的具体结构和运动形态,把系统的有目的性运动抽象为一个信息变换过程,即信息的输入、存储、处理、输出、反馈过程(见图2-4)。正是由于信息的正常流动,特别是反馈信息的存在,才能使系统按照预定目标实现控制。

图 2-4 信息方法示意图

信息方法不仅作为信息科学的核心方法起作用,而且作为现代科学技术和社会经济活动各个领域中研究复杂事物的有效手段,对于提高决策科学化和管理现代化的水平也都具有重要的意义。信息方法包括两个基本的方面,即信息分析方法和信息综合方法。信息分析方法主要解决认识问题;信息综合方法主要解决实践问题。在信息资源管理领域,信息分析和综合方法对于各种管理信息系统及其他应用信息系统分析、设计与实现也具有直接的指导意义。

概括起来,以信息作为主要研究对象,以信息的运动规律作为主要研究内容,以信息方法作为主要研究方法,这是信息科学区别于一切传统科学的最根本的特征。

信息科学是一门新兴的学科,也是一门发展中的科学。从广义上说,它至少应与材料科学、能源科学居于同一层次。信息科学提出了新的研究对象,开辟了新的重要研究领域。众所周知,传统自然科学只限于研究物质和能量领域的问题,而只有信息科学的研究才能揭示如何认识和利用信息的基本规律。过去,人类从材料转到能量时,曾引起整个时代观念的变革。同样,当人类能够充分认识信息本质和信息利用的基本规律的时候,也将会带来时代观念的再次深刻变革。

信息科学本身是一个学科群,这个学科群是由信息理论科学、信息技术科学和信息应用科学三个层次构成的完整体系(见图2-5)。

其中,信息技术是人们开发利用信息资源的主要手段,奠定了人类社会迈向信息时代的技术基础。另外,信息资源管理和管理信息系统等是信息应用科学在管理领域中的体现,它们都是信息应用科学的重要分支。

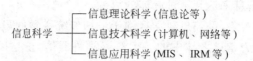

图 2-5　信息科学学科体系

作为新世纪的信息社会人,仅仅掌握计算机这一信息技术工具远远不够。信息的一般概念、信息科学原理、信息科学应用和常用信息技术的使用等信息科学知识已成为社会信息人的必要知识组成,只有掌握了现代信息科学知识,才能适应信息化社会知识结构的要求。

在这里,我们再指出两个比较重要的信息科学理论:信息生命周期理论和信息生态理论。

信息生命周期是信息运动的自然规律,由信息需求的确定和信息的采集、传输、处理、存储、传播与利用等阶段组成。或者说,是一个从收集信息到使用信息的完整的生命周期。在使用信息的过程中,又了解到新的信息,产生了新的信息需求并进行新的信息采集,从而产生新的生命周期。只有将上述过程所有环节的工作都做好了,才能在用户需要信息的时候,以对用户最为有利的时间、地点和方式,顺畅地获得信息和使用信息。

信息生态是一个由人、行为、价值和技术在一定的环境下所构成的系统。在信息生态中,其核心并非技术,而是技术服务的人类。信息生态模型是一个含有三种环境的状态空间。最外一层是组织所处的外部环境;中间一层是组织环境;最里面一层是组织内部的信息环境。它的焦点是人和信息行为,也就是要改变人们利用信息的方式和方法,建立支持性的信息文化,这是信息生态学的焦点。

最后还要指出,当今社会,信息科学与信息社会已经渗透各个领域,管理也不例外。从信息学的角度看,管理过程就是信息的获取、加工和利用信息进行决策的过程。掌握信息学的基础理论和方法,对掌握信息的运动规律,充分利用信息进行管理决策具有重要意义。

2.4　信息技术、信息资源与信息化

2.4.1　信息技术

信息技术是人们开发利用信息资源的主要手段,奠定了人类社会迈向信息时代的技术基础。

对于什么是信息技术,从字面上就不难理解其含义。为了更清晰地说明其内容,这里先简单说说其典型的分类。按照信息管理工作流程的各环节可分为信息获取、信息传递、信息存储、信息加工和信息显示等技术。信息获取技术是指为达到某种特定目的而进行的信息获得的相关技术;信息传递技术是指超越时空实现信息共享的技术;信息存储技术主要是为了解决时间上的差距而将信息暂时保存起来的技术;信息加工技术是对信息进行描述、分类、排序、筛选等的技术;而信息显示技术则是指按某种特定要求将所需信息表达成人类便于理解的方式的技术。

要准确地把握信息技术的全貌,首先要对信息技术层次进行划分。一般来说,按功能层

次可将信息技术分为基础层次技术、主体层次技术和应用层次技术。基础层次技术是指形成主体层次技术的基础,如电子技术;主体层次技术主要指信息的识别与获取、加工与处理、传递与共享、安全控制等方面的技术,它包括信息的获取、处理、传输和控制等技术,在信息技术层次与体系结构中处于核心地位;应用层次技术则是主体层次技术在社会生活的各个领域实际应用时发明创造的技术,如各种信息系统,其主要特征是社会实践性以及满足客户需求,在整个层次与体系结构中占有重要地位。

鉴于相关课程已经单独对信息技术做了专门讨论,本书不打算重复这些内容,只是为了后面的讨论方便,在这里简单介绍其基本概念和体系结构,而把重点放在下面的信息资源这一新概念的相关知识上。

2.4.2 信息资源的引入

维纳在《控制论》中指出:"信息就是信息,不是物质也不是能量。"显然,维纳的意思是把信息与物质、能量并列。信息与物质、能量是有区别的。同时,信息与物质、能量之间也存在着密切的联系。物质、能量和信息一起是构成现实世界的三大要素。

有事物之间的相互联系和相互作用,就有信息。在人类社会中,一切活动都离不开信息。信息很早就存在于客观世界,不过人们首先认识了物质,在工业化以后认识了能量,后来才逐渐认识到,客观世界除了物质、能量以外,还存在着另一要素——信息。

信息具有使用价值,能够满足人们某些方面的需求,被人们用来为社会服务。确认信息作为一种独立的资源还是近年来的事。信息继物质、能量之后日益被人们所重视,并通过开发和利用而成为重要的资源。但最初的信息利用并不像物质和能源那样普遍和广泛,信息往往依附于物质资源和能源资源,并借助于物质资源和能源资源的利用而发挥作用。不过,从人类可用资源的意义上来讲,信息这类资源具有物质和能源这两项资源不可替代的特性与功能。它是一种无形的资源或无形的社会财富,是信息社会十分重要的资源。

美国哈佛大学的研究小组给出了著名的资源三角形(见图 2-6)。他们认为:没有材料,什么也不存在;没有能源,什么也不会发生;没有信息,任何事物都没有意义。作为资源,物质为人们提供各式各样的材料;能源提供各式各样的动力;信息则向人类提供无穷无尽的知识。如果说物质、能源是一种硬资源,那么可以说信息是一种软资源。

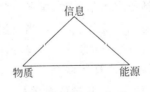

图 2-6 资源三角形

在不同时期这三种资源有着不同的地位和作用。在农业社会,人类主要依赖物质资源;蒸汽机的发明推动了工业革命,能源资源的作用显现出来,人类进入了依赖物质和能源资源的工业社会;以微电子技术为代表的现代新兴技术的出现,信息资源成为重要资源,人类开始进入依赖物质、能源和信息资源的信息社会。

从根本上说,信息、物质和能源是人类社会资源的三大支柱。物质、能源和信息构成"三位一体",相辅相成,缺一不可。随着社会经济的发展,人类对信息资源的依赖程度越来越高,而对物质资源和能源资源的依赖程度则相对降低。信息资源越来越成为经济和其他社会活动必不可少的资源。当然,信息不会真的变为物质与能量,其功效在于通过合理而有效的利用,"节约"更多的物质资源与能源资源。

2.4.3 信息资源的概念

信息资源是信息与资源两个概念整合衍生出来的新概念。信息是普遍存在的,但信息并非全都是资源,只有满足一定条件的信息才能称为信息资源。作为资源的信息,也就是所谓"有用的信息"或"可以利用的信息"。换言之,信息资源也就是可以利用的信息的集合。信息资源作为用户可以控制和可以利用的信息集合,它既不同于传统的信息概念,也不同于一般的物质资源概念。

信息和信息资源的概念是有区别的,只不过人们常常不加区分。比如"信息开发与利用"是指"信息资源开发与利用","信息管理"是指"信息资源管理"。但是,当作为一种科学研究对象时,就必须严格区分这两个概念,即准确地界定它们之间的关系。

信息资源归根结底是一种信息,或者说是信息的一个子集(一部分)。同时,信息资源也是一种资源,是一种对人们有用的信息。

信息成为资源的必要条件是信息的加工、处理和序化活动。信息是被动的,它不可能自动地变为资源,只有将其激活之后才能成为资源。未被激活的信息没有任何用处,只有在被激活之后才会产生效用。换句话说,只有经过信息管理,信息才能真正成为信息资源。

尽管信息是资源的思想已获得了人们的广泛认可,但从理论上对信息资源概念做深入研究的在国内外都还不多。信息资源作为一个概念,其内涵与外延现在和未来也许都和信息本身一样模糊不清。但是,随着信息资源管理理论和实践的不断深入,对这一问题的研究已取得了一些有益进展。

现将几种有代表性的信息资源定义列举如下:

达菲和阿萨德认为,信息资源是指组织或其中的某一部门内的信息流和数据流,以及开发、操作和维护这些信息流和数据流有关的人员、硬件、软件和步骤。

霍顿 1979 年、1985 年提出了不同的信息资源的定义。

1979 年的定义:信息资源包括所有的信息源、服务、产品和各种信息系统。

1985 年的定义:信息资源具有两层意思:第一,当资源为单数时,信息资源指某种内容的来源;第二,当资源为复数时,信息资源指支持工具,包括供给、设备、环境、人员、资金等。

潘大连和黄巍认为,信息资源有两种具体概念。狭义的信息资源主要是指信息内容本身,而广义的信息资源则既包括信息本身,又包括有关提供信息的设施、设备、组织、人员和资金等其他资源。

乌家培先生认为,对信息资源可以有两种理解:一种是狭义的理解,即指信息内容本身;另一种是广义的理解,指的是除信息内容本身外,还包括与其紧密相连的信息设备、信息人员、信息系统、信息网络等。狭义的信息资源实际上还包括信息载体,因为信息内容不能离开信息载体而独立存在。广义的信息资源并非没有边际地无限扩张。

国外一些学者对信息资源内涵的界定受经济学和管理学的影响较大。他们把信息资源看作一个组织的生产要素,看作一般公司和其他组织的管理与运营的要素和"财产"。美国学者更多地从管理学和计算机应用相结合的角度来研究,他们在自己的论著中对定义往往采取非常实用的做法,即不做烦琐的论证,而只是简捷地规定某个属于在该论著中的含义与范围。我国学者对信息资源概念的认识过程基本上与美国学者相仿。起初他们只是简单地翻译和介绍国外的相关研究成果和进展,怀着发现新大陆似的心情向国内同人引荐。20 世纪 90 年代中期以前,大多数学者都是从各自专业或自我理解的角度使用信息资源一词而未做深入的研究。90 年代中期,一些学者开始从科学的意义上来抽象和概括"信息资源"概念,他们的努力深化了人们的认识。但现阶段我国学者的认识仍存在泛化、模糊化和复杂化等问题,如有的定义未能区分信息与信息资源,有的定义则趋于复杂化。前面所述的信息资源概念只是归纳起来得出的几点结论。

总的看来,关于信息资源这个概念有两种不同的理解,即狭义的信息资源概念和广义的信息资源概念。

(1) 狭义的信息资源概念是指信息本身或信息内容,即经过加工处理的,对决策者有用的数据。人们开发利用信息资源的目的,就是为了充分发挥信息的效用,实现信息的价值。

(2) 信息资源是信息活动中各种要素的总称(包括信息、技术、设备、资金和人等要素),这是一种广义的对信息资源的理解,是将信息资源作为系统概念来看待。上述要素相互联系、相互作用,共同构成了具有统一功能的有机整体。

广义的观点把信息活动的各种要素都纳入信息资源的范畴。因为信息资源的社会价值虽然主要体现在信息要素上,但信息要素价值的实现却离不开信息生产者、信息技术等信息活动要素的综合作用。广义的理解更加符合系统论的观点。

狭义的观点忽视了"系统",但却突出了信息要素这一信息资源的核心和实质。实际上,没有信息要素的存在,其他信息活动要素都没有存在的意义。

概括起来,信息要素是信息资源中的核心部分,而其他要素则是其支持部分。前者可以称为核心资源,后者可以称为支持资源(见图 2-7)。

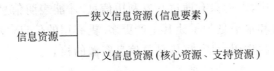

图 2-7 信息资源概念图

完整地说,在信息资源外部还有赖以生存和发挥作用的环境因素,它会对信息活动的效率和效益产生这样或那样的影响,故可称它们为信息资源的环境资源。

核心资源、支持资源和环境资源构成了完整的信息资源体系。需要说明的是,一般情况下我们讨论信息资源这一概念时,均指广义的信息资源。我们持广义的理解,但又不否认信息活动中信息要素的核心地位。

更具体地说,信息资源是指产生信息的所有资源总和,包括数据、应用系统、IT 技术、设备和人。说明如下:

(1) 数据:是广义意义上的对象,包括数字、文字、图形、图像或声音等。

(2) 应用系统:应用程序的综合。

(3) IT 技术：包括硬件、软件、操作系统、数据库管理系统、网络、多媒体等技术。

(4) 设备：包括支持信息系统的所有设备与设施。

(5) 人：与信息系统有关的人员。

举例说明，一个现代社会组织的信息资源主要有：

(1) 计算机和通信设备；

(2) 计算机系统软件与应用软件；

(3) 数据及其存储介质；

(4) 非计算机信息处理存储装置；

(5) 技术、规章、法律、制度；

(6) 从事信息活动的人。

2.4.4 信息资源的内涵

迄今为止，人们对信息资源的内涵有不同看法。前面指出信息资源包括信息、技术、设备、资金和人等要素，但信息资源最主要的应该是信息、技术和人这三个要素。因为信息资源与自然产生的资源不同，它是人工生成的资源，没有信息的生产者就没有信息；信息的开发与利用要依赖信息技术；信息只是信息资源的一个要素。所以，准确地说，信息生产者、信息、信息技术是信息资源的三个基本组成部分，有人称其为信息资源的三要素。

1. 信息生产者

信息生产者指对他人生产信息的工作者。根据信息生产的程序和加工深度分为一次信息生产者、二次信息生产者和三次信息生产者。信息生产者是信息资源的关键，因为信息是人创造的，信息技术是人发明和使用的。

2. 信息

在信息资源三要素中，人们只有通过开发利用信息，才能表明信息资源的价值。培养和提高信息生产者的能力和水平是为了让其生产更多、更有用的信息，发明和应用信息技术也是为了使信息发挥更大的作用。所以，信息是信息资源的核心。

3. 信息技术

信息技术是信息收集、加工、存储和传递技术的集合。信息技术的应用，大大提高了开发和利用信息的效率和效益，能更有效地实现和创造信息的价值。信息技术使信息生产者和信息的作用和价值得到延伸。

可见，信息资源就是信息生产者、信息和信息技术的有机集合。信息资源三要素是相辅相成的。任何一个要素不可能单独存在和发挥作用，只有形成整体才能显示其价值。按照系统论的观点，是 $1+1+1 \geqslant 3$。这三者相互联系、相互作用，共同构成信息系统。

概括地说，信息普遍存在于人类社会中，但并不是所有的信息都是有用的。信息虽然是构成信息资源的根本要素，但若没有特定的信息人员运用专门的信息技术对它进行收集、选择、加工和处理，信息就构不成有用的信息资源，其效用和价值也就得不到充分发挥和利用。

2.4.5 信息资源的意义

与其他资源相比,信息资源具有特别重要的意义。这种意义在于,信息资源是人们借以对其他资源进行有效管理的工具。不论是物质资源还是能源资源,其开发和利用都有赖于信息的支持。当今世界已被视为信息世界,人类社会已经进入信息社会。今天,信息不仅成为现代管理的基本要素和重要手段,而且作为生产力的关键因素和社会发展的战略资源正发挥着日益重要的作用。

信息资源对于国家和企业来说,都是十分重要的。

1. 一个国家综合国力的提高与信息资源的开发和利用的程度密切相关

越是发达的国家通常越重视信息,因为信息是促进社会、经济和科学技术发展的一种重要资源,这些道理在发达国家已众人所知。充分开发信息资源,科学管理信息资源,有效利用信息资源,是国家信息化建设的主要内容,也是提高社会生产力,促进经济发展和推动社会进步的重要保证。

2. 对企业而言,企业的竞争力是由众多因素决定的,其中信息是极重要的因素

在传统的企业管理理论中,学者们曾提出,人力、财力、物力、技术和机器是企业的五种资源,管理就是对这五种基本资源的管理。但在现代企业中,信息已经与人、财、物等资源一样,成为企业的一种基本资源。在一些经济发达国家,人们甚至把信息视作决定企业兴衰存亡的生命线。

2.4.6 信息化

20世纪后半叶以来,特别是80年代以后,世界的经济形势,尤其是企业面临的环境发生了很大的变化。第一,经济活动全球化的趋势大为加强。经济活动的全球化导致市场的国际化,顾客可与国内外有关企业联系,购买所需的产品与服务,这对国内企业构成了新的威胁。第二,社会经济迅速发展,科学技术不断进步,市场竞争日益加剧,对企业的组织与管理提出了新的挑战,要求企业对市场信息和用户需求的变更反应灵敏。第三,现代科学技术特别是电子信息技术的迅速发展和广泛应用,使人们的工作、生活以及思维方式发生了重大的变革,为企业的生产与经营提供了日臻完善的手段。以上变化进一步提高了信息资源的重要性,信息活动日益成为人们社会活动的重要组成部分。

我们通常把对信息的收集、传输、加工与利用等活动称为信息活动。信息活动过程也就是信息资源开发、利用和管理过程。人类的信息活动包括三个基本层次:一是个人的信息活动,是指个人对信息资源的开发利用;二是组织的信息活动,是指各种组织对信息资源的开发利用;三是社会的信息活动,是指整个社会对信息资源的开发利用。

信息化是指人们信息活动的规模不断增长以至在国民经济中占主导地位的过程。信息化已经成为全社会关注的热点,具有非常重要的战略意义。信息化从内涵的角度考查,一方面指信息技术的利用非常广泛,信息观念深入人心;另一方面指信息技术产业的高度发展,信息咨询业的高度发达。信息化是凭借现代电子信息技术手段,通过提高自身开发与利用信息资源的能力,推动经济发展与社会进步,并逐步改变人们自身生活方式的社会演变与发展过程。对信息化概念的理解,应该把握以下三个方面:第一方面,信息技术的发展与应用是推动信息化发展的动力;第二方面,信息化是一个社会产业结构发展过程,是向信息社会演进的过程;第三方面,信息化的过程就是人类开发和利用信息资源的能力提高的过程。信息化的基本特征可以概括为:信息数量的激增;信息应用的泛化;信息意识的强化;信息职业的扩大;信息经济的到来。

最后要指出,信息化是生产力的重大变革。技术、组织管理和人是信息化生产力的三个重要因素,也是推进信息化的三项关键资源。信息活动的主体是人;管理水平的提高对信息活动的效率和有效性起着决定的作用;以计算机和通信技术为代表的现代信息技术是信息化生产力的重要组成部分。在上述生产力的诸要素中,技术的进步、组织管理的变革和人的素质的提高必须相互匹配、协同发展,生产力才能达到新的水平。技术进步的幅度愈大,对组织管理变革就应该愈深刻,对人的素质的要求就愈高,这是现代社会生产力发展的客观规律。在推进信息化的实践中,信息技术的发展仍然是十分重要的任务。然而,对于广大应用部门来说,由于信息技术发展十分迅速,组织管理和人的因素由于滞后于技术的发展而成为信息化的主要障碍之源。人的素质和管理水平对信息活动的效率和有效性起着决定性的作用。尤其是加强更多人的信息意识和提高更多人的信息素质,使他们学好信息基础知识,做好信息基础工作,就显得更为迫切和突出。

习　题

1. 名词解释

信息、自然信息、社会信息、信息资源、狭义的信息资源、广义的信息资源、信息科学

2. 填空

(1) 在一个具体的组织内部,有_____信息(高层)、_____信息(中层)、_____信息(基层)。

(2) 从信息管理的角度看,信息按加工深度分为_____信息(原始信息)、_____信息(对原始信息加工处理后的信息)、_____信息(管理决策信息)。

(3) _____、_____和_____一起是构成现实世界的三大要素。

(4) 香农提出了通信系统的模型,定义了_____、_____和_____。

(5) 信源因其发送信息的状况可分成两种:一种是_____信源;另一种是_____信源。

(6) 通常,我们把信道分为_____信道和_____信道。

(7) 信宿可以是_____,也可以是_____,其中也包括_____。

(8) 噪声有两类:_____噪声和_____噪声。

(9) _____、_____、_____、_____、_____构成了系统五位一体的关系。

(10) 控制作为一种作用,至少要有_____与_____以及_____这样三个因素。

(11) 信息方法包括两个基本的方面,即_____方法和_____方法。

(12) 信息科学本身是一个学科群,这个学科群是由_____科学、_____科学

和_____科学三个层次构成的完整体系。

3. 论述题

（1）论述数据与信息的关系，并举例加以说明。

（2）论述信息在管理和决策中的作用。

（3）论述信息资源的概念体系。

（4）论述信息资源的三要素。

课堂讨论和弹性作业

1. 你是如何理解信息的？举例说明。
2. 是不是任何信息都是有用的？信息全是资源吗？
3. 课外借阅"三论"有关书籍，学学这些科学方法论。
4. 浏览、访问相关的信息化网站，比如中国信息化和企业信息化网站。

第 3 章 信息管理学概述

信息管理学既是管理科学的一个重要领域，又是信息科学的一门重要分支学科。信息管理学是信息科学与管理科学相互交叉作用的产物。本章从最新的信息资源管理概念入手，介绍了信息管理及其发展，探讨了信息管理科学及其学科体系，提出本书所要研究的基本内容。最后，对本学科发展和专业教育做了初步讨论。

3.1 信息资源管理

3.1.1 信息资源管理概述

现在，科学技术的飞速发展把人类社会推到了一个崭新的时代——信息时代，这已是无可争议的事实。信息对社会经济发展的巨大推动作用，使其与物质、能源一起并列为现代社会的三大支柱，这也已达到共识。随着对信息作为一种资源来管理的需求日益加强，信息研究领域中出现了一种新的管理思想和模式——信息资源管理（IRM）。

大家知道，在管理科学中，人、财、物等资源需要管理，对这些资源管理的主要目的是合理地配置和有效地控制，以满足和实现本单位的目标和任务。信息资源是由其他物资资源中逐渐游离出来的。信息资源同其他资源相似，也有其共同的规律。

信息资源管理的基本点，是要将信息作为一种重要资源加以管理。这不仅是由信息本身的重要作用决定的，而且是由信息量的增长速度太快决定的。如果对巨大的信息量不严加管理，将产生严重的信息污染，后果将不堪设想。

信息资源管理是现代信息技术在管理领域的应用所激发的一种新的信息理论。人们对组织管理的要求提高了，在人、财、物传统的管理要素中，注入了现代信息技术，以谋求方便、快捷地获取信息。这种由技术带来的管理上的变化，呼唤着新的管理思想和方式。

从广义上和整体上来认识和理解，从管理学的角度看，IRM 就是综合运用各种方法和手段进行信息资源的规划、组织、利用和控制。IRM 任务就是采用全新的思想，以最有效的模式管理一个组织的信息，以支持一个组织正确地进行管理和决策。

霍顿作为 IRM 理论的奠基人，同时又是一位 IRM 的积极实践者。他最早使用了 IRM 这一术语。1979 年，他提出信息资源的概念，认为信息资源管理是对一个机构的信息内容及其支持工具的管理。霍顿论著甚丰，涉及面很广，被引用率也相当高。他一人就撰写或参编了 10 部与信息资源管理相关的著作。

我国学者卢泰宏认为，信息资源管理是一种集约化管理。所谓"集约化"，有两个方面的含义：一是信息管理对象的集约化，即信息资源管理意味着信息活动中的信息、人、机器、技术和资金等各种资源的集约化；二是管理手段和方式的集约化，即信息资源管理是多种信息管理模式的综合。

IRM始于20世纪70年代,当时由于计算机和通信技术的迅速发展,信息量骤增,在使用和管理中出现了很多混乱局面,所以逐渐在管理科学中形成了信息资源管理分支。80年代,IRM的发展引人注目。1988年,在荷兰召开了国际第一届IRM学术会议。进入90年代,由于社会环境和技术条件的变化,IRM理论与实践出现了新的变化。经过20多年的研究,IRM作为特定的概念,已被人们所接受。虽然IRM的理论框架尚未形成,但国内外学者和专家在IRM思想研究中,在某些方面已达成共识。

概括起来,IRM思想主要有以下几点:

(1) 信息资源是一种战略性资源。正是IRM的兴起,才使信息资源在组织中的战略地位得以确立,并最大限度地发挥信息资源的重要作用,实现信息资源的价值。

(2) 必须将技术、经济、人文手段相结合,实现对信息资源的整体管理。IRM使信息管理摆脱了单纯依靠技术因素的观点,以一种全新的、综合的、系统的管理思想为指导,逐步成为管理科学中独立的领域。

(3) 信息资源管理是一种观念,也是一种模式。IRM作为一种新的思想是管理思想的重要组成部分,具有先进性。更重要的是,IRM提供了一种新的、更具实用性的信息管理模式。

一般地讲,信息资源管理产生的先决条件是"信息资源"的形成,但信息资源早已存在,为什么说信息资源管理直到20世纪中后期才出现呢?这里涉及一个观念问题。以前人们并没有自觉地、有意识地将它视作一种资源,只有当信息资源量积累发展到一个临界点,人们的认识才可能发生质的变化,这可以称为信息资源管理生成的观念条件。但仅有信息资源量的积累是不够的,这种量的积累还需要其他因素的推动和刺激。当然这些因素很多,但其中起关键作用的是现代信息技术,这可称作信息资源管理生成的技术条件。一旦具备了观念条件与技术条件,信息资源管理就必然会在某个生长点上生成。以史而论,信息资源管理最早的生成领域是政府部门的文书管理领域和工商行业的企业管理领域,这可以称作信息资源管理生成的实践条件。总之,信息资源管理的生成是多种综合作用的产物。

IRM始于20世纪70年代,当时由于计算机和通信技术的迅速发展,信息量骤增,在使用和管理中出现了很多混乱局面,所以在管理科学中逐渐形成了信息资源管理分支。IRM起初在美国的政府部门出现,随后迅速扩展到工商企业、科研机构和高等院校等部门。经过40多年的发展,已影响和扩散到世界上许多国家、地区和部门。由于政府、企业和学术界的共同努力,IRM作为一个领域、专业与学科的地位已基本奠定。信息资源管理如同70年代兴起的人力资源管理,正成为管理领域的新热点之一。在文献中,IRM这一专用缩写大量出现,已开始和MIS这一缩写一样普遍。

从国外的大量研究中可以看到,他们非常重视组织层次的信息资源管理。一般来说,IRM可分为三个层次,即个人的、组织的和社会的IRM。但IRM突出了组织机构层次的信息资源管理,或面向组织的信息资源管理,即非国家层次、个人层次的信息资源管理。一般社会组织所开展的信息资源管理活动主要是以满足组织的信息需求为目的,对其内、外部信息资源实施有效的管理。

美国是现代管理科学最为发达的国家,同时也是计算机技术、现代通信技术、网络技术等现代信息技术发展最快的国家,这两方面的因素在两个对信息管理工作最敏感、最需要的领域(政府部门和工商管理)实现聚合,便出现了信息资源管理。从国外的研究中还可以看到,IRM虽发源于政府部门,但在企业管理领域被赋予了新的内涵,即更多地体现信息资源管理的经济特征。人们开始关注如何利用现代信息技术手段有效地管理企业的信息资源,使之充分发挥经济价值。IRM在企业管理领域的形成和发展,其规模之大,影响之深,甚至超过了政府部门管理领域的信息资源管理活动。值得注意的是,一些国家特别关注如何在大公司、大企业等机构中具体实施IRM。

我国对IRM的正式研究始于20世纪80年代中期。其直接原因是我国经济建设的快速发展使得我国社会对于信息资源管理意识逐渐增强。80年代中期以来,我国的信息资源管理研究也已取得了一些各具特色的初步成果:电子通信学家钟义信提出了信息本身比信息技术更为重要;经济管理学家乌家培提出了信息是一种具有成本和价值的资源;图书情报学家孟广均提出了信息只有经过组织才能成为资源,等等。这些观点和当时国外的IRM思想也很接近。

从实践方面看,这一时期我国的信息资源管理与美国当初的做法也有相似之处。我国自20世纪80年代中期开始在政府部门内部组建了各种信息系统以管理政府信息资源,同时也开始在企业中建立基于计算机的信息系统以管理企业信息资源。这些与美国在推行IRM初期所采取的措施有点相似,但具体的实施措施并未真正建立起来。目前,我国的IRM领域虽然已成为一个热点,但建立新型的IRM体制还需要做很大的努力。

总的来说,信息资源管理不仅已经在理论上成为充满生机和活力的研究新领域,而且已经在实践中成为推动当代社会经济发展的重要武器。应当把信息资源管理作为现代管理活动内容的重要组成部分进行组织和实施,也应当把信息资源管理作为现代管理科学体系的核心内容进行研究和探索。从理论和实践两方面开展IRM研究,引进和借鉴国外IRM的成果,分析我国IRM的现状、存在的问题和应该采取的具体措施,才能进一步推动我国的IRM工作。

3.1.2 信息资源管理的层次和手段

1. 信息资源管理的层次

完整地说,信息资源管理活动可划分为宏观管理、中观管理和微观管理三个层次。在这三个层次的信息资源管理中,宏观管理和中观管理是微观管理的前提,微观管理是宏观管理和中观管理的基础。

(1) 宏观层次的信息资源管理是一种战略管理,一般由国家信息资源管理部门运用经济、法律和必要的行政手段加以实施,以确保信息资源的充分开发、有效利用以及信息事业的发展。

(2) 中观层次的信息资源管理是介于宏观和微观之间的一种管理层次,具有承上启下的功能。它是针对本地区、本行业范围的信息资源开发利用而言的,具有明显的区域或行业性质。

(3) 微观层次的信息资源管理是最基层的信息资源管理。微观层次的信息资源管理绝不是企业摆的"花架子",而是影响企业命运的关键一环。企业信息资源管理是国民经济信息资源管理的基石。组织机构的信息资源管理问题正是本书重点要讨论的。

2. 信息资源管理的手段

信息资源管理的手段多种多样,没有固定不变的模式。从其性质来划分,信息资源管理的手段主要有技术手段、经济手段、法律手段和行政手段四大类。这里仅对信息资源管理的主要手段做一个综合性介绍。

（1）信息资源管理的技术手段是指以计算机和通信技术为基础的现代信息系统和信息网络以及与此相适应的信息加工方法。现代信息资源管理实质上是通过信息系统和信息网络来实现的,作为基本技术手段的信息系统和信息网络是现代信息资源管理特别关注的重要领域。

（2）信息资源管理的经济手段是指运用各种经济杠杆的利益诱导作用,促使信息资源开发利用机构从经济利益上关心自己的活动的手段。

（3）信息资源管理的行政手段是指凭借一定的权威,采取命令、指示等形式来直接控制和管理信息资源及其相关活动。特别是在当前我国社会主义市场经济体制尚不完善的情况下,行政管理不仅十分重要,而且有时甚至是必不可少的。但注意任意夸大行政手段的职能是不对的。

（4）信息资源管理的法律手段是指用以协调信息资源开发利用活动的各种有关的法律规范的总称。

上述四种管理手段各有特点,各有不同的应用范围。我国现阶段信息资源管理的正确方法应当是：继续发展和完善技术手段,强化经济手段和法律手段,辅以必要的行政手段,并强调各种手段的协调与配合。

3.1.3 IRM 的研究范围

IRM 是为指为了完成机构的使命而管理信息资源的过程。具体来说,它是与信息相关的计划（规划）、组织、领导（指挥、协调）和控制的过程。

1. 计划（规划）

计划是对未来行动的安排,在逻辑上它是首先发生的职能,并渗透在其他各种职能（如组织、指挥、控制等）之中,所以是首要的管理职能。对于 IRM 来说,就是面对组织的发展目标和信息需求,在对信息资源管理规律和组织的内外部环境条件的认识、分析和预测的基础上,制定信息资源管理规划和其他有关计划的过程。它是信息资源管理的起点,规定了信息资源开发和利用的方向。

2. 组织

这是法约尔提出的管理的第二个职能。对于 IRM 来说,组织职能就是设计一种组织机制,如一把手原则,信息主管制度等,使有关的计划的贯彻实施具有组织保障,使参与信息资源管理活动的人员明确自己在组织中的位置,了解自己在相互协调的系统中的作用,自觉地为实现信息资源管理的目标而有效地工作。另外,还包括通过各种方法和途径对所有参与信息资源管理活动的人员进行教育、训练,使其掌握信息资源管理的技术、方法,提高其素质和工作能力。

3. 领导(指挥、协调)

领导就是在管理中采取具体措施,调动和协调各级管理人员按要求完成各项工作,对组织中的全体人员进行指导、沟通,处理好各方面的关系和矛盾,运用各种手段和方式,施加影响,以统一员工的意志,从而保证组织目标的实现。对于 IRM 来说,它直接涉及信息资源管理者和管理对象之间的关系,涉及对信息资源开发和利用活动的指导、沟通和有效的激励,引导参与信息资源开发和利用的工作者有效领会和出色实现有关的目标。

4. 控制

只有控制好,才能更好地保证组织任务顺利完成,避免出现偏差。对于 IRM 来说,控制就是对信息资源管理活动进行评估和调节,以确保信息资源管理目标的实现。即通过监督、检查计划的执行进度,揭示计划执行的偏差,找出出现偏差的地方、性质和原因,并采取积极措施予以调节,或把不符合要求的信息资源开发和利用活动纠正到正确的轨道上来,或者是制定符合实际情况的决策,以修正原计划。

3.1.4 IRM 与管理信息系统

20 世纪以来,由于社会生产力的发展,各组织机构也随之发生了变化。为了解决组织规模日益扩大,组织管理越来越复杂而带来的一系列管理问题,立足于为管理层提供信息服务的管理信息系统(MIS)在 70 年代获得了极大的发展,可以说进入了兴盛时期。在西方经济发达国家,其应用尤为广泛,各组织纷纷建立各种 MIS,用于人事、营销、生产、财务等领域。然而在实际运营中,MIS 并未实现其预期效果。影响 MIS 在实际应用中未能奏效的因素有许多,但关键的问题还在于 MIS 本身存在一些根本性的缺陷——只重视技术因素,而忽视人文因素。因此,人们开始寻求解决问题的新途径,即寻求一种将技术因素和人文因素相结合的高层次战略型的信息管理方式,这就为 IRM 的形成奠定了强大的需求基础。

信息社会的来临,信息经济的崛起,信息技术的发展,孕育了 IRM。而组织机构信息管理的需求是 IRM 得以形成的直接原因,这就为 IRM 的形成奠定了强大的需求基础。随着信息技术的发展与信息化的进程,人们的注意力不再只是信息技术的应用,而是充分开发和有效利用信息资源以求组织目标的实现,管理信息系统的发展正在从技术管理过程向资源管理过程转变,信息资源开发与利用在组织内部特别是企业内部主导作用得以确立,信息资源管理成为企业管理的主要支柱。而且,由管理信息系统的发展而形成的面向组织的信息资源管理是整个信息资源管理领域的主力军。总之,从某种意义上说,IRM 是 MIS 的一种延伸和发展。

3.2 信 息 管 理

3.2.1 信息管理概述

信息是普遍存在着的,人类信息管理活动的范围也是十分广泛的。"信息管理"不仅是信息工作的一部分,而且已被认为是现代管理的重要组成部分。

"信息管理"的概念同样源于西方,也是在世界信息量迅速增长、信息技术日新月异、信息产业强劲发展的 20 世纪六七十年代出现的。时至今日,"信息管理"已不仅仅是一个概念,而是信息学和管理学中的重要内容了。

信息管理是更广义、更一般的概念。许多人在使用"信息管理"这一术语时并不专指,所以极易引起人们的误解。但也有不少研究者和使用者,为了方便自己的研究和使用,通过附加约束条件等方法,给出了相对严密的定义。研究这些定义将有助于我们认识信息管理的本质及其与信息资源管理之间的关系。

按霍顿的说法,信息管理是一种使有价值的信息资源通过有效的管理与控制程序能够实现某种利益的目标活动。在实际工作中,为了有效地利用信息,必须组织如信息收集、存储、加工和传递等程序化工作,以解决信息利用中的各种问题。这些专业性工作概括为"信息管理"业务。

英国学者马丁认为,信息管理是与信息联系的计划、预算、组织、指导、培训和控制活动。它既包括信息资源的管理,又包含人员、设备、投资和技术等相关资源要素的管理。与"信息资源管理"相比较,他强调"信息管理"概念的通用性和在资源管理范畴内的一致性。

德国学者施勒特曼等人从信息服务的组织与信息经济管理角度出发,研究了信息管理的组织机制,将信息管理归纳为对信息资源和相关信息过程进行的规划、组织和控制。他从信息资源管理和信息过程管理角度对信息管理的综合探讨,不仅系统地归纳了信息管理的内容,而且从理论与实践结合上确立了信息管理的体系。

信息管理的国际化和我国信息化的加速,直接导致了我国学者的认识与国外学者认识的趋同性。我国学者虽然认识和归纳的理论出发点不尽相同,但是他们对信息管理的界定、规范和实质性认识却是基本一致的。

信息管理是指对人类信息活动所产生的社会信息进行管理。信息管理是管理的一种,既要对信息进行管理,也要对信息活动进行管理。信息和信息活动都是信息管理的客体。简言之,信息管理就是对信息和信息活动的管理。这是我们对信息管理的全面理解。

对信息管理的理解,一种观点认为,信息管理就是对信息的管理。在这里,信息管理是指狭义的信息资源管理,实际上就是对信息本身的管理。另一种观点则认为,信息管理不单单是对信息的管理,而是对涉及信息活动的各种要素,如信息、技术、人员、组织进行合理的组织和有效的控制,从而满足社会的信息需求。在这里,信息管理是指广义的信息资源管理(见图 3-1)。

从信息管理本身来说,在相当长的一段时间内,局限于对信息本身的管理,即对信息的收集、加工、存储、传递的过程。把信息作为一种资源,对涉及信息活动的各种要素,如信息、

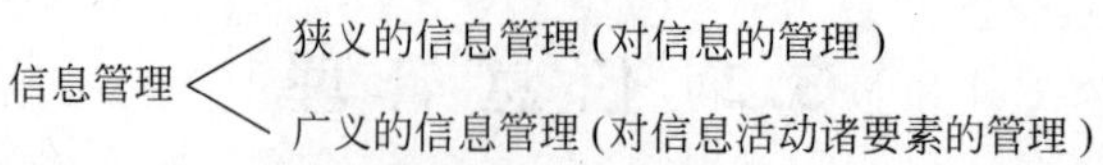

信息管理 ← 狭义的信息管理（对信息的管理）
　　　　　　广义的信息管理（对信息活动诸要素的管理）

图 3-1　信息管理概念图

技术、人员、组织等结合起来进行管理，则是 20 世纪 70 年代末期的事情。由于信息技术的推动，促使人类经济模式的转换，信息已成为重要资源。在这种形势下，信息管理的重要性日益显现，而且提出了新的要求。

从目前的发展情况来讲，可以认为信息管理就是对信息资源及其开发利用活动的管理。这其中包括两大方面：一是信息资源；二是信息活动。信息活动本质上是为了生产、传递和利用信息资源，信息资源是信息活动的对象与结果之一。换句话说，信息管理就是一种以信息资源和信息活动为对象的管理。只有通过信息资源和信息活动的管理，才能充分开发和有效利用信息资源。信息资源的管理是信息管理的静态方面，它关心的是信息资源开发和利用的程度；而信息活动的管理是信息管理的动态方面，它关注的是信息资源开发利用的效果。单纯地把信息资源作为信息管理的研究对象而忽略与信息资源紧密联系的信息活动是不全面的。

信息管理的根本目的是控制信息流向，实现信息的效用与价值。但是，信息并不都是资源，要使其成为资源并实现其效用和价值，就必须借助于人的智力和信息技术等手段。人是控制信息资源、协调信息活动的主体，而信息的收集、存储、传递和利用等信息活动过程都离不开信息技术的支持。

基于以上分析，可以把信息管理定义如下：信息管理是信息人员围绕信息资源的形成与开发利用，借助信息技术进行的信息活动。这一定义概括了信息管理的三个要素：人员、技术、信息；体现了信息管理的两个方面：信息资源和信息活动。

需要强调的是，通常我们所说的管理，其对象是一定的人、财、物要素，及其相互的组合运动及各种关系。而信息管理的对象则主要是信息及信息活动的过程，还有从事信息活动的人员及其物质手段——信息技术，以及它们之间的相互关系。

3.2.2　信息管理的发展历程

关于信息管理发展时期的划分，不同的研究者提出了不同的看法。有人划分为三个时期，有人划分为四个时期，有人甚至划分为五个时期。追溯信息管理的历史发展，可以粗略地将其划分为三个典型的发展时期（见图 3-2）。这是人们普遍接受的划分。

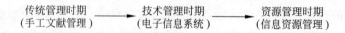

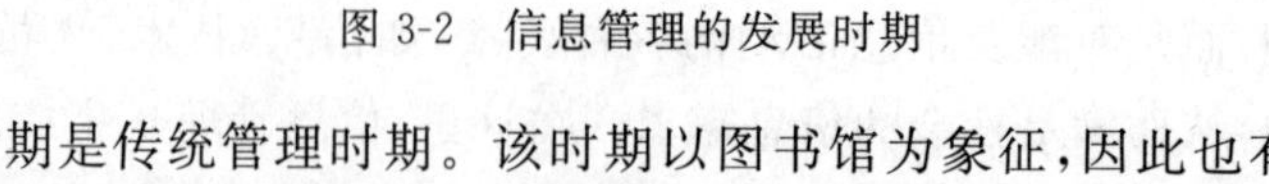

图 3-2　信息管理的发展时期

第一个管理时期是传统管理时期。该时期以图书馆为象征，因此也有人称为手工文献管理时期。随着人类社会的发展，记录人类经验、知识和信息的文献很快达到了较大的量，并且内容越来越复杂，给人们找寻和利用带来了困难，图书馆便应运而生。这是人类历史上第一种信息管理的模式，即手工管理模式。后来，在科技领域出现了一类新兴的专职信息服务机构——科技信息机构,这类信息机构所从事的实质上仍然是文献管理工作,只不过偏重于图书之外的文献而已。

第二个管理时期是技术管理时期。该时期以电子信息系统为象征,信息技术及技术专家的作用日益突出。显然,这是在计算机技术及相关信息技术高度发展和广泛应用的背景下发展起来的新兴信息管理模式。由于现代技术特别是计算机技术和通信技术在信息管理中的应用,信息管理的手段发生了巨大的变化,使信息管理进入一个新的历史时期,从而促成了 MIS 的诞生和发展。其范围主要不是在图书馆等文献管理部门,而与企业管理、行政管理等领域有着密切的关系。

第三个管理时期是资源管理时期。主要特征是涉及信息活动的各种要素都被作为信息资源的要素而纳入管理的范畴,是一种综合性、全方位的集成管理,是信息管理的最高形式。信息资源管理是将信息作为资源进行管理,既包括信息资源,也包括与其有关的其他资源,如人员、技术、经费、设备等的管理。全面地说,信息资源管理是为了确保信息资源的充分开发和有效利用,以现代信息技术等为手段,对信息资源实施计划、组织、指挥、协调、控制的一种人类管理活动。

第一个时期是以"信息源"为核心,以文献为主要载体,以公益性服务为主要目标。图书馆对文献的收藏以文献的利用为目的。图书馆自诞生之日起就十分重视文献的"藏"和"用"的统一,强调为"用"而"藏"。但要有效地解决"藏"和"用"之间的矛盾是相当困难的。

第二个时期是以"信息流"为核心,以计算机为工具,以自动化信息处理和信息系统建造为主要工作内容。此时期人们只着眼于技术问题,然而管理上的问题,特别是与人相关的问题是最难处理的。由于这种纯技术的信息管理逐渐暴露出许多问题和缺陷,人们不得不重新思考信息管理的方向。

第三个时期也就是信息管理的资源管理时期,较之前两个时期有如下显著特点:突出从经济角度进行信息管理;将技术因素和人文因素结合考虑实行综合管理;在战略和规划的高层次上强化信息管理。根据国内外流行的观点,一般认为,现代信息资源管理是信息管理的一部分,是信息管理由古代到现代不断演变和发展的产物。换句话说,信息资源管理代表着信息管理的一个崭新的发展时期。

应该指出的是,信息管理经历了传统管理、技术管理、资源管理三个时期,但是这三个时期并不是前后更替的,不是进入技术管理时期,传统管理就结束了;也不是进入资源管理时期,技术管理就结束了。在现实的信息管理工作中,我们非常容易看到这三种管理是同时存在的。当然,信息资源管理并不是一种万能的药方,也还没有发展到完善的地步,但它是信息管理发展的新阶段。

美国的马钱德和克雷斯林以及中国南开大学钟守真等人,分别提出了信息管理发展阶段新假说,指出信息资源管理是信息管理发展过程中的一个时期,认为经历了传统管理阶段、系统管理阶段和资源管理阶段,目前正步入知识管理阶段。

知识管理的理念与实践起源于 20 世纪 80 年代。1986 年,知识管理概念首次在国际劳工大会上提出。此后,知识管理迅速成为管理学、工商企业界和信息管理领域的研究热点。由于知识管理是管理领域的新生事物,所以目前还没有一个被大家广泛认可的定义。这里指出,知识管理就是以知识为核心的管理。知识管理中的知识分为显性知识和隐性知识两种类型。知识管理的主要内容是组织如何实现知识发现,知识创造和知识利用。

信息资源管理克服了信息的技术管理只重技术因素的作用而忽视经济、人文因素的缺陷,使得信息管理活动取得了长足进步,发挥了巨大作用,但信息资源管理与前两个阶段一样仍然存在较大的局限性。表现在以下方面:

(1) 仅关注显性知识的管理而忽略了另一类十分重要的知识——隐性知识的管理,从而大大限制了其管理范围和信息管理效能的发挥。

(2) 仅仅关注人类智力劳动的最终成果,未对获得这一成果的学习与创新过程纳入管理范畴,不能实现全方位的信息管理。

(3) 仅仅关注将信息提供给利用者,而对利用者需求信息的根本原因重视不够,致使难以将信息升华为知识。

(4) 仅仅关注信息在组织内部的免费流动,未能将信息看作一种资产,以资产管理的方式来管理和运作信息。

知识管理正是在克服信息管理固有的缺陷基础上发展起来的,是一种重视与人打交道的信息管理活动。

乌家培认为,信息管理是知识管理的基础,知识管理是信息管理的延伸与发展。把知识管理看作信息管理的高级阶段,把信息管理看作知识管理的基础是很正确的。就两者的联系来看,作为基础,信息管理为知识管理准备了条件。同时,知识管理把信息管理提高到更高的层次。就区别来看,信息管理只是知识管理的一部分内容。显性知识的管理是信息管理的主要任务,而隐性知识的管理是知识管理的主要任务。总的来说,知识管理是信息管理的新发展,是对信息管理的提高和升华。

信息管理的发展是一个不断深化和扩展的过程,随着人们对信息认识的逐步提高,信息管理思想将日益丰富,管理方式也将日趋多样化。从组织信息管理角度来看,岳剑波把现代信息管理时期的信息管理活动分为以下两个发展阶段:

一是面向技术的信息管理阶段。这一阶段以计算机技术为核心,以管理信息系统为主要阵地,以解决大数据量信息的处理和检索问题为主要任务,管理手段计算机化,主要管理者是管理信息系统经理。

二是面向资源的信息管理阶段。这一阶段以信息资源为中心,以战略信息系统(SIS)为主要阵地,以解决信息资源对竞争战略决策的支持为主要任务,管理手段网络化,主要管理者是信息主管(CIO)(见表 3-1)。

表 3-1 组织信息管理两个发展阶段的比较

阶　　段	面向技术阶段	面向资源阶段
核心	计算机技术	信息资源
主要代表	管理信息系统	战略信息系统
管理手段	计算机化	网络化
主要管理者	管理信息系统经理	信息主管

在新时期,一方面,企业管理者希望在管理中引入信息技术,希望借助信息技术提升企业的管理水平、生产能力、运作效率,提高企业的竞争力,所以这方面的信息管理主要针对企业信息技术的投入与产出的比重、效益。另一方面,企业管理者已经认识到,在变化莫测的

企业生存环境中,直接操作看得见、摸得着的物资资源、人力资源、资金资源越来越困难,而管理与生产运作中到处存在的信息资源尤其显得重要。

总的来说,人们已经意识到信息并不是越多越好。人们对庞大复杂的信息有时感到无所适从。与此同时,信息社会的人们对信息的需求程度比以往任何时候都强烈。所以,越来越多的人意识到,对信息的有效管理与控制活动是有效利用信息的必不可少的条件。当代的信息管理和过去的信息管理相比,有明显的时代特点。尤其是随着信息技术的飞速发展,虽然信息的采集、存储、处理和传播的数量与日俱增,可是又不断地产生出许多人们始料不及的新问题,使人们面临着复杂棘手的信息环境。

全面地看,信息管理的发展趋势主要有以下几点:

(1) 信息管理从手工管理向自动化、网络化、数字化的方向发展。
(2) 信息管理从单纯管理信息本身向管理与信息活动有关资源的方向发展。
(3) 信息管理从分散、孤立、局部地解决问题走向系统、整体、全局地解决问题。
(4) 信息管理从以收集和存储为主向以传递和检索为主的方向转变。
(5) 信息管理从辅助性配角地位向决策性主角地位转变。

总之,信息管理作为一种古老而又年轻的领域,有许多方面值得探讨。现代信息管理要求管理思想现代化、管理组织现代化、管理方法与管理技术现代化、管理手段现代化、管理人才现代化。为适应社会发展对信息管理的需要,适应我国信息事业发展的需要,深化信息管理理论研究,加强信息管理工作已经是刻不容缓的历史任务。

3.2.3 信息管理的模式与职能

人们已经意识到信息并不是越多越好。人们对庞大复杂的信息有时感到无所适从。与此同时,信息社会的人们对信息的需求程度比以往任何时候都强烈。所以,越来越多的人意识到,对信息的有效管理与控制活动是有效利用信息的必不可少的条件。当代的信息管理和过去的信息管理相比,有明显的时代特点。尤其是随着信息技术的飞速发展,虽然信息的采集、存储、处理和传播的数量与日俱增,可是又不断地产生出许多人们始料不及的新问题,使人们面临着复杂棘手的信息环境。为适应社会发展对信息管理的需要,适应我国信息事业发展的需要,深化信息管理理论研究,加强信息管理工作已经是刻不容缓的历史任务。

卢泰宏对信息管理的研究内容做出了高度的概括。与信息管理的技术时期相比较,他提出了信息管理的技术管理、经济管理和人文管理三种模式,并分别对应三种社会背景:信息技术、信息经济和信息文化。他指出信息的有效管理应从这三个方向进行努力。

技术管理就是用技术的手段从事信息资源的收集、整理、存储和传播工作,从而更有效地开发和利用信息资源。经济管理是指运用经济手段,按照客观经济规律的要求,管理信息资源,确保合理地开发和利用信息资源。人文管理就是通过信息政策、信息法律以及信息道德等人文手段,从不同的角度对信息资源进行管理。三者目标一致、功能协调、相辅相成。

概括而言,信息管理的实质就是人们综合采用技术的、经济的、人文的方法和手段对信息进行管理,以提高信息利用的效率,最大限度地实现信息效用价值为目的的一种运动。

另外,与管理的一般职能一样,信息管理的主要职能仍然是计划、组织、领导和控制。但基于管理对象的差异,这些管理职能有其特定的内容。

信息管理计划包括信息资源计划和信息系统建设计划。信息资源计划是信息管理的主计划,指对组织活动中所需要的信息,从采集、处理、传输到使用和维护的全面计划。信息系统建设计划是信息管理过程中一项至关重要的专项计划,是指组织关于信息系统建设的行动安排和纲领性文件。概括地说,信息管理的计划职能的主要内容是:信息网络与信息系统的规划设计、信息收集计划、信息传递程序的制定、信息利用计划、信息人员培训计划等。

信息管理的组织功能是按照用户的要求,建立信息机构,制定信息管理的规章制度,选配、任用信息人员,把信息活动、信息人员、信息活动的物质要求——信息技术有机地结合起来,实施并完成各种信息活动。信息管理组织负责信息系统的安装、运行和维护工作,保障信息系统正常运转,即负责设备、网络、软件和信息处理等的运行维护和管理;信息管理组织既要负责收集组织内部信息,与组织有关的外部信息构筑和维护组织的信息资源,又要负责向组织内各用户提供信息、技术资源的咨询服务与帮助,协调和督促组织成员合理利用信息资源。

信息管理的领导职能就是要使信息管理组织成员更有效、更协调地工作,发挥自己的潜力,从而实现信息管理组织的目标。具体地说,信息管理的领导者职责包括:参与高层管理决策,为最高决策层提供解决全局性问题的信息和建议;负责制定组织信息政策和信息基础标准;负责组织开发和管理信息系统;负责协调和监督组织各部门的信息工作;负责收集、提供和管理组织的内部活动信息、外部相关信息和未来预测信息。信息管理的领导工作的作用表现是通过调动一切组织资源,将个人目标与组织目标结合,最大限度地发挥员工积极性和主观能动性,使组织内每个成员都能为实现组织目标高效协调工作。

信息管理的控制功能旨在对整个信息活动过程以及整个信息管理系统进行指挥,以完成信息管理过程。其中包括对信息活动的监视、检测、考核,促使信息系统的正常运转,或者根据内外部情况的变化,对信息活动过程的某些方面、某个环节进行补充、完善,对信息管理系统进行调节改进,以更好地适应客观情况的变化。控制工作过程包括拟定控制标准、获取偏差信息、判定偏差原因、采取纠偏行动等四个步骤。信息管理的控制职能是为了确保组织的信息管理目标以及为此而制订的信息管理计划能够顺利实现。这是一个非常重要的但却常常被忽视的信息管理职能。

上述几种职能互相联系、互相依赖,形成一种动态循环,共同作用于信息管理之中。

3.2.4 信息管理与 IRM 和 MIS

需要说明的是,信息管理和信息资源管理难以区分。有人提出,信息资源管理是信息管理演变的一个重要的新阶段;有人认为,信息资源管理是信息管理的重要组成部分;有人甚至认为,信息资源管理就是信息管理,两者是同义词。

信息管理和信息资源管理作为两个同时使用的概念,在本质上没有很大的区别。这两个概念的同时使用,在国外并没有引起争论,也没有发现两概念在内涵与外延上有何根本差异。国内有些学者认为,虽然常常把"信息资源管理"等同于"信息管理",但这两个术语在理解上存在很大的差别。其中最根本的差别在于信息资源管理以"信息资源"为逻辑起点,信息管理则以"社会信息"为逻辑起点。"社会信息"是否等同于"信息资源"?答案无疑是否定的。

还可以看出，认为"信息管理"与"信息资源管理"是两个不同概念，实际上代表着不同的管理理念。但是现在的实际情况是：信息作为战略资源的认识已经成为共识，信息资源的价值已经不言而喻。所以，强调两个概念的对立是不适宜的，容易造成概念上的混乱和纠缠。在这两个术语间求同存异更有利于信息管理的发展，因为离开了数据、信息、信息资源这些要素，信息管理便是空谈。

补充说明一点，有人把信息管理与管理信息系统看作同义词也是不对的。二者不仅范围不同，功能和社会意义也不同。管理信息系统是为某一阶层的管理者的决策与管理活动提供信息服务，系统是为特定用户建立的。管理信息系统过去被认为是信息管理的基础，其实它既是信息管理的工具，又是信息管理的成果与产品。信息管理则着眼于作为资源的信息及其相关问题的全面管理。它是为整个组织机构的所有层次包括战略层次、战术层次、操作层次等服务的。

3.3 信息管理科学

3.3.1 信息管理科学的定义

随着信息的地位在人类社会发展中的不断上升，信息领域也已成为"热门"领域。但越来越多的人意识到，仅仅强调信息的重要，光有"信息热"是远远不够的，因为这离问题的解决和信息价值的真正发挥还相距甚远。信息环境的变化，使人们认识到信息成为真正资源的必要条件是深化信息管理。若没有科学的信息管理，则一切问题实际上都不可能得到解决，一切目标最终都无法实现。所以，信息管理科学的提出是有根据的。

信息管理科学是目前最流行的一个新的学科名称。信息科学与管理科学的综合运用，就构成了信息管理科学。它是研究科学地组织管理信息工作的理论与技能的一门学科。信息管理作为信息科学与管理科学的交叉学科，既具备信息科学的一般特点，又具有现代管理科学的共性。

信息是一种普遍存在的社会现象。自从有了人类，就有社会信息，有了信息在社会生活中的交流活动，人类也就开始了信息管理实践活动，并逐步进行信息管理理论与方法的研究。应该指出的是，社会信息这一概念的提出，对信息管理科学而言具有特殊的理论与实践意义。第一，在信息管理科学这一理论大厦中，社会信息应是这一大厦的第一块基石。如果不提出这一概念，信息管理科学便失去其最基本的研究对象。第二，对社会信息的深入研究有利于我们深入地揭示信息与社会的关系，探讨信息在社会中的运动规律，更加有效地利用信息，实现信息的社会价值。第三，当今社会，社会信息资源与物质和能源并称为现代社会的三大基础资源。随着社会信息化进程的推进，信息资源正日渐取代物质和能源在社会资源系统中的主导地位。第四，社会信息的开发与利用有利于减少物质与能源的消耗。通过对信息资源的充分开发和有效利用，可以解决目前全球性的物质和能源危机。

关于信息管理科学，目前国内外正从不同角度展开全面研究，以下归纳已达到基本共识的定义：信息管理科学是一门以普遍存在的社会信息现象为研究对象，在揭示其基本规律的基础上解决社会信息服务中的各种问题。

最具代表性的是胡昌平在1995年出版的《信息管理科学导论》一书中,以社会信息为基点构建了宏观的信息管理科学体系。胡昌平认为,信息管理科学就是研究社会信息现象的科学。他特别指出,在信息管理科学理论建设中,信息服务与用户研究具有重要的地位。信息服务与用户研究是开展社会信息工作的依托。要建立完整的理论必然要回答"信息服务与用户"的问题,任何脱离"信息服务与用户"的理论都不是一种完整的理论。信息工作与信息管理的根本目的都是满足社会用户的信息需求。

对社会信息现象与规律的认识是信息管理的基点。但只有建立信息管理的基本理论和方法,才能确立作为一门科学的"信息管理"的学科地位。本书就试图在信息学和管理学的理论基础上,运用系统科学的观点,探讨信息及其管理活动。

3.3.2 信息管理学的形成

任何一门学科的形成和发展都取决于社会对它的需求,对于信息管理来说也不例外。信息管理学是为适应现代社会、经济、科技发展的需求应运而生的。当代社会为其产生提供了必要而充分的条件。

具体地说,信息科学和管理科学的发展,是信息管理学产生的理论条件。现代信息技术,特别是计算机技术和通信技术的发展,是推动信息管理学发展的技术条件。社会信息管理实践活动,是信息管理学产生的实践条件。

信息管理伴随着社会信息工作而产生。社会信息工作的实践是信息管理科学研究与学科建设的重要基础,研究中的实质问题是对社会现象的认识和信息活动规律的揭示。

15世纪以前,社会信息工作可以说是处于分散化状态。15世纪的科学革命导致了社会化的科技信息活动的开展,图书管理工作的需要提出了文献信息管理的深化研究内容。

随着科学技术的发展和人类社会的进步,包括自然信息和社会信息在内的信息利用问题日趋突出。特别是在信息论与控制论研究中,人们揭示了控制和信息的必然联系。就实质而论,这些问题的研究对信息管理科学的形成是极其重要的。以此为起点,人们分别从自然信息现象和社会信息现象两方面入手开展了系统研究。

20世纪中期,社会信息工作的开展使人们日益重视"信息用户"问题。在用户研究的发展过程中,人们逐步将用户的范畴扩展到利用信息服务的社会成员,继而进一步将其概括为一切可能的信息使用者,这就从本质上提出了信息用户研究的社会化问题,从而将其纳入信息管理的研究轨道。

现代社会发展的一个重要特征是社会日益信息化,在科学技术生产力高度发展的前提下,信息技术(主要是计算机信息处理技术与现代通信技术)和包括信息服务在内的信息经济活动已成为社会进步的一大关键。现代社会对高水准社会化的信息服务的需求,包括图书馆和情报工作在内的科技与经济信息工作机制的变革,以及信息经济的迅速发展,要求人们在揭示社会信息现象及其基本规律的基础上,建立普遍适用的信息管理理论。

美国作为信息经济最为发达的国家,信息技术及信息基础设施的建设处于国际领先地位,决定了美国率先涉足现代信息管理领域。正因如此,美国诸多学者所取得的信息管理研究成果已在世界上得到广泛应用。

当前,我国乃至全世界,信息管理理论的发展滞后于信息管理的实践,要满足信息管理实践的需求,迫切需要对信息管理的原理、方法等理论进行深入、细致、全面的研究。所以,信息管理学的产生和发展也是学科自身发展的需要。

总之,信息管理科学作为一门学科,是以实践为基础的跨学科研究结果。伴随着社会的进步和社会信息工作的实践,信息管理科学研究也经历了一个不断发展的过程,在发展中充实其内容,形成自己的理论体系和研究方法,从而确立了作为一门科学的"信息管理"的学科地位。

3.3.3 信息管理学的理论基础和研究方法

信息管理学作为现代化管理的一门独立的学科体系,其理论基础除了反映信息社会实践活动规律的基本理论——信息学外,就是揭示社会管理活动规律的现代管理学及其相关的系统思想。信息学、管理学和系统科学之间的关系是很密切的,三者构成了信息管理学基础理论体系结构,是信息管理学理论体系的主体学科(见图3-3)。

信息是有生命周期的。信息的生命周期也就是信息管理活动的全过程,包括信息的收集、加工、存储、传递、使用几个阶段。信息科学的产生与发展为人类更好地认识信息现象、有效地利用信息提供了科学的理论方法。信息学是信息管理的基石。

图 3-3 信息管理学的基础理论体系

管理是一种广泛的社会活动,是为了实现确定的目标而不断地进行计划、组织、指挥、协调和控制的过程。从管理的角度来考查,对信息的管理有赖于计划、组织、指挥、协调、控制等管理功能的实现,现代科学管理的基本原理都适用于信息管理学。管理学是信息管理的母体。

系统思想的核心是整体概念,整体功能大于各要素功能的总和,在整体性前提下追求最优化。从系统的角度来认识,信息管理过程本身是一个系统,是由信息及其相关要素组成的系统。信息管理也需要系统思想观念和系统工程技术。没有系统科学理论与方法,就谈不上信息管理科学化。我们必须深入研究系统科学的理论体系结构,用以指导信息管理学理论体系的创建工作,促进信息管理学的学科建设。

鉴于信息管理科学的跨学科特征,其研究方法理应是综合性的。以信息论为主体,包括控制论和系统论在内的学科为其提供了必要的研究方法(见图3-4)。

图 3-4 信息管理学的基本研究方法

信息管理科学虽然以社会信息为研究对象,然而社会信息与自然信息的本质特征是一致的,而且自然信息通过人类的使用必然转变为社会信息,这就要求采用信息论的方法来研究其中的基本问题。控制论方法的应用旨在解决信息管理科学中的信息控制问题,目前已形成了一个分支领域——信息控制理论。根据现代信息管理的需要,利用大系统理论进行社会信息的管理机制研究,以此为基础可形成信息管理科学的系统研究方法。

信息管理学研究方法,从广义讲,是信息管理活动中一切途径、手段、工具和方法的总和。信息管理学研究方法的种类很多,按一般到具体的方式分类有哲学方法、一般科学方法和专门研究方法。哲学方法对一般科学方法和专有方法有指导意义,是对一般科学方法和专有方法的理论概括;专有方法受一般科学方法的指导,同时也是一般科学方法的基础。对信息管理学方法的研究有利于一般方法的专门化、专门方法的精细化,为信息管理方法体系提供丰富的素材。

值得一提的是,现代信息技术,特别是计算机和通信技术的发展是推动信息管理学前进的必要条件。信息技术在信息管理过程中的应用不仅为人类社会的信息管理活动提供了有效的工具,而且这些新技术进入信息管理领域后,出现了一些新情况和新问题,为信息管理学的研究内容增添了诸如新技术在信息管理过程中的应用及其影响等新的研究课题。尤其是,管理信息系统是构成信息管理学理论体系必不可少的组成部分。研究和探讨管理信息系统的功能与结构,对加强信息管理学理论体系的建设具有十分重要的意义。

最后要指出,信息管理学是一门实用性很强的学科,是在总结信息管理实践发展历史经验的基础上,借鉴综合运用社会科学、自然科学和技术科学的理论和方法,研究与探索新的历史条件下信息管理活动的基本规律和一般的科学方法的一门综合性学科。产生于信息管理实践的信息管理科学是信息管理实践的总结和升华,它随着信息管理实践的发展而发展,受这种实践的检验,并为信息管理实践提供科学的理论指导。

3.4 信息管理学的实用体系和相关内容

信息管理学作为一门新兴的交叉边缘学科,经过近50年的发展,取得了令人瞩目的成就,其独立的学科地位也得到了广泛的承认。然而,这门年轻的学科离一门成熟的学科还有距离,这不仅表现在缺乏统一规范的理论体系,也表现在其研究方法的缺陷。因此,信息管理学的建立和研究已成为信息科学进一步完善和发展的重要课题之一。

20世纪90年代初,我国学者接受来自欧美的信息资源管理理论,主要应用于图书情报领域的研究。90年代中后期,陆续出版的专著、教材,吸收了欧美学者研究的优秀成果,结合中国的实际,积极探索有中国特色的信息管理学科体系。然而,由于我国信息科学的发展滞后于欧美等发达国家,对信息管理的研究起步不到20年,与欧美相比,存在的差距有:

(1)信息管理与现代管理理论的结合不紧密,尤其是关于其对组织变革的影响研究不够。

(2)不注重以信息理论为核心,更不注重信息的资源特性,信息资源的战略地位在理论研究中体现欠佳。

(3)未能将信息技术和信息管理有机结合起来,信息系统的建设未能发挥其应有的作用和效果。

(4)应用程度较差,实证研究和案例研究不够,对信息经济的应用研究更是不够。

具体地说,信息管理理论的中西差别主要表现在下述几个方面:第一,理论传统不同。

欧美信息管理各理论流派多追求管理学传统,以管理理论来统率相关学科知识,我国的信息管理理论则眷恋情报学传统,以情报交流过程来集约相关内容。第二,逻辑起点不同。西方理论多以信息资源和信息资源管理为逻辑起点,国内理论则多以"社会信息"作为逻辑起点。第三,技术含量不同。西方理论将信息技术和信息系统融合为一种理论思维贯穿始终,国内理论中的信息技术和信息流程始终是"两张皮"。第四,发展阶段不同。西方理论已发展到信息资源的战略阶段,国内理论更多地停留在操作层次上。第五,研究方法不同。西方理论注重实证研究和案例研究,国内理论研究则多采用理论推导方法。第六,治学态度不同。西方理论研究者为寻求问题的解答而发展理论,我国一些学者则为了理论依据创造理论。

应该指出的是,国外的研究大致形成了信息管理学派和信息系统学派,但这两个流派不应孤立开来,要交流、要碰撞、要综合,应该积极探索它们之间的相互关系,从理论上和实践上加强研究。在国内,过去谈信息管理更多的是图书馆、情报领域,而谈信息系统更多的是计算机、管理领域,随着信息技术的不断发展以及信息化进程的强烈需要,信息管理与信息系统现在终于出现了整合的迹象。

由于信息管理学科是一个新兴的综合性的边缘交叉学科,不同学科领域包括图书情报学科、经济管理学科、计算机信息学科的学者都在辛勤耕耘,可以说已形成了"三足鼎立"的局面。从情报科学领域研究信息管理学可以说是捷足先登,从管理科学领域研究信息管理学则更具理论价值和现实意义。

信息管理研究的主要问题是如何开发利用信息资源。信息管理研究的重点应该放在组织层面。本节将以这一学科本质为出发点,定位于组织机构对信息资源的管理,探讨其实用体系框架。

信息资源是核心,信息技术是前提,信息系统是手段,信息经济是宗旨。基于以上观点,本书提出信息管理学的实用体系框架:信息资源管理—信息技术应用—信息系统建设—信息经济研究(见图3-5)。其中,从微观层次上对信息资源的管理,是一种最基本的信息管理工作,其实质就是对信息本身的管理。而应用信息技术来建设信息系统是中观层次上的广义的信息资源管理,通过对涉及信息活动的各种要素进行合理的计划、组织、协调、控制,来实现对信息资源的充分开发和有效利用。至于从宏观层次上的信息经济研究,主要是立足于信息事业发展的大政方针,研究具有全局性、战略性、关键性的重大问题,推动信息产业和信息经济的发展。

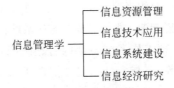

图 3-5 信息管理学实用体系框架

以下是对这四个方面所涉及的主要内容的说明。

3.4.1 信息资源管理

现代意义上的信息管理,就是对信息资源及其开发利用活动的计划、组织、控制和协调。

换句话说,为了对信息资源进行充分开发和有效利用,必须加强和改进对信息资源的管理。本节被专门列出讨论,就是要强调信息资源管理是整个信息管理工作的根本性的、中心性的工作。

如果进一步将"信息资源管理"和"信息管理"两个基本概念加以对照和分析,可以看出,二者实际上是对同一内涵从两个不同角度的分别概括。"信息管理"是从社会管理的角度,对这一内涵的宏观概括;"信息资源管理"则是从管理技术和管理方法角度对这一管理过程的微观描述。

要进行信息资源管理,需要先有一个基本的共识。通常认为信息资源管理由信息源、信息服务和信息系统三部分组成。它们的英文词汇都是同一个字母 S 起始,所以,可以简称为"3S"。三者的联系可以用一个简图表示(见图 3-6)。

(1) 信息服务居于三角形的顶端。服务是目的,建立信息系统,收集信息资源,都是为了实现信息服务的目标。

(2) 信息源居于三角形的一个底角。信息源代表有关信息的资源,信息的渠道,或可能取得信息的任何来源。

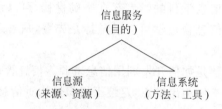

图 3-6 信息资源管理各要素的关系

(3) 信息系统居于三角形的另一个底角。信息系统是按照信息服务的要求,将信息资源进行处理的方法和工具,实现信息的有序化。

信息源、信息系统和信息服务构成了信息资源管理的总体。对组织机构而言,信息源与组织的实际管理问题相关,信息系统与组织采用的计算机信息技术相关,信息服务与组织中不同管理者的需求有关。丰富而实用的各种信息源,完善而优良的管理信息系统,热情而高效的用户服务,是信息资源管理追求的目标。

其中,信息系统是信息管理科学化、现代化的一个很重要的内容。信息系统对信息源来说,是一个信息接收者,而对信息使用者来说,它又是一个信息提供者。建立信息系统,就可以把来自各种信息源的信息收集起来,进行有组织、有系统的处理,变成适合各种不同管理工作需要的信息,然后向各类管理工作者或各部门管理组织,提供他们所需要的各种信息。

由于信息资源作为一种资源,有与人、财、物等资源类似的管理过程,也可以用过程的思想和观点来管理信息这种资源。

信息资源管理过程是信息资源交流过程和管理过程相契合的产物。与纯粹的信息资源交流过程相比,信息资源管理过程具有明确的目的、更为严密的组织和更为强烈的服务特征。它的运行有赖于计划、组织、指挥、协调、控制等管理功能的实现。

信息资源的管理过程主要包括以下四个方面:

(1) 获取资源;

(2) 加工资源；

(3) 利用资源；

(4) 废弃资源。

我们称这个充分获取信息,科学加工信息,有效利用信息,并在适当时候废弃信息的整个活动为信息资源管理过程。

全面地看,信息资源管理过程是一个信息循环的动态过程。信息的正常循环过程是由信息源开始,经过收集、加工、存储、传递、应用等环节,最后经过反馈又回到信息源。

信息资源管理过程的内在依据是信息生命周期,可见,信息资源管理应涵盖信息的整个生命周期。所以,我们可以对信息生命周期的每个阶段进行相应的管理。

信息资源管理的确切含义是什么？对此,见仁见智。持"系统方法说"或"集成手段说"者有之,持"管理过程说"或"管理活动说"者有之。各种观点都有独特的视角,从某个侧面概括了信息资源管理的内在本质,但也可以看出在某些方面已达成共识。其中,有的学者认为信息资源管理学与信息管理学是同一门学科,这种认识具有一定的代表性。

钟守真等人认为,无论如何,从其研究对象和研究内容,从其研究目的和研究手段,对其含义作出表述是合理的。

(1) 就其对象而言,它是对信息活动中各种要素(包括信息、人员、设备、资金等)的管理。

(2) 就其内容而言,是对信息资源进行计划、组织、控制和协调,具体包括信息的收集、加工、存储、检索、传输等。

(3) 就其目的而言,是最大限度地满足社会的信息需求,确保利用信息资源实现或达到自己的战略目标。

(4) 就其手段而言,是借助现代信息技术以实现信息资源的合理配置和有效控制。

当然,将其定位在围绕信息的管理系统或管理过程方面,无疑是正确的。

从系统观点看,信息资源管理指的是对整个信息系统的管理。按照信息产生和处理的次序,整个信息系统包括信息源(含收集)系统(一次信息系统)、信息检索(含存储)系统(二次信息系统)、信息研究(含加工)系统(三次信息系统)这三个子系统。但整个信息系统主要目标是传递信息,开展信息服务,故还应包括信息服务(含传递)系统。这四个子系统构成整个信息系统的业务体系。

从过程观点看,信息如同世界上所有的其他事物一样都有其发生、发展、成熟和消亡的过程,信息是一种具有生命周期的资源,信息生命周期是信息运动的自然规律,信息资源管理就是基于信息生命周期的一种人类管理活动。信息资源管理活动作为一个过程,是由若干相关而有序的环节组成的。这些环节包括信息的收集、加工、存储、传递、维护与使用。

本书在后面几章将对以上两方面进行详细的论述。

3.4.2 信息技术应用

现代信息管理从一开始便与信息技术紧密相连。从某种意义上说,现代信息管理必须以现代信息技术为依托。随着信息技术的发展和应用的深化,信息管理的技术性将不断增强。因此,信息管理科学的核心内容之一便是信息技术在信息管理中的应用研究。

信息技术是人们在长期社会实践活动中发展起来的一种技术。信息技术的根本作用在于为人类的信息获取、传递、处理、存储和使用活动提供更加有效的工具,极大地提高了人类社会充分开发和有效利用信息资源的能力。

信息技术已成为现代社会科技生产力中最活跃的部分之一,由此构成了信息产业的基础部分。它们不仅是发展其他产业的先行技术,而且是开展现代信息管理和信息服务业务所必需的。所以,应根据信息服务业务的开展和社会的实际需要,进行信息技术的开发和应用。

把信息技术简单归结为计算机技术,显然是非常片面的。因为若没有信息的来源和信息的流通,孤立的计算机的作用是非常有限的。认为信息技术是计算机技术和通信技术的结合,这是人们在认识到计算机技术与通信技术越来越不可分离时对信息技术的理解。计算机技术和通信技术是整个信息技术的核心。如果说计算机技术是现代社会的"大脑",那么通信技术就是现代社会的"中枢神经系统"。但是,这种说法同样也是不全面的,因为没有传感技术,仅靠人自身的感觉器官,所获得的信息是十分有限的。

比较全面地说,现代信息技术主要包括信息处理技术、通信技术、控制技术等。有人认为控制技术不应单列为一项,因为它只是计算机的一项功能。事实上,控制是使信息发挥作用,完成人类改造世界活动的基本前提。考虑到控制本身的多样性和复杂性,把它单列为一项,更有利于对信息技术功能划分的理解。不过,这也没有考虑到感测技术,因而也不完整。

更为全面的是钟义信教授提出的信息技术四基元,即感测技术、通信技术、计算机与智能技术、控制技术。他指出,通信技术和计算机与智能技术处在整个信息技术的核心位置,感测技术和控制技术则是核心与外部世界之间的接口。没有通信技术和计算机与智能技术,信息技术就失去了基本的意义;没有感测技术和控制技术,信息技术就失去了基本的作用:一方面没有信息的来源;另一方面也失去了信息的归宿。可见,信息技术的"四基元"是一个完整的体系,强调了信息技术功能系统的整体性。

由上面的分析可知,把信息技术单纯理解为"一个C"(计算机)、"两个C"(计算机与通信)和"三个C"(计算机、通信、控制)是不够全面的。信息技术是指获取、传递、处理与存储,以及利用信息的技术。感测技术是信息的采集技术,对应于人的感觉器官;通信技术是信息的传递技术,对应于人的神经系统;计算机技术是信息的处理和存储技术,对应于人的思维器官;控制技术是信息的使用技术,对应于人的执行器官(见图3-7)。

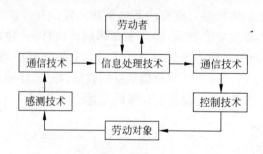

图 3-7 信息技术概念体系图

另外,按照专业信息工作的基本环节,可将信息技术比较完整地划分为信息获取技术、信息加工技术、信息存储技术、信息检索技术、信息传递技术、信息控制技术。

对于信息管理领域来说,信息处理技术和通信技术是最重要的两种信息技术工具。熟悉和应用信息技术是信息管理者的一项重要的基本技能。

1. 信息处理技术

现代信息处理技术的发展历史,实际上就是一部计算机技术的发展史。

半个多世纪来,计算机的性能价格比获得了令人吃惊的增长。随着计算机技术的迅猛发展,计算机应用的主流也从初期的数值运算演变到信息处理上来。从这个意义上来讲,计算机应当改名为"信息处理机",它是人脑信息处理功能的延伸,是名副其实的电脑。

信息处理是在数据处理和文字处理基础上发展起来的。由于微电子技术的发展,数据处理和文字处理出现了一些共同特征:它们都以电子计算机技术为基础。因而,数据处理和文字处理之间的区别开始变得模糊起来,出现了趋同现象。这两者都处理信息,"信息处理"一词得到越来越广泛的使用。

随着计算机硬件和软件的发展,信息处理技术的发展大体经历了三个阶段:程序管理方式阶段、文件系统阶段和数据库系统阶段。

计算机科学技术是当前各科技领域中发展最迅速、应用最广的领域之一。数据库又是计算机科学技术中发展最快、应用最广的重要分支之一。由于当前大量应用是建立在数据库管理系统之上,利用它可以方便地实现信息处理,所以这里仅强调数据库基础和最新动态。

数据库是数据组织与管理的最新技术。数据库以一定的组织方式在计算机中存储相互有关的数据集合。数据库概念的基本目标是减少数据冗余和增加数据的独立性。它以最佳的方式、最少的数据、最大的共享,以及安全保密性,提供多种应用服务。

数据库是被存储起来的数据及数据间逻辑关系的集合体。关系式数据库是表达数据间逻辑关系所广泛应用的模型。关系式数据库中,数据处于一张二维表格中,数据间的联系由该二维表来反映。二维表格是表达现实世界中实体间的相互关系时最常用,也是人们最熟悉的方法。表格是同类实体各属性的集合。在一张二维表中,一个竖列反映实体的某一特性,实体的多方面特性可用多个竖列来反映;表中的一行形成一个实体记录,它由多个数据项组成,反映某一实体的所有有关特性。这样由许多行、许多列组成的二维表可以用来反映同类实体中全部实体的所有有关的信息。由于表中的实体属于同一类实体,也正因为这一点,这些实体才联系在一起,使它们具有某种共同的特性。关系模型概念简单、清晰,用户易懂易用,因而关系模型诞生以后发展迅速,成为深受欢迎的数据模型。

数据库系统是在计算机的文件系统基础上发展而来的。与文件一样,都是数据项和记录的集合,但数据库中的数据是有结构的,而文件中各记录之间是没有联系的;文件是面向单个的程序,而数据库则是面向整个应用。由于整个数据是结构化的,而且数据的组织是面向全体用户、全部应用的,因此,可以最大限度地满足多个用户、多种应用对数据共享的要求。

整个数据库系统由三部分组成:用户应用程序、介于数据库和应用程序之间的数据库管理系统(DBMS),以及存储在外存储器上的经过组织的共享数据库(DB)(见图3-8)。

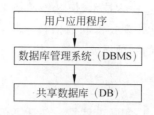

图 3-8　数据库系统的组成

其中,数据库管理系统是指对数据进行组织和管理的软件系统,它是数据库系统的核心,用户应用程序对数据库进行的所有数据操作都是在数据库管理系统的统一管理下进行的。数据库管理系统主要完成以下工作:

(1) 描述数据库;

(2) 管理数据库;

(3) 维护数据库;

(4) 数据通信。

而且,数据库管理系统一般又是在操作系统的支持下工作的,这一点要特别注意。操作系统是紧挨着硬件的第一层软件,是对硬件功能的首次扩充,我们是在操作系统的统一管理和支持下运行各种软件。操作系统有两个重要的作用:一是管理系统中的各种资源;二是为用户提供良好的界面。

从数据库最终用户的角度看,数据库系统的结构主要分为单用户结构、主从式结构、分布式结构和客户机/服务器结构等。这也是数据库系统的应用结构。最早出现的数据库系统是单用户数据库系统。数据、DBMS 和数据库应用程序都存储在一台计算机上。查询提交和结果处理显示也都在一台计算机上进行。随着计算机技术和通信技术的发展,主从数据库应运而生。主从数据库系统将数据、DBMS 和一些应用程序等存放在主机上,检索终端通过通信线路与系统连接,发送查询请求并接受主机运行后的结果。但用户数据库系统和主从数据库系统都是集中式结构。每个数据库的数据均放在一台计算机上,集中存储、管理与维护。分布式数据库系统是计算机技术和网络技术发展的必然产物。分布式数据库是一种将数据存储在多个不同物理存储位置的数据库。数据库的一部分存储在某一物理位置,而其他部分被存储在其他位置。分布式数据库的数据分散存储在计算机网络中的多台计算机上,而这些分散存放的数据在逻辑上又属于同一个系统。系统中的每台计算机既可以处理本地数据库中的数据,执行局部应用,又可以通过网络存取和处理多个远程数据库中的数据,执行全局应用。分布式数据库系统成本低、可靠性好、数据共享性强、利用率高,因此深受用户欢迎。客户机/服务器数据库系统把 DBMS 功能和应用分开。网络中的某个节点的计算机专门用于执行 DBMS 功能,管理数据库,称为数据库服务器;而其他节点则安装DBMS 以外的应用开发工具,支持用户的应用程序,这些节点称为客户机。数据库系统运行时,客户机将用户的请求从网上传到数据库服务器,经数据库服务器处理后,将结果传回客户机。由于它只传结果,而不是整个过程中的数据,从而大大减少了网络的压力,提高了系统的性能。客户机/服务器数据库系统是个开放的系统,可移植性好,因而得以迅速发展。

自 20 世纪 60 年代末数据库产生后,随着计算机技术的飞速发展和社会对信息处理的迫切需要,数据库技术得到了较快的发展。后来,数据库技术又有了新的发展,出现了分布式数据库、面向对象数据库、超媒体数据库和Web数据库。面向对象的数据库是基于对象的,一个对象既包含数据,又包含过程,两者是不可分的。因此,在面向对象的数据库中除了存在大量含有内在结构的数据外,还有大量描述过程的相应编码。它综合了面向对象的程序设计技术和数据库管理技术。传统的数据库管理系统主要是为预先定义数据项和记录结构的单纯数据而设计的,但今天和未来的许多应用都要求数据库不但要能够存取结构化的数字和字符,还应该能够存储图像、声音等。超媒体数据库是一种超出传统数据库方法的某些限定的信息管理方法,是将多媒体技术与数据库技术有机结合而形成的多媒体数据库管理系统。另外,将Web技术与数据库相结合,开发动态的Web数据库应用也已成为Web技术研究的热点。Web数据库技术采用三层或多层体系结构,前端采用基于客户机的浏览器技术,通过Web服务器及中间件访问数据库。

在信息社会,由于数据信息的爆炸性增长,有用和无用的数据常常混杂在一起,难以分辨。若要提取有用的信息,需花费大量的人力和时间。传统的数据库概念、方法和技术已经难以解决现在商业活动中的新问题,而要从大量的数据中找出其内在的联系,更是困难重重。近年来,数据仓库是信息技术领域谈论的一个热门话题。数据仓库概念是对数据库概念的进一步深化。数据仓库的建立并不是要取代数据库,它建立在一个较全面和完善的信息应用基础之上,用于支持高层决策的分析。它通常包含大量的、经过提炼的、面向主题的数据。数据仓库是现有的数据库系统中的数据和其他一些外部数据的一次重组,重组时以能更好地为决策分析应用提供数据支持为原则。简单地说,数据仓库就是一个为特定的决策分析而建立的数据仓储。

联机在线分析(OLAP)和数据挖掘(DM)都是与数据仓库技术紧密相关的术语。其中OLAP是在数据仓库的基础上,针对特定问题的联机数据访问和分析。DM则表示结合了统计和人工智能技术,在数据中寻找用户未知的潜在关系的过程。数据仓库、OLAP和DM是三种独立的信息处理技术。数据仓库用于数据的存储和组织;OLAP集中于数据的分析;DM则致力于知识的自动发现。知识发现可以看作用于概括从大量、复杂的数据中寻找某种规律的所有活动的术语。它为促使企业的信息资源向知识资源转化提供了一个可行的技术方向。

在线分析技术和数据挖掘技术的不断成熟,为数据仓库应用市场的开拓打下了良好的基础。近年来,随着互联网和电子商务的发展,世界上各数据仓库产品供应商纷纷把注意力投向电子商务领域,并且通过数据仓库技术来构造商业智能平台。可以相信,随着现代商业模式变革的进一步深入,数据仓库应用领域将成为企业获得竞争优势的有力武器。

总之,随着计算机性能价格比继续提高,计算机应用获得了飞速的推广。计算机技术与各应用领域的紧密结合,从而产生了新的计算机应用技术。而且,据一般估计,在整个计算机应用中有60%以上的应用都与管理相关。较为突出的是,目前的管理信息系统几乎都是建立在数据库系统的基础上。正是有了数据的集中统一,才使得信息真正成为一种资源,并且实现信息资源的共享。数据库技术推动了信息管理的发展,加速了信息时代的到来。

近年来,云计算成为热议的话题。云计算的资源是虚拟化的、可以动态扩展的,用户不需要了解"云"中各类信息资源的细节,而是根据自己的实际需求获取相应的资源和服务。

根据美国国家标准和技术研究所的定义，云计算是一种可以随时随地方便而按需地通过网络访问可配置计算资源的共享池的模式。这个"池"可以通过最低成本的管理或与服务提供商交互来快速配置和释放资源。资源池允许云服务提供商通过多用户模型为消费者提供服务，根据消费者的需求对物理和虚拟资源进行分配和再分配。根据云计算资源的使用方式，可以将云计算分为公共云、私有云和混合云。根据服务类型，可以将云计算分为基础设施即服务、平台即服务和软件即服务三种模式。

2. 通信技术

在信息作为人类社会经济发展的最重要战略资源的今天，传递信息的通信网络已经成为社会经济发展的生命线。

现代通信技术按其信号形式可分为模拟通信和数字通信。通信技术总的趋势是由模拟通信走向数字通信，计算机技术和通信技术紧密结合在一起，使信息处理与信息传递逐渐走向一体化。其中，计算机网络在通信中所占的比例越来越大。

由于网络的发展是一个动态的过程，因此人们便提出了各种各样的网络定义。第一种网络——计算机通信网是指以传输信息为目的，用通信线路将多个计算机连接起来的计算机系统的集合。第二种网络——计算机网络是指以相互共享资源（硬件、软件和数据等）的方式连接起来，并且各自具备独立功能的计算机系统的集合。

在实际使用中，人们经常选择性地使用计算机网络和计算机通信网这两个术语。一般把计算机之间为协调动作的目的而进行的信息交换称为计算机通信网，而把两个或多个计算机通过一个通信网相互连接所形成的集合称为计算机网络。如果使用术语的目的侧重于用户如何共享和使用计算机资源，就用计算机网络；如果侧重于计算机之间的信息通信，则使用计算机通信网。

计算机通信网在物理结构上具备了计算机网络的雏形，但它的主要目的在于相互传输数据，故资源共享能力不强。计算机通信网由一系列用户终端，具有信息处理与变换功能的节点及节点间的传输线路组成。因此，从功能结构来说，计算机通信网包括两方面的内容：数据通信与联网信息处理。前者为后者提供信息传输服务，后者则在其基础上实现系统之间的信息交换和应用方面的要求。这样，我们将完成数据通信功能的部分称作计算机网中的"通信子网"，而将实现联网信息处理功能部分称作"资源子网"。

计算机网络是用通信线路把分布在不同地点的具有独立功能的计算机连接起来，在它们之间相互传递数据，从而达到信息、软件、设备等资源的共享。计算机之间的通信是计算机网络能够实现资源共享的基础，而资源共享则是开发建设计算机网络的主要目的。

实际上，计算机网络的形成与发展经历了三个阶段：具有通信功能的单机系统阶段，具有通信功能的多机系统阶段，以资源共享为目的的计算机——计算机网络阶段。

计算机网络是计算机技术和通信技术相结合的产物。计算机网络是指在计算机间以实现资源共享和传输信息为目的而连接的计算机系统的集合。计算机网络主要有以下四个功能：

（1）数据传送：这是计算机网络最基本的功能之一，也是其他功能的基础。该功能用以在计算机与终端之间，或计算机与计算机之间传送各种信息。

（2）资源共享：包括共享硬件、软件和数据资源，这是计算机网络最有吸引力的功能。网络用户不但可以使用本地计算机资源，而且可以使用联网的其他计算机的资源。

（3）提高计算机的可靠性和可用性：提高可靠性表现在计算机网络中的各台计算机可以通过网络彼此互为后备。提高可用性是指当网络中某台计算机负担过重时，网络可将新的任务转交给网络中较空闲的计算机完成。

（4）易于进行分布处理：对于较大型的问题可通过一定的算法将任务分给不同的计算机，达到均衡使用网络资源，实现分布处理的目的，使单机由于资源的限制而不能处理的任务得以完成。

计算机网络按地域的分布分为局域网（LAN）和广域网（WAN）。局域网作用的地理范围较小，通常是利用专用的通信线路将一些计算机连接起来。而广域网可将跨城市、地区，甚至国家的若干计算机连接起来，其作用范围从数十千米到数千千米。

局域网由网络硬件系统和网络软件系统组成。局域网的网络硬件系统由服务器、工作站、网络交换互联设备和外部设备组成。服务器是一台可被网络用户访问的计算机系统，它是局域网的核心，网络中可共享的资源大多集中在服务器上。工作站是指能使用户在网络环境上进行工作的计算机系统，通常被称为客户机，服务器上存放的共享数据和文件的运行与处理是由它来完成的。当把两台或多台计算机连成局域网时，不仅需要一条电缆，还需要为每一台计算机配上一块网络接口卡（简称为网卡）。外部设备属于可被网络用户共享的、常用的硬件资源。网络软件系统由网络操作系统、网络应用软件、防火墙组成。一般来说，网络软件是一个软件包，它包括供服务器使用的网络软件和供工作站使用的网络软件两个部分。根据其作用和功能，把网络软件分为网络系统软件和网络应用软件。网络软件中最主要的是网络系统软件，在网络系统软件中最重要的是网络操作系统。网络操作系统（NOS）是操作系统的一种。它用于实现不同主机系统之间的通信，以及硬件、软件资源的共享，并向用户提供统一的网络接口。目前流行的网络操作系统有 NetWare 网络操作系统，Windows 网络操作系统，Unix 系统以及 Linux 系统。

值得一提的是，互联网是现今世界上最大、最流行的计算机网络，又被人们称为全球性、开放型的信息资源网。经过 40 多年的发展，互联网已从最初简单的研究工具演变为世界范围内个人及机构之间重要的信息沟通工具。如果说广域网扩大了信息资源共享的范围，局域网提高了信息资源共享的深度，那么互联网在这两方面都取得了突破，它对信息资源的管理、开发和利用产生了广泛而深远的影响。进入 20 世纪 90 年代以后，以互联网为基础的全球信息高速公路建设彻底改变了人类信息活动的方式。互联网上的商业应用是一个广泛的领域，为企业和商家实现跨国家和跨地区运作奠定了雄厚的基础设施，具有广阔的开发前景。

从互联网实现技术角度看，它主要是由通信线路、路由器、主机、信息资源等几个主要部分组成的。通信线路将互联网中的路由器与路由器及路由器与主机连接起来。互联网中的通信线路可以分为两类：有线通信线路与无线通信信道。路由器是互联网中最重要的通信设备之一，它的作用是将互联网中的各个局域网、城域网或广域网，以及主机互联起来。互联网中的主机既可以是大型计算机，又可以是微型计算机或便携计算机。按照在互联网中的用途，主机可以分为两类：服务器与客户机。前者是信息资源与服务的提供者；后者是信息资源与服务的使用者。信息资源是用户最关心的问题。在互联网中存在着文本、图像、语音与视频等各种类型的信息资源,并涉及科教、文卫、经济等各个方面。

后来,随着互联网的飞速发展,内联网得以应用。内联网是指与全球国际互联网络隔离开的一个较小的专用电子空间,以互联网技术,主要是万维网(WWW)技术为基础的企业内部信息交换平台。它既可以通过接入的方式成为互联网的一部分,也可以自成体系,实现企业内部的管理。这样,系统内在安全性和可控性也大为改善。由于内联网沿用了互联网的主要技术,所以它们的连接是十分自然的、容易的。又由于内联网能够为企业提供一个广阔的信息发布和获取平台,以及电子商贸手段,所以企业内联网一般都应留有与互联网的接口,或直接与之相连。

随着网络技术和应用的不断发展,越来越多的企业在互联网上建立了自己的Web站点,以便利、经济的手段在网上展示着自己的企业形象,推销本企业的产品,促进了网上交易的发展,并且带来了一种全新的营销模式——电子商务。值得注意的是,单位组建内联网与设置互联网站点的目的是不同的。互联网的站点是面向全世界的公众和组织开发的,所有互联网用户都可以访问,因而它常常被作为一种面向市场或公众的工具。而内联网则面向单位内部,一般只有内部用户才能访问,是一种内部管理工具,着眼于内部的信息交流与沟通。

再介绍一下信息高速公路的概念,信息高速公路包括信息资源、通信平台和应用系统三个方面的内容(见图3-9)。

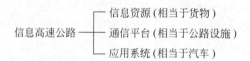

图3-9 信息高速公路的组成

信息资源包括各种各样的社会信息资源。通信平台指的是高速的计算机通信网络,具体是指用以完成各种信息的处理、传输、交换等工作的各种软件系统及硬件设备。应用系统则是指大量的应用软件系统,是根据各个用户的需要,为其信息活动提供支持和服务。

从技术上的角度看,信息高速公路实际上是软件、硬件、通信网络技术和信息处理技术不断发展与集成的结果。它首先强调的是服务,它的目标是满足各行各业和千家万户对信息的需求,通信网的建设只是实现这一目标的主要手段。

应该指出,20世纪90年代是信息技术年代,明确地说,是信息网络年代。当信息技术大红大紫的时候,人们可能会忽略资源的价值和作用。当"信息高速公路"的热浪过后,或者说,当信息网络真正建立起来后,人们才能体会到,信息技术包括信息网络都不过是工具,真正"为王"的还是资源。可以肯定,随着互联网走入更多人的生活,"技术中心论"必然会失去其耀眼的光环,信息资源及其管理将无可争辩地成为新时代的主角。

近年来,移动互联网成为热议的话题。移动互联网是移动通信技术与互联网的结合。目前手机已经超越台式机成为第一上网终端。而且随着移动通信技术从3G(第三代移动通信技术)到4G(第四代移动通信技术)的发展,无线网络(WiFi和无线局域网WLAN)覆盖率快速提高,智能手机、平板电脑等移动终端普及率迅速上升,可以说,我们已进入移动互联网时代。具体地说,移动互联网指由蜂窝移动通信系统通过终端接入互联网,它和 3G、4G 等构成一个统一的无线、移动、互联网系统模式。用户在任何地点、任何时间都能方便接入,以获得互联网上丰富的信息资源和服务。移动客户端(APP)是应用程序的简称,主要安装在智能移动终端上。它已经催生出移动电子商务和移动电子政务。

3.4.3 信息系统建设

对信息进行管理不仅要依托现代化的信息管理技术,而且要依靠现代化的信息管理手段。信息系统就是实现信息管理的重要手段。信息系统也是有效管理、正确决策的重要工具。信息系统的根本目的是利用信息技术,实现信息资源的开发利用。总之,信息系统是信息管理在实际应用中的具体体现。

输入数据,经过加工处理后,输出信息的系统,称为信息系统(见图 3-10)。换句话说,一个信息系统由输入(数据)部分、信息处理部分和输出(信息)部分组成。信息处理部分,通常被称作信息处理器,它是信息系统的主要成分,也是全面理解信息资源管理的关键所在。

图 3-10 信息系统的基本模式

广义理解的信息系统包括的范围很广,各种处理信息的系统都可算作信息系统。狭义理解的信息系统仅指基于计算机的数据处理系统。

也有人将信息系统定义为:对信息进行采集、处理、存储、检索、传输,必要时能向有关人员提供有用信息的系统。这个概念更接近于信息资源管理的概念。

在这里,从技术应用的角度讨论几类主要的信息系统模式,它们是直接面对用户的应用系统。

1. 情报检索系统

情报检索系统是对情报资料进行收集、整理、编辑、存储、检索和传输的系统。

从整体上看,情报(信息)检索系统随着电子计算机的发展,经历了脱机、联机两个阶段。

脱机检索系统是成批处理的信息检索系统。用户不直接使用计算机,只需将提问单交给专职检索人员,由他们把数量一定的用户提问单集中起来按系统的规定格式输入到计算机进行处理,通过计算机查找,将检索结果打印出来,经整理后将结果分发给用户。它适用于接受大量提问,不需要立即得到答案的检索项目。

联机检索系统是用通信线路将信息中心和许多检索终端连接起来,由终端装置输入提问并直接得到答案(显示或打印)的检索系统。具体来说,利用检索终端,通过计算机通信网络与联机服务系统的中央处理机(或服务器)进行双向人机对话,从检索系统的数据库查找所需信息的一种计算机检索。

进一步来说,信息检索系统的发展过程又经历了传统的批处理检索方式的信息检索系统,具备完备的数据库联机检索功能的联机信息检索系统,以及采用分布式网络化管理的网络信息检索系统三个阶段。目前,数据库系统、分布式系统和智能检索系统将获得迅速发展,使得人类的全部知识几乎都可以通过信息检索系统获取。信息检索系统的发展已经成为一个国家现代化的重要标志之一。

2. MIS 与 EDPS、DSS

目前,虽然我们谈得最多的是基于计算机的信息系统,但更准确地说,我们所指的基本上是为管理决策服务的管理信息系统。

从概念上看,管理信息系统由四大部件组成,即信息源、信息处理器、信息用户和信息管理者(见图 3-11)。

图 3-11 管理信息系统概念结构

信息源是信息的产生地,是指被输入的原始数据来源。

信息处理器负责信息的传输、加工、存储。是指读取数据并将它们转换成信息,向信息接受者提供这些信息的一套完整的装置。

信息用户是系统的用户,他们应用信息进行决策。

信息管理者负责系统规划、分析、设计、实现、运行和维护。

管理信息系统的发展是与管理科学和计算机的发展密切相关,其发展大致经历了三个阶段,即单项事务处理阶段、管理信息系统(MIS)阶段、决策支持系统阶段。

20 世纪五六十年代出现的电子数据处理系统(EDPS)是用计算机代替以往人工进行事务性数据处理的系统,所以也有人称其为事务处理系统(TPS)。TPS 是信息系统最初级的形式,也是最基本的形式,面对的是高度结构化的管理问题。它是以提高效率为目的,为计算机在信息管理领域的应用奠定了基础,是企业其他类型信息系统的信息产生器。

事务处理系统多为一项一项地处理各种信息,各项处理之间的联系很少。这类系统是面向数据的,对日常往来的数据进行常规的处理,它是基层业务人员的得力助手。输入的通常是原始单据,输出的一般是分类或汇总的报表。我国许多企业开发信息系统也大都是从此系统开发入手的。

数据处理系统的主要目标是提高管理人员处理日常例行事务工作的效率,但它很快便不能满足现代管理对信息处理的需要了。一个重要的原因是它将各项管理信息分开处理,但现代企业的各种管理活动是一个统一的整体,因此企业必须从整体目标出发,系统地、综合地处理各项管理信息。

管理信息系统(MIS)是在事务处理系统基础上于 20 世纪 60 年代中期发展起来的信息系统。MIS 主要应用于结构化问题的解决。MIS 是为实现整体管理目标,对管理信息进行系统化综合处理,并辅助各级管理人员进行管理决策的信息系统。当前,MIS 是指输入与管理有关的信息,而输出供管理人员使用的有用信息的这样一个信息处理系统,用于辅助各级管理人员进行管理和决策。它的目的在于实现信息的价值。

注意,这里的"管理信息系统"概念不同于广义概念上的管理信息系统。广义概念上的管理信息系统一般指企业组织中的所有信息系统的总和,包括了所有层次的信息系统。而我们这里的"管理信息系统"则专指位于战术管理层的信息系统,该系统提供各种预定的、定期的报告和报表。

可以看到,如果说事务处理系统是面向数据,以数据处理为核心,那么管理信息系统则是面向信息,以生成有用信息为核心。如果说事务处理系统是针对某一种职能,那么管理信息系统涉及各个职能部门,涉及综合职能。

MIS 的特点是所处理的信息是面向企业内部、已发生的数据,信息的需求是稳定和已知的,但由于所使用的数学模型较为简单也较少,分析能力不强。MIS 实现了组织管理信息的系统化处理,可以为各级管理决策者提供所需的各种信息。(严格地说,MIS 只是一个辅助管理系统,它所提供的信息需要由管理人员分析、判断和决策。)然而,对于复杂多变环境中组织所面临的许多决策问题,MIS 无法给予人们所期望的支持。

决策支持系统(DSS)就是 20 世纪 70 年代初期在 MIS 基础上针对这类问题而迅速发展起来的一种信息系统。它解决的问题是针对半结构化的决策问题。它的进步在于将信息系统的注意力转向高层管理决策者,并相应引入外部信息,以及强调人机交互和用户友好。它是辅助决策工作的一种信息系统,其特点是重点在"支持",而非决策工作的自动化。

目前有关管理信息系统和决策支持系统的差异问题还有不少争论。因为从某种意义上讲,决策支持系统强调决策支持,而管理信息系统也提供决策支持。要区别这两类系统,首先要对它们支持解决的决策问题进行分析。不过,MIS 侧重于管理;DSS 侧重于决策。MIS 的目标是提高工作效率和管理水平;而 DSS 的目标是追求工作的有效性和效益。MIS 是以数据驱动的系统;而 DSS 则是以模型驱动的系统。由此可见,MIS 与 DSS 是分担不同任务,而又有着诸多联系的两类计算机信息系统。

DSS 不同于主要用于记录数据的 TPS,也不同于主要用于产生预定报告的 MIS。它主要用于分析数据,可以说是一个灵活的分析工具。决策支持系统是电子数据处理系统、管理信息系统进化发展的产物,但是它不能代替数据处理和管理信息系统。它不仅支持高层管理的决策,而且也支持其他管理层中的决策。由于系统进行决策分析时是人与计算机协作进行的,所以系统一般都是人机交互系统,具有较强的灵活性和适应性。

3. ES、EIS、OAS、SIS

20 世纪 80 年代是人工智能研究盛行的时代。人们开始研究将人工智能理论应用于企业管理,以及与决策支持系统相结合等,用于管理的专家系统也开始出现。专家系统(ES)是用于处理那些通常需要经验和专门知识才能解决问题的信息系统。它是以计算机为工具,利用专家知识及知识推理等技术来理解与求解问题的知识系统。简言之,专家系统是一种模拟人类专家解决领域问题的计算机程序系统。专家系统核心是知识库和推理机,其中知识库用来存储专家系统所需要的所有知识,推理机利用一定的推理方法依据知识库中的知识来解决实际问题。

专家系统的研制和开发作为一个颇有前途的领域至今仍方兴未艾。专家系统的开发，特别是知识的获取、知识库的建立以及推理机的设计，都必须是知识工程师同领域专家密切合作、共同努力的过程。现有的专家系统可以是专门针对一个领域的特定问题的专用系统，也可以是一种通用性的开发工具，供使用者自己开发特定的系统。总的来说，现在专家系统的应用面还比较窄，应用水平也较低。专家系统还不能像人类一样地"思考"，不能借助基本原理进行类推。虽然专家系统缺乏强大和通用的人类智能，但如果认识到了它的局限性，它仍可以为组织发挥作用。

同时，利用信息系统支持主管高效率工作、高效益决策的经理信息系统或主管信息系统(EIS)一直是技术人员和管理人员的愿望和梦想，它实际上是一种面向组织中高层管理人员的决策支持系统。EIS是为高层管理者提供与关键成功因素相关的企业内部信息和外部信息，以满足他们的使用需要和管理决策信息的需求，并且进一步提供包括信息报告、办公支持、通信帮助等的综合性支持系统。与决策支持系统相比，它用不着很多的分析模型，因为最终的决策要依靠决策者自身的思维，它只是一种辅助工具。它的主要目的是提供给高层经理更加有效的计划和控制信息。

经理信息系统主要为某些非结构化的决策提供服务。由于这类决策已经完全无法规律化，只能依赖人类的分析、判断甚至好恶来进行。所以，经理信息系统的主要目标就是能够将决策者感兴趣的信息迅速收集起来，并以灵活方便的形式及时提供给决策者。经理信息系统的实施是组织信息系统中开始时间不长的领域，但却是企业应用计算机中的热点。其最主要的困难就是经理信息系统的所有活动缺乏结构化，专家在解决这类问题时还没有很好的计算机方法。不过，很多企业和计算机的专家在这方面开发了很多好的系统。对于经理信息系统来说，系统与经理人员的交互界面是至关重要的。

另外，由于办公室是信息资源的主要产地，所以大力发展办公室自动化系统(OAS)是必要的。办公自动化是20世纪70年代末期迅速发展起来的一项处理办公业务的综合性科学技术，是一个以信息技术和自动化办公设备为主的系统。目前是指计算机和相关办公设备在网络环境下的一类面向办公应用的计算机信息系统。通常来说，办公信息包括数据、文字、语音、图形和图像。根据现代办公业务的需求，办公自动化应该具备文字处理、数据处理、图像处理、声音处理和网络化基本功能。OAS面向非结构化的管理问题，其目的是尽可能利用信息资源和现代设备，提高办公效率。

我们知道，在办公室中工作的有三种人，即文书、专家和管理人员。因为支持对象的不同，办公室自动化系统中可使用两种支持系统：支持文书工作的系统，即文书处理支持系统；支持专家和管理人员的系统，即知识工作支持系统。支持文书的文书处理系统是办公自动化的初期，主要解决秘书级事务。支持专家的知识工作系统是辅助企业专业人员开发新产品或新服务项目所使用的专业化的信息系统，是一种利用专业领域的知识对来自企业内、外部信息进行高效处理的信息系统。支持管理人员的知识工作系统是协助行政管理人员协调和管理本部门内部、部门与部门之间、企业和外部环境之间的关系，保证其信息畅通的有力工具，是一个组织不可缺少的重要组成部分。目前OAS的发展有两种趋势：一是逐渐朝着智能化和同管理信息系统、决策支持系统相互渗透的方向发展；二是与现代办公大楼的自动服务等功能相结合，构成所谓的智能化办公大楼系统。

新技术革命导致信息时代的到来,20世纪80年代国际上提出了信息资源管理(IRM),反映了信息系统发展过程中的一个重要变化。在信息技术急速发展和竞争环境急剧变化的背景下,如何合理开发和有效利用信息资源以增强竞争实力、获得竞争优势,一种体现信息资源管理思想的新一代信息系统——战略信息系统(SIS)迅速兴起。SIS是对组织内外信息资源的战略应用系统。信息资源的战略应用系最终是要达到三个目标:生产率的提高、企业对市场的反应能力的提高,以及获得或维持竞争优势。其中生产率的提高是目的,市场反应能力的增强是表现形式,竞争优势的强化或者保持是最终结果。概括地说,利用信息技术寻找机会是现在的一个重要趋势,使用信息系统获得战略上的优势已成为人们关注的焦点问题。

概括地说,计算机应用于管理领域的总趋势是从初级到高级,从单项到系统(见图3-12)。从单纯的事务管理到高级的辅助决策,经历了40多年的时间。40多年中人们不断地从多方面来改进自己的工作,从失败中吸取教训,从成功中积累经验,从多方面来发展并完善这一计算机的重要应用领域。

EDPS → MIS → DSS/OAS → ES/EIS → SIS/IRM

图3-12 信息系统的发展

一个组织的管理信息系统的建设有一个从局部到全局,从初级到高级的发展过程。一个组织在发展过程中,按不同的发展阶段和管理与业务工作的实际需要,其信息系统在某个时期可能侧重于支持某一两个层次的管理决策或业务运作。事务处理系统、管理信息系统、决策支持系统和高层支持系统解决的是企业和组织内部的信息收集、分析、处理、传递和信息资源共享问题。这些系统的建立为企业和组织内部的各级管理和决策人员提供信息和决策支持,提高企业的经营管理水平,发挥了极其重要的作用。这些系统的应用不仅极大地提高了企业的工作效率和经济效益,更为重要的是增强了企业的竞争力。

但是,随着企业面临市场环境的变化,为了谋求生存和发展,企业必须具有快速响应市场变化的能力,即要能及时提供适应市场需要的质量高、价格低、服务好的产品和服务。为了能快速响应市场,一方面从管理角度来看,企业必须加强与其合作伙伴之间的协作;另一方面从信息角度来看,必须及时、准确、完整地收集、分析、处理和传递大量的企业内部和外部信息。因此,信息系统技术在企业中的应用不仅要解决企业内部各部门之间的信息快速、准确传递和信息资源共享问题,更为重要的是实现企业和其合作伙伴之间的信息快速、准确传递和资源共享。在这种企业内部需求的拉动下,在迅猛发展的计算机网络技术的推动下,20世纪90年代初出现了一种新型的计算机信息系统,即企业间信息系统。

总的来说,信息系统作为现代社会组织的一部分,其目的是实现组织的整体目标,对与管理活动有关的信息进行系统、综合管理,以支持各级的管理决策活动。它既是一个组织的信息资源的有序组合,又是开发利用信息资源以支持组织目标的战略手段。

3.4.4 信息经济研究

研究信息经济学,对于充分认识信息在国民经济发展中的地位和作用,充分发挥信息的经济功能,提高信息系统和信息活动的效益,都具有非常重要的意义。

在商品经济的初期发展阶段,当时的经济学家们认为对于商品的每一个交换者获得信息的机会都是平等的、无偿获取的。此后几百年人们都习惯于将信息看作是免费的。很少有人认识到信息不但是有用的资源,而且是具有商品交换价值的资源。直到20世纪60年代,经济学家们对信息经济的大量研究才使人们认识到获取信息的代价是很昂贵的。

在许多情境中,信息还不是商品,但如果信息管理者不是将信息管理看作一种支持式服务或高高在上的服务,而是将信息管理置于开放的市场经济中加以发展,那么更多的信息资源将变成信息商品。因为信息可转换为一种有价值的财产,它能帮助一个人、一个组织乃至一个国家确立竞争优势。

具体地说,经济手段的引入主要基于这样几个方面的原因:

(1) 用于信息活动和信息管理的预算有限,需要合理分配各项开支;

(2) 信息系统所采用的各种技术设施越来越昂贵,信息服务的耗费越来越大,需要对成本效益进行认真分析;

(3) 当代社会经济发展使得信息成为一种重要的资源,信息和信息服务中的有偿成分增多。这些都需要用经济手段对信息和信息活动进行研究和管理。

信息与经济的关系是信息经济学研究的重要课题。可以说,整个信息经济学都在从不同的侧面和角度研究信息与经济的相互作用关系。信息经济学是一门由信息科学、经济科学等学科交叉而成的年轻学科。一方面,用经济学的观点来研究信息的一般问题,特别是信息的价值问题;另一方面,又用信息科学的观点来重新认识和探讨经济活动的规律。前一方面的理论可以称为"信息的经济学",后一方面的理论则可以称为"经济的信息学"。两者的综合,就成了信息经济学。

概括起来,信息经济学是把信息和信息活动当作普遍存在的社会经济现象来加以研究的学科,主要研究信息活动中的经济问题以及经济活动中的信息问题。可见,信息经济学带有明显的综合性和边缘性。

信息经济学的产生不到50年,但引起了经济学界、信息学界和相关学科领域众多学者的普遍关注和广泛兴趣,取得了令人瞩目的成果,对经济学、信息学及相关领域的理论与实践产生了深刻影响。

目前,信息经济开始取代质能经济而成为主体经济结构。信息经济概念的出现标志着人类社会的经济发展已从农业经济、工业经济进化到一个新的历史时期,即以信息技术为物质基础,以信息产业为部门构成,以信息活动作用的强化为主要特征的信息经济时期。

把信息活动作为一个产业从经济活动中分离出来,成为独立的产业部门,即使在发达国家,也只是近十几年的事情,且还处在逐步发展和完善中。信息技术的迅速发展和推广应用是信息产业产生和发展的技术支柱;信息服务业的崛起为信息产业的产生和发展提供了有效的实践依据;信息经济学的产生和成熟为信息产业的产生和发展提供了理论依据。

由于人们的信息活动遍及国民经济各个领域,为考察信息活动对国民经济的贡献,美国学者波拉特把社会经济中的信息活动分成第一信息部门和第二信息部门。第一信息部门包括为市场提供信息产品和信息服务的所有组织与活动。在政府部门中以提供信息服务为主的部门也属于第一信息部门。第二信息部门包括大部分政府机构和其他企业、事业单位内的管理部门。这些管理部门从事的信息活动,并不直接向市场提供信息产品和服务。因此,

第一信息部门构成了独立于其他产业部门的信息产业,而第二信息部门反映了非信息产业中的信息活动。

关于信息产业的含义,北美、欧洲类派认为信息产业是提供信息产品和信息服务的电子信息工业或生产活动的组合。日本科学技术与经济协会将信息经济部门分为信息技术产业和信息商品产业。中国有关部门结合中国的具体情况,将信息产业分为信息产品制造业和信息服务业两大部分。国内外其他部门和研究人员对信息经济结构也进行了各自的分类。这些分类尽管不一,但是大体上具有相同的框架,反映了市场经济中信息产业经济状况。

仅仅把基于计算机和现代通信技术的信息生产与信息服务的产业部门认定为信息产业,是一种狭义的信息产业。我们讨论的信息产业应包括更为广泛的信息生产和信息服务,可以认为是广义的信息产业。在这里,把信息产业分为信息技术产业和信息服务业(见图 3-13)。信息产业的两大部分是紧密相关的。信息技术产业为信息服务业提供了技术基础和手段,而发展信息服务业是信息技术产业的目的,为信息技术的应用提供了市场。

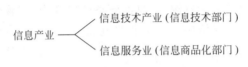

图 3-13　信息产业的划分图

应该清楚的是,信息服务业是信息产业的一部分。信息服务业包括传统的以印刷文本为载体的信息服务业和新兴的电子信息服务业。随着信息技术日新月异的发展和广泛应用,传统的以印刷文本为载体的信息服务业,尽管仍然而且将来也会保持很重要的地位,但是它毕竟只是信息服务业的一部分,其份额也在相对减少,而与此相反,电子信息服务业将越来越有大幅度的发展。这是信息服务业的发展趋势。

完整地说,信息产业是依托现代信息技术研究和开发信息资源,在社会经济领域里的应用不断发展而形成的一系列的产业群体。信息产业的发展基础包括:一是信息资源;二是现代信息技术。无疑,互联网的迅速普及,电子信息资源的爆发性增长,各种信息技术的飞速发展的有机融合,将把信息服务业推向一个新的台阶,成为信息产业中名副其实的主体产业。

当今世界,信息产业的发展水平已成为衡量一个国家发展水平和综合国力的重要尺度。它已被认为是众多现代化产业中最活跃、最有生命力的先导性产业。需要说明的是,信息产业化和社会信息化是两个不同的概念。前者仅局限于社会的信息机构,而后者则是社会整体的变化。有人狭义地认为信息化即为计算机化,信息化就是发展信息产业,这些都是片面的。这种思想是以工业化的观点对待信息化,是"重硬轻软"的老毛病。应该看到,信息化是针对整个社会、经济系统而言,它涉及大到国家与社会,小到企业与家庭等几乎所有的领域。

国民经济信息化是信息化进程中的一个较高级的阶段,是信息技术应用于经济各领域的产业信息化和信息产业化的过程。对于中国这样一个发展中大国,国民经济信息化的内涵至少应该包括两个方面:产业信息化、信息产业化。产业信息化与信息产业化是紧密关联的。产业信息化离不开采用先进的信息技术设施,必然推动信息产业的迅猛发展;而信息产业化结果必然使得信息技术成果不断出现,这又加速了产业信息化的进程。

企业信息化是国民经济信息化的基石。中国企业的发展,要走"信息化带动工业化"的道路。但是企业信息化的具体含义是什么？企业信息化是在企业内部与外部广泛地运用现代信息技术，特别是网络技术，改造企业的业务流程与管理手段，开发与利用信息资源，培育信息人才，构建企业网络环境与信息系统建设过程。企业信息化至少应该包括三个方面的内容：技术信息化、管理信息化、人员信息化。

随着信息管理理论与方法的不断发展，现阶段国民经济信息化发展战略具有明显的时代特色。第一，企业信息化与电子商务紧密结合，以信息化带动工业化发展，发挥技术后发优势，实现生产力的跨越式发展是覆盖国家现代化发展全局的战略措施。第二，行业信息化与工业化紧密结合，信息产业成为国民经济发展的主力军。高知识密集度、高技能密集度和高研究和开发密集度的信息产业的产出对社会总产出的贡献率不断扩大，加速了国民经济信息化的发展进程。第三，政府信息化与社会信息化紧密结合，电子政务与电子政府广泛应用成为国民经济信息化的龙头，对国民经济信息化起到巨大的拉动作用。第四，信息化建设与经济发展紧密结合，促使传统经济向知识经济的转型。整个社会信息管理的应用能力日益加强，信息已经成为宝贵的社会资源，信息能够转变成知识，知识能够转变成财富。

总之，信息经济作为国民经济中日益重要的组成部分，已经引起了社会各阶层、各领域、各行业人士的普遍关注。信息产业致使社会经济结构发生了重大变化，导致了以信息经济发展为标志的信息化社会的出现。

目前，关于知识经济的话题也谈得很多。关于知识经济，人们有时又称之为数字经济、网络经济或者新经济。1996年世界经济合作与发展发表了重要报告《以知识为基础的经济》，认为知识是提高生产率和实现经济增长的驱动器。知识经济表现为四个特征：科学与技术的研究开发日益成为知识经济的重要基础；信息和通信技术在知识经济的发展过程中处于中心地位；服务业在知识经济中扮演了主要角色；人力的素质和技能成为知识经济实现的先决条件。

从这些可以看出，实际上知识经济是在信息经济的基础上发展起来的，是信息经济发展的高级阶段。没有信息经济的一定发展，不可能产生真正的知识经济。尽管关于信息经济与知识经济关系的讨论还在继续，但是，信息管理与信息经济和知识经济的相互作用不会改变。而当今时代的基本经济特征则是信息经济得到充分发展，知识经济已露端倪，并将越来越占据主导地位。因此我们可以说，当今的时代是信息经济时代或知识经济时代。

考虑到信息经济学已作为一门新的分支学科，本书对此内容也不进行详细的讨论。

3.5 信息管理学的学科发展与专业教育

纵观信息管理研究活动的发展，人们对于信息管理问题的研究首先起源于文献领域的信息管理研究，并于文献领域较早地形成了系统的文献信息管理研究学科。20世纪50年代以后，计算机科学技术的应用重点逐渐向信息处理领域转移，从利用计算机进行复杂的大批量数据处理，到建立以计算机为基础的各种信息系统，信息管理成为计算机科学技术应用研究的一个重要领域。20世纪80年代以来，随着信息技术突飞猛进的发展，社会信息环境发生了翻天覆地的变化。传统的组织管理模式面对信息技术的强烈冲击不得不进行彻底的变革。组织管理的重心正开始转向信息管理，并且要把信息管理与组织的战略决策联系起来。

信息管理的意义和地位由此上升到战略地位。

从学科发展的角度看,谢阳群认为,尽管学者们的意见不一,但归纳起来,信息管理的源学科主要有图书情报学(包括图书馆学、情报学、档案学、文献学、记录管理等学科)、管理学(包括管理信息系统、工商管理学、公共管理学等)和计算机科学(包括信息工程、软件工程、网络工程、信息学等)。从科学研究的角度看,信息管理研究的多学科、跨学科或交叉学科的特征十分明显。

虽然人们对信息管理的定义存在着学科角度的差异和应用角度的分歧,但是图书情报界、计算机界、工商管理界竞相开展信息管理研究,对这一新兴学科领域进行了广泛而深入的开拓。目前,图书馆学情报学研究、计算机信息管理研究和工商信息管理研究三者在学科建设上呈现出一种逐渐整合的趋势。这种整合既不是对原有学科的盲目改名或简单替代,也不是要把有关学科强行合而为一,而是在一个更高的研究层次——信息管理学的水平上追求统一的学科体系结构,它反映了现代科学日益走向积分化、整体化的大趋势。

21世纪将是信息经济社会在世界各国形成并成熟发展的世纪。在信息经济社会里,社会资本主要表现为知识和掌握这些知识的人。这里所讲的知识,是指同信息经济社会的生产力水平相适应的现代管理知识和现代信息技术;这里所讲的人,是指能够掌握现代管理知识和现代信息技术的,并具有创造性的劳动者。

随着信息技术在信息工作中的广泛和深入应用,有关方面教育和培训内容的改革对信息工作乃至信息化社会的建成具有十分重要的意义。可以说,这方面目前面临一场适应新形势,造就新人才的改革。

当前,与信息管理教育密切相关的社会发展特点和趋势主要有:社会主义市场经济的迅猛发展,对多样化社会信息的强烈需要,信息产业化程度的不断提高,信息管理技术与手段日益现代化等。这些都要求我们对那些不符合社会发展需要的落后、过时的教育做较大的调整和改革。只有这样,教育改革才能减少盲目性,专业发展更具有针对性,信息管理系培养造就的信息管理人才才会受到社会各界的欢迎。

在我国,既有由图书馆学和情报学更名的信息管理系,也存在着由计算机界和管理学界的信息管理系,而彼此的研究几乎是风马牛不相及。从信息管理教育来说,图书情报教育、计算机应用教育以及管理科学教育从不同的角度形成了"三足鼎立"的局面,这也意味着信息管理教育领域的竞争将越来越激烈。

1998年专业目录调整后,将原目录中的四个主要本科专业(信息学、科技信息、管理信息系统、经济信息管理)合并为一个专业——信息管理与信息系统专业,设置在管理科学门类的管理科学与工程学科下。从此,信息管理科学的学科建设和专业教育正式进入了我国高等教育领域。

目前,国内开设信息管理与信息系统专业的高等院校已经超过500所。这样一个数字表明信息化已经深入人心,信息化队伍的规模正在急速扩大,信息化队伍的素质需要不断提高。所以,当务之急应是加强专业建设。值得一提的是,现在所设的该专业实际上只是一个统一的名称,原有的专业都已形成了较为稳定的教学体系。为了做好工作,信息管理教育界应该求同存异、取长补短,努力形成一个真正的新专业教育共同体。

信息管理专业人才是连接信息源和信息用户的枢纽,是社会信息服务业的主体和基础,而信息管理人才的培养正是造就这一主体和基础的系统工程。国外基本上把信息管理视为一个新领域，它主要研究组织机构（而非个人或社会）的信息资源的管理问题。我国的本专业建设也应把探求组织层次的信息管理或信息资源管理教育作为新的方向，因为随着我国信息化水平的提高，社会对这类新型的人才需求将会迅速增长。

从我国国情和国际竞争的要求出发，我国需要一大批信息管理初级人才，同时也迫切需要相当数量的信息管理高级人才。高级的信息管理人才，可在研究生层次进行培养；初级信息管理人才，可在本专科层次进行培养。而且，信息活动的广泛性和信息管理科学的应用性决定了信息管理人才的主体和基础要具有复合型知识结构。信息管理人才的知识结构总体上应由信息技术知识、管理科学知识、信息管理知识和其他相关学科知识等组成，这几类学科知识根据信息管理目标的需要，相互交叉、融合，并在今后工作实践中逐步形成有机的复合型知识形态。

信息管理科学是一门边缘学科，是信息科学、管理科学、计算机科学交叉形成的，涉及社会科学和自然科学的许多领域。作为一个信息管理者，不可能一下子就全部掌握，可以先学习信息管理的基本原理和方法。只有掌握了信息管理业务知识，将来才会运用信息管理科学的基本原理和方法，提高在实际工作中认识问题、分析问题和解决问题的本领和技巧。

本书正是站在社会组织机构信息管理的角度，考虑到整体信息管理学科发展和信息管理专业人才素质教育，力求揭示信息管理的基本原理和方法，以便更好地开展信息工作。

习　　题

1. 名词解释

信息资源管理、狭义的信息管理、广义的信息管理、信息管理科学、信息处理、数据库、数据库管理系统、数据仓库、计算机通信网、计算机网络、互联网、内联网、信息高速公路、信息系统、情报检索系统、EDPS、DSS、ES、OAS、EIS、SIS、信息经济学、信息经济、信息产业、信息服务业。

2. 填空

(1) 一般来说，IRM 分为三个层次，即_____的、_____的和_____的 IRM。

(2) 信息资源管理活动可划分为_____管理、_____管理和_____管理三个层次。

(3) _____和_____是信息管理的客体。

(4) 与信息管理的技术时期相比较，卢泰宏提出了信息管理的_____管理、_____管理和_____管理三种模式。

(5) 从企业信息管理角度来看，现代信息管理时期的信息管理活动又可分为以下两个发展阶段：一个是面向_____的信息管理阶段；另一个是面向_____的信息管理阶段。

(6) 钟义信教授提出的信息技术四基元，即_____技术、_____技术、_____和_____技术、_____技术。

(7) 随着计算机硬件和软件的发展，信息处理技术的发展大体经历了三个阶段：_____阶段、_____阶段和_____阶段。
(8) 整个数据库系统由三部分组成：_____、_____和_____。
(9) 计算机网络的形成与发展经历了三个阶段：_____阶段、_____阶段、_____阶段。
(10) 信息高速公路包括_____、_____和_____三个方面的内容。
(11) 从整体上看，情报（信息）检索系统随着电子计算机的发展，经历了_____、_____两个阶段。
(12) 从概念上看，管理信息系统是由四大部件组成，即信息_____、信息_____、信息_____和信息_____。
(13) 信息管理的源学科主要有_____学、_____学和_____学。

3. 论述题
(1) 论述信息资源管理的思想。
(2) 论述信息资源管理的手段。
(3) 论述信息资源管理和管理信息系统的关系。
(4) 论述信息管理的五个管理职能。
(5) 论述信息管理三个发展时期的核心及其相互关系。
(6) 论述知识管理和信息管理的关系。
(7) 论述信息管理和信息资源管理的区别和联系。
(8) 论述信息资源管理的系统观点和过程观点。
(9) 论述信息技术概念的1个C，2个C和3个C。
(10) 论述数据库管理系统的功能。
(11) 论述计算机网络的功能。
(12) 论述管理信息系统的发展历程。
(13) 论述信息产业和信息服务业的关系。
(14) 论述信息管理的发展趋势。

课堂讨论和弹性作业

1. 你觉得信息管理到底管什么？如何管？
2. 从整体上谈谈信息资源、信息技术、信息系统和信息经济的相互关系？
3. 翻阅几本与数据库、计算机网络、信息资源管理、管理信息系统等相关的书籍。
4. 讨论企业管理信息系统的主要类型及其应用情况。

第4章 信息管理的基本原理

信息管理原理是信息管理活动本身具有普遍意义的规律。从信息管理活动的过程来看,研究信息源、信息流,以及信息宿的基本规律是进行信息管理的基础。以下就组织机构而言,讨论其信息组织、管理和使用问题。最后,在此基础上,指出信息管理的目的——信息资源充分开发和有效利用。

4.1 信息源与信息组织

4.1.1 从信息源谈信息组织

1. 信息源

信息源,顾名思义,就是信息的来源。

信息源的分布及其变化的规律性是信息源研究的主要内容,其目的在于明确信息收集的方向。

信息源分布是一种客观存在,是长期信息运动的结果。要结合信息的内容和用户的信息需求进行交叉分析,以期发现对应于特定用户信息需求的信息源分布格局,这也是信息源分析的主要目的。

如果以组织边界为界限,可将信息源分为内部信息源和外部信息源。内部信息来自组织内部,一般比较可靠,容易掌握。外部信息是从其他地方收集或买来的,要注意其正确性,需要花大力气去收集。

如果根据时间标准来区分,可分为一次信息源和二次信息源。一次信息源是由现场直接采得的信息;二次信息则是各种文件和数据库中存储的信息。

如果根据信息的运动形式,还可以把信息源分为静态信息源和动态信息源。静态信息指那些具有相对稳定性、在一定时期内不发生根本变化的信息;动态信息是反映生产经营活动中的实际进程和实际状态的信息。

根据信息是否数字化,可以将信息源区分为数字化信息源和非数字化信息源。数字化信息源提供的信息来自于计算机存储设备,并且可以通过网络传输。尽管我们处在一个数字化时代,但非数字化的信息对我们来说依然具有重要意义。

2. 信息采集

信息源的格局确定后,在一段时期内保持相对稳定,这时的工作中心就转移到信息的采集方面了。

信息源分析和信息采集是一个微观过程的两个方面,信息源分析侧重宏观的理论研究,信息采集则注重具体的实际行动。

　　信息采集是信息资源能够得以充分开发和有效利用的基础。这里所说的信息采集,是指一切信息工作的信息采集,不只是指信息服务部门为用户的需求所进行的信息采集,应该还包括企业和组织的管理者们为了实现决策、管理和控制等所进行的信息采集。

　　在信息采集时首先要明确收集什么信息,也就是要对各种信息加以选择。信息的采集,简言之,就是信息的选择过程。选择是信息采集的核心。信息选择的目的就是从采集到的信息中甄别出有用的信息,剔除无用的信息。

　　选择什么信息并不取决于采集人员的主观意志,而是取决于用户信息需求的分析结果和实际能够提供什么信息。

　　由于信息的来源不同,信息获取的方法和手段也会存在差异。不同的信息获取方法和手段适用于不同的环境,应结合组织的自身条件,采用适当的方法和手段获取信息。比如,积累各类信息就是获取信息的重要方式之一。任何一个组织在正常运转过程中,都将产生大量的工作信息,这就要求各部门管理人员要注意收集和保管好这些信息。同时,某些外部动态信息,也应注意日积月累。又如,通过联网,组织不仅可以方便、及时地获取所需的各类内外信息,同时,还能通过发布自身相关信息,为更多的公众所了解。随着互联网的深入发展,互联网蕴藏着丰富的信息资源,通过网络来获取所需的信息已日益成为信息收集的一个重要手段。

　　信息采集要考虑针对性、系统性、科学性、预见性和计划性等原则。针对性要求采集人员根据本机构的性质、任务和服务对象确定采集的范围和重点;系统性要求采集人员注意信息采集的连续性和完整性;科学性要求采集人员注重信息源、用户信息需求和采集方法的科学研究;预见性要求采集人员不仅研究用户当前的信息需求,也要研究用户未来的信息需求;计划性则要求采集人员制订科学合理的采集计划,有目的、有步骤地采集信息。

　　3. 信息组织

　　对于所采集的信息,一般还要做序化处理,这也就是信息组织。

　　信息组织就是对所采集的信息实施有序化的过程,是信息管理过程的核心内容之一。

　　我们通过各种手段采集到大量的信息后,必须按照一定的原则和方法对信息进行加工整理,使之有序化,才便于信息的管理和使用。信息组织的目的是将无序信息变为有序信息,方便人们利用信息和传递信息。

　　序是事物的一种结构形式,是指事物或系统的各个结构要素之间的相互关系以及这种关系在时间和空间中的表现。当事物结构要素具有某种约束性且在时间序列和空间序列呈现某种规律性时,这一事物就处于有序状态;反之,则处于无序状态。

　　组织从各种渠道收集的信息,必须经过整序,否则就会杂乱无章,无法开发和利用。信息管理中面临的信息量极大,如果不给予有序排列,使用起来会非常困难,甚至发生已经采集到的信息,会因一时无法找到而贻误决策的现象。而且未经整序的信息只能反映单条信息的内容,不能显示信息整体的内容。按照某种特征进行排序,可以得到自己需要的信息序列。可见,信息组织也是一个系统化的过程,其最终目的是将无序的、零散的信息结构化,形成一种有序的体系或系统。

整序的主要方法是分类。大量的信息不加以分类,将会杂乱无章,没有条理性、系统性和完整性,既不便于保留和存储,也不便于查找和利用,信息的作用也很难发挥。信息分类的任务就是通过分类把各种信息归入适当的位置,把性质相同的聚在一个类里,性质相近的聚在相近的类里,性质不同的聚在不同的类里。这样,便于合理地存储和组织信息。注意,信息存储本身是一种信息组织过程,是有组织的信息的一种表现形式,是面向未来的信息组织。

信息整序是专业性很强的工作,作为负责此项工作的人员,应该熟练掌握信息整序方法的基本原则并加以运用。因为掌握这方面的知识并学以致用,是非常重要的。比如,由于信息技术的日益普及,数据库技术已成为建立数据库管理系统,实现对信息的有效存储和整序的重要手段。

实际上,信息组织贯穿于信息管理的全过程。这里所谈的信息组织只是广义的信息组织的组成部分,也就是说这里所指的是狭义的信息组织。因为信息组织从内容来看,主要包括信息描述、信息揭示、信息分析三个方面。其中信息描述是对信息的初级组织,信息揭示是对信息的中级组织,信息分析是对信息的高级组织。信息描述、揭示和分析的主要作用是向用户提供并帮助用户选择他们所需要的一次信息、二次信息和三次信息。

信息组织在发展阶段上大致与信息管理发展阶段保持基本的一致性。在古代信息管理时期,信息管理的着眼点不在于"用"而在于"管",信息管理活动并不要求完备、科学的信息组织给予支持。但是,我们的目的不可能只是单纯的保管,利用才是终极目的。要促进信息的利用,就必须有完备的、科学的信息组织活动作为基础。近代信息管理时期的信息组织已经不可同日而语了。信息组织活动不仅要告诉人们有什么信息,而且要告诉人们如何找到信息。无序信息向有序信息的转换使信息的利用有了更多的方法和途径,信息组织确立了"用户中心论"。以电子计算机为代表的现代信息技术的导入,把信息管理推上一个新的发展水平,也把信息组织引入到一个新境界。现代信息管理时期的信息组织在最完整的意义上实现了整序信息、科学分流、促进选择、保证利用的组织职能。这种组织职能已经绝对不满足于告诉人们有什么信息和如何找到信息,它不仅可以告诉人们我们这里有什么信息,而且还可以告诉人们其他地方有什么信息;人们不仅可以找到最需要的信息,而且还可以知道什么信息最适合于自己;人们不仅可以利用一种途径获得信息,而且可以多途径地查检信息。信息组织融信息描述、信息揭示、信息分析和信息储存于一体。可以肯定,在未来的道路上,信息组织的功能不会弱化,而会进一步强化。我们必须在一定的科学原则的指导下进行信息组织,切实避免随意性、无计划性和盲目性等现象,从而使信息组织真正发挥其功能和作用。

总之,信息组织是信息资源可资利用的重要条件,是信息资源不断增值的内在依据。进行信息源研究,做好信息采集工作及初步的序化处理工作,是整个信息管理工作的基础性工作。如果在信息管理的具体活动开展之前,对信息的存在状态和运动状况一无所知,那么,肯定会使信息管理陷入盲目之中。

4.1.2 信息组织的基本要求

在企业生产经营活动中,管理部门面临着不断发现问题和解决问题的过程,在此过程中需要大量决策行为。而信息贯穿于整个管理决策过程的始终,是科学管理决策的基础和前提。从管理决策的角度谈,对信息组织的要求有以下四个方面。

1. 及时性

"时间就是金钱。"信息的使用价值是随时间的流逝与系统的变化而变化的,过时的信息可能一文不值。所谓及时有两层含义：一是时过境迁的信息要及时记录；二是有用信息要迅速采集。

2. 准确性

信息不仅要及时,而且要求准确无误地反映实际情况。正确的信息,才是有用的信息；不真实的信息还不如没有信息。有了准确、可靠的信息,才能做出正确的决策。如果信息失真,就会造成决策失误。

3. 适用性

信息不在于多,而贵在于适用。要"急决策之所急,供决策之所需"。应当认识到,各级管理部门和管理人员所要求的信息是各不相同的。为此,对信息的要求应随客观需要而修改、更新。

4. 经济性

取得信息是要付出代价的。信息的及时性、准确性和适用性必须建立在经济性的基础上。我们一定要考虑经济效益,注意信息价值和费用之间的关系。力求以最少的费用,最大地发挥信息的作用。

4.2 信息流与信息管理

4.2.1 从信息流谈信息管理

信息总是在一定的时间与空间里运动,这种运动形成信息流。信息从产生到利用是一个过程,在这个过程中自始至终有信息流在运动。从某种意义上说,信息工作就是有效管理信息流的活动。信息管理的任务,就是采用各种方法与手段,组织合理、流畅的信息流,使信息的效用得到更好的发挥。

1. 信息流

信息传递与交流是一种客观存在的社会现象。信息流具有动态含义,它是一种定向运动着的信息所形成的流。

信息交流过程出现在信息创造者和信息作用者之间。在信息交流中,一方处于主导地位,是交流的"发起者",而另一方处于被动地位,是"承受者"。"发起者"一般属于信息创造者或拥有者；"承受者"一般为信息的使用者或需求者。属于这种模式的信息交流称为单向交流,即信息从一方流向另一方。但是,在许多情况下交流双方可能互为"使用者"和"拥有者",他们所进行的活动是一种双向信息交流活动。无论何种情况,都称为信息交流,这是因为双向交流与单向交流相比,除交流双方的角色随机互易外,并无实质性差别。因此,在讨论信息交流中可以将一方视为信息使用者,另一方视为信息拥有者。

组织信息交流分组织内成员与成员之间或部门与部门之间以及部门与成员之间的信息交流。前者是指个体与个体之间利用各种信息传输和交换渠道进行的信息交流;后者指组织与组织或组织与个体之间利用各种传输和交换渠道进行的信息交流。一般来说,组织信息交流分为组织内部的信息交流与组织外部的信息交流两种形式。组织内部的信息交流是指组织内部各子系统间的信息交流,如成员、部门之间相互进行信息联系;组织外部的信息交流可以分为从组织外界输入信息或向外界输出信息两个方面。

信息流具有动态性,它是一种定向运动着的信息所形成的流。就其传递方向来看,有垂直流和水平流。垂直流具有两个方向:上行流(自下向上的信息交流)和下行流(自上向下的信息交流)。下行流指信息在组织中由高层向低层的流动。它是指组织的目标、任务、方针、政策等信息由高一级向低一级传达流动的过程。上行流指信息在组织中由低层向高层的流动。它是系统内下级部门向上级部门或部下向上司汇报情况,提出建议、愿望与要求的信息流动过程。水平流也叫横向流(横向信息交流)。它是指组织内部具有相近或相似权利和地位者之间互通情况、交流信息的活动过程。组织成员或部门之间的横向联系是协调组织行为的重要途径,它与垂直流互为补充。值得注意的是,组织纵向和横向信息传播是交互进行的,从而联成一个信息传输与交流的网络。

2. 信息处理

信息流经过若干环节,每个环节都要对信息做一些处理,所以,信息流的运动过程,实际上又是信息的处理过程。

从广义来说,一切为更好地利用信息而对信息所实施的处理工作过程,都可称为信息处理。信息处理过程要经过几个环节,如收集、加工、传递、存储、检索、使用、反馈等。这些环节的顺序不是一成不变的。所有这些环节也不一定包括在一个处理过程之中。不过最简单的处理过程也必须具有收集、加工、传递、使用四个环节。而且,最基本的处理项目也必须包括加工和传递。

信息加工是信息处理的基本内容。信息加工往往不是一次完成,在许多情况下,是根据不同的需要逐步分层进行的。

信息传递实现信息从发方到收方的流动。具体地说,信息的传递实现了系统内部各个组成部分之间的信息共享以及系统与外界的信息交换。

信息处理在某种程度上也就是信息管理。信息管理是广义的,信息处理是狭义的。

严格地说,信息处理这一说法并不确切,因为信息是经过处理而产生的,而不是处理的对象。但是,它现在已成了一个被普遍接受的术语。值得注意的是,现今所提到的信息处理,在早期计算机的应用中都称为数据处理——对数据进行加工,使之成为信息。后来,随着计算机技术的发展,计算机信息处理系统的建立,计算机信息处理工作已成为计算机应用中的主体。

现代社会中,随着信息量的急剧增加,处理与传递信息的速度加快,处理信息的方法越来越复杂,信息处理所涉及的知识与技术领域将大大扩大。如果说,在几十年前,人们还可以把信息处理当作一种简单的、附属性工作的话,那么,现在已迫使人们不得不认真地、专门地研究有关信息处理的各种问题,把信息处理作为一种独立的、重要的和系统的工作来看待。从某种意义上说,信息处理体现了信息管理的精华所在。这也就是为什么信息管理概念可以取代信息处理概念。

从数据处理—信息处理(信息处理系统)—信息管理,反映了信息管理的形成和实践。数据处理的发展不过几十年的历史,计算机信息处理系统的发展还不到40年,可是它对信息管理和社会各方面的活动产生了巨大的影响。

3. 信息管理

信息管理的对象是信息的整个运动过程。在内容上,信息管理分成两个层次:一是从获取数据,将它们转变信息,并进行适当加工,再提供给使用者的全过程;另一层次则是对信息的管理,即信息的采集、存储、分类、组织、加工、处理、传输、检索、使用等全过程。

信息管理活动最具有生命力的应用领域就是在企业。就企业而言,信息管理是指利用现代信息技术对企业生产过程中涉及的各方面信息进行收集、整理、分析和利用的过程。可以看出,一方面,企业信息管理工作依托于现代信息技术,企业的信息管理过程是信息技术全面渗透、运用于各个流程、支持企业经营管理的过程;另一方面,企业信息管理是对企业活动所涉及的信息资源进行收集、开发与利用,实现其增值的过程。

由于人们对信息管理的认识角度不一,也反映到了对企业信息管理内涵的理解上。一提到企业信息管理,大多数人都会认为就是对企业中的计算机系统、各种信息系统进行建设与管理。实际上,虽然在企业信息管理中这部分工作占有很大的比重,但它并不是企业信息管理工作的唯一,除此之外,企业信息管理还有很多工作要做。还有的人认为,企业信息管理就是对企业的信息资源加以管理。虽然这种认识不能说完全错误,但也具有片面性。企业信息管理工作要解决好企业中各类信息资源的管理与利用问题,但这也仅仅是企业信息管理的一部分。

信息管理的目的是使信息工作科学化、合理化。只有把信息管理工作做得科学、合理,才能真正发挥信息的应有作用,才能更好地为企业经营管理服务。加强信息管理意义重大,它有助于提高信息工作的质量,提高信息工作的效率,提高信息有效利用率,提高整个企业经营管理水平。

加强信息管理必须做好以下几个方面的工作:

(1) 及时地收集、加工、传递信息

认真研究,有效地做好信息的收集、加工整理、利用等工作,以保证及时地捕捉信息,及时地加工传递信息,及时地利用信息。如果其中某个环节的工作没有做好,就会影响整个信息工作对企业经营管理在时间上的满足程度。

(2) 根据企业的需要,提供准确、适用的信息

只有准确的信息,才能正确指导企业经营管理活动。要保证信息的准确性,必须做到采集的信息真实可靠,加工整理科学合理,传递过程没有误差,这样才能有效地工作。不同的

经营管理需要不同的信息,必须针对并服从此需要。只有对企业经营管理某一方面有用的信息,才有必要花费精力去加工整理,使之在经营管理中发挥作用。

(3) 提高信息工作的经济效益和社会效益

信息工作需要投入一定的人力、物力和财力。只有合理确定信息人员的配备、信息传递的程序以及信息传播的媒介,才能用较少的投入获得较高效益的信息。目前,信息收集、处理、存储、传递与使用等信息运动过程都离不开信息技术的支持,没有信息技术作为强有力的手段,要实现有效的信息管理是不可能的。

下面以企业为例,做进一步分析。

根据系统理论,可把企业看作一个"输入—转换—输出"的过程。输入就是从社会环境中取得企业生产经营活动所需要的一切资源要素(人力、物力、财力、信息),然后运用一定的方式,按照人们预定的目标将诸要素有机地结合起来,形成一定的产出,向社会输出(经过企业系统转换的人力、物力、财力、信息),以满足社会的需要,并获得经济效益和社会效益。换句话说,在考察企业和外部环境的关系时,可以将企业看作是一个开放性的系统。企业通过资源的交换与外部环境相互作用。整个系统将来自外部环境的"原材料"通过"制造过程"转换为"产品和服务"。

一般来讲,企业资源包括人、财、物和信息。作为资源的信息,除其本身的经济价值之外,还起着将人、财、物这三种资源有机地结合在一起的作用。企业系统的动态性原则要求组成企业的基本要素不仅必须流动,而且要有合理的流动。企业的有效运作实际上就是促进企业的人流、物流、财流和信息流合理流动的过程。而且,物流、人流和资金流能否顺畅流动,在很大程度上取决于信息流的运转正常与否。

从总体上看,物流(人们常将物质流和能量流统称为"物能流",也简称为广义的"物流")和信息流贯穿于企业生产、经营的全过程。物流是由原材料等资源的输入到变为成品输出而进行的运动过程。信息流伴随着物流的产生,反映着物流的状况,并指挥着物流的运动。物流是物理形态,信息流是虚拟形态。物流是有形的单向流动,信息流是无形的双向流动。

现代企业是当代社会的一个有机体,企业的工作是围绕产品生产和供销进行的。其生产经营活动可分为生产活动和管理活动,管理活动伴随和围绕生产活动,保证生产活动顺利进行。企业管理一方面是对企业生产过程的物流管理;另一方面就是对企业管理过程的信息流管理(见图4-1)。

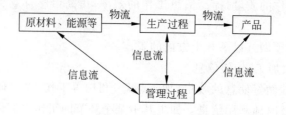

图4-1 企业运行中的物流和信息流

信息流动对于企业之重要,犹如血液对于人的生命。血液循环在某个环节出现故障,生命体的新陈代谢就会受到影响,从而危及人体的某个部分,甚至整个生命组织。同样,管理信息的流动在某个环节受阻,则会使企业管理中枢变成聋子和哑巴,情况不了解,命令发不出,企业经营活动乃至整个企业的生存受到严重威胁。信息流动及时、通畅,则企业经营管理就成为一个有机的整体。

信息流在整个企业的活动中起主导作用,它的畅通与否不仅决定生产活动能否正常进行,而且决定管理活动是否有效。我国企业中较普遍的问题是物流不通,指挥不灵,其重要原因就是信息流不畅通,反馈信息不及时,或者根本没有反馈,从而对物流失去控制。用信息流的眼光重新审视与考察企业经营与管理活动,成为企业管理思维模式转变的重点,也是企业不断进取的重要力量。

以上可见,信息管理主要是对信息流的管理。换言之,企业的信息管理是更重要的管理,它决定着企业生产经营活动的成功与否。信息管理是整个经营管理的神经系统。无论是调节经营系统与外部环境的适应,还是控制经营系统内部各层次、各部门的有机协调,抑或是保证整个经营管理职能的有序循环,都离不开信息管理。加强信息管理就可以及时地向生产部门提供生产前的信息;在生产中提供信息,促使其调控生产的数量、质量;生产后再通过市场反馈提供信息,有利于商品再生产。它犹如一根纽带,将企业经营管理中各个功能和环节联系在一起。

4.2.2 信息管理的一般规律

我们更关注企业的信息流管理。由于企业生产、经营是在社会中进行的,与社会信息的全面利用息息相关,企业中的信息流是以生产经营为主要内容的沟通企业内外部门的信息活动的产物。从企业经营的角度来看,可以把信息流管理分为内源信息流管理和外源信息流管理。

1. 内源信息流管理

内源信息流是指来源于经营系统内部的或经营企业内部的信息流动。就一个经营企业来说,来自内部的信息主要有以下五个方面:来自经营管理部门的信息,来自经营业务部门的信息,来自经营购销业务活动过程的信息,来自物质技术方面的信息,来自人事、行政、后勤、保障部门的信息等。这些信息能直接反映经营系统和企业本身的经营状况,反映经营活动的全部过程,具体地说集中反映了经营内部的人、财、物、购、销、存的变动情况。它具有直观性、稳定性、集中性、系统性和有序性等一些主要的运动特征。明确内源信息流的运动特征,目的在于揭示其管理特征,以提高管理的工作效率,保证经营对信息的需要。

2. 外源信息流管理

外源信息流是指来自经营部门之外,但与经营部门的经营活动有着密切联系的,外部社会环境和经营环境流入经营内部的信息流。其中包括商品生产信息、货源供应信息、市场需求动向信息、经营竞争信息等。这些外源信息是直接或间接地影响经济活动的各种信息的总和,它对经营活动既有促进作用,又有制约作用。与内源信息流相对而言,外源信息流具有分散性、间接性、复杂性等特点。这些使得在外源信息流管理上也具有分散、间接、复杂的特点。需要注意的是,外源信息流中有的是外部系统的社会经济活动对经营部门输入的信息,有的则是经营部门从经营管理的角度自觉地从外部输入的信息,所以,要采取不同的措施。

总的来看,我国的信息管理工作还处于起步阶段,缺少比较广泛的调研,还很难看出总的发展规律。发达国家在这方面已经经过几十年的发展,有了一些经验和教训,归纳它们的经验,找出一些规律性的东西,也许能够得到一些启发和帮助。

就企业来说,信息管理可分为三个阶段。

第一阶段:手工文件管理阶段。也就是计算机应用于业务管理之前的阶段。文件管理主要是秘书层次的工作。各部门中层的领导并不介入文件管理,除非出现重大的失误。企业高层领导也绝少干预文件管理。文件管理基本上是手工管理。

第二阶段:技术支持管理阶段。从开始应用计算机于企业业务管理到管理信息系统的兴起。在这个阶段中,信息管理主要是针对企业的生产经营活动进行技术支持。信息系统开发主要面向信息处理的过程,而不是面向信息资源的管理。在这一阶段,信息的使用部门和信息的供应部门也不可能直接联系,因为工作都集中在信息处理部门。

第三阶段:信息资源管理阶段。企业的信息管理经过手工文件管理、技术支持管理两个阶段以后,在信息管理方面获取了不少经验,培养了大量人才,积累了信息资源,掌握了信息技术,开始进入信息资源管理的阶段。当然,由于信息技术有了很大的发展,微型计算机普遍应用于各方面的业务管理,这些促进了企业飞速进入信息资源管理阶段。这一阶段,信息管理由支持业务部门的作用直接跃升为与人、财、物等资产管理同样重要的地位。信息管理工作由完全面向企业内部的管理转向企业外部信息资源的开发与利用。企业内部的信息使用部门、信息供应部门和信息处理部门的界限和隔阂逐步打破了。信息管理与企业的战略目标、战略决策紧密地联系起来,企业最高层的领导开始关心信息管理工作,任命主管领导来协调各部门之间的矛盾,建立专门的信息管理部门来全面组织企业的信息化工作。

目前西方发达国家也只有一部分大企业进入了信息管理的第三个阶段,而不少中小企业还处于由信息技术支持向信息资源管理过渡的阶段。

4.3 信息宿与信息使用

4.3.1 从信息宿谈信息使用

1. 信息行为就是人们满足其信息需求的活动

信息需求是一种普遍存在的现象。凡事皆需要信息,凡人皆有信息需求。所谓信息需求就是指人们在从事各项实践活动的过程中,为解决所遇到的各种问题而产生的对信息的不足感和求足感。信息需求要从实际目标出发,搞清楚要解决的问题与哪些信息有直接联系,与哪些信息有间接联系,与哪些信息可能有联系等。

信息需求是引发信息行为的原动力。为了获取信息所采取的行动称为信息行为。根据心理学的基本理论,人类的行为是受动机所支配的。而促使动机形成的原因主要有两个:一是内在条件即需求;二是外部环境即刺激。信息需求一旦达到较强的程度,被用户意识到,就会转化为信息动机。而影响人类信息活动的所有因素统称为信息环境,它是形成信息动机的客观条件。

从信息需求的形成到信息需求的满足是一个完整的信息行为过程。人的信息行为主要表现为信息查询行为、信息选择行为和信息使用行为。用户为满足其信息需求,首先,要采取的行动就是信息查询。经过多次查找后,将会形成一条或若干条适合自己的相对稳定的查找路线。其次,选择贯穿信息活动的始终。信息选择的核心标准主要有两个:一是相关性;二是适用性。最后,利用信息解决问题。用户获取信息的目的是为了有效地利用信息,使他所面临的问题最终得以解决。

2. 信息用户就是既具备信息需求,又具有信息行为的人

所谓信息用户,就是信息使用者。在信息领域,用户通常指那些接受信息服务的人类个体或群体。精确地分析,作为用户的人类个体或群体具有以下三个方面的特征:

(1) 拥有信息需求;
(2) 具备利用信息的能力;
(3) 具有接受信息服务的行动。

一个人或群体只有具备这三方面的特征才能称为真正的信息用户。如只具备信息需求和利用信息的能力,而未形成实际的行动,则为潜在信息用户。

进一步分析,我们可以把信息用户的行为划分为四类。

(1) 信息用户对未知信息的需求行为,目的是认识信息分布和获取所需信息;
(2) 信息用户对已知信息的吸收行为,目的是消除用户的某种不确定状态;
(3) 信息用户对已知信息的加工行为,目的是将已知信息按个人要求加工成新的信息;
(4) 信息用户之间的交流行为,目的是交换信息和共享信息。

而且,我们在把有关用户作为信息用户时,也应把他们作为信息的加工者、传递者和创造者。只有这样,才能更好地了解信息用户的特点,更充分地调动用户在信息加工、传递、创造方面的积极性。

3. 不同的用户有着不同的需求,并使用着不同的信息

信息需求是信息用户最为本质的特征。信息用户可分为个人用户和团体用户。根据信息用户的不同,可将信息需求分为个人信息需求和组织信息需求。

个人的信息需求多种多样,源于生活中的信息需求,我们称为生活中的信息需求。除了生活中的信息需求,个人的信息需求还包括工作中产生的信息需求,我们称为职业信息需求。组织信息需求主要是指社会组织为实现各自的目标和宗旨所形成的一系列信息需求。由于组织的各项工作是由不同的组织成员来完成的,因而,我们也可以说,组织中不同成员为完成各自工作而产生的信息需求的总和构成了组织的信息需求。

根据用户划分,便于分析不同用户的信息需求特点,满足他们的信息需求,从而改善信息管理工作。"以用户为中心"实质上就是"以用户的信息需求为中心"。用户研究是信息管理的出发点,用户的信息需求是信息系统建设和信息服务工作的根本依据。没有用户及其信息需求,信息系统就失去了存在的意义,信息服务工作乃至整个社会信息服务业就失去了

发展的动力。我们常常说的"以用户为中心"实质上就是"以用户的信息需求为中心"。信息需求运动的最佳状态是用户满意。我们必须记住,用户满意是面向市场后的信息系统得以生存与发展的前提;用户满意必然成为指导我们开展信息服务工作的基本思想。用户满意程度越高,信息系统的竞争力就越强,信息服务水平就越有望进一步提高。

用户信息使用的方法包括两种:直接使用法和间接使用法。直接使用法主要是针对用户提出的具体信息需求,经过必要的信息检索过程,得到满足用户实际需求的信息,然后直接对这些信息加以使用,以解决用户的工作或学习中遇到的问题。这是信息使用的主要和常用方法。间接使用法是指针对用户信息需求,首先进行信息检索,检索得到的信息不能直接提供用户使用,必须经过信息专业人员的分析、研究后,才能提供给用户使用,并将其运用于用户的工作或学习之中。这种方法对信息人员的要求较高,他们必须对用户的信息需求了解透彻,对信息检索系统使用较为熟练,对信息分析技术掌握得较好。

4.3.2 信息使用的主要方式

以下从个人用户和组织用户两个方面讨论信息使用。

1. 个人信息使用

尽管从总体上看人类的信息需求是十分广泛而复杂的,具有信息需求的人们也是形形色色的,但影响信息需求产生和发展的外部因素主要是人们所处的特定社会环境和社会活动领域。身处不同社会活动领域的人们承担的任务不同,关心的问题不同,其信息需求也就大不相同。

在当前各个社会活动领域中,信息活动最活跃、信息需求最鲜明的典型用户群体是科学研究人员、工程技术人员、管理决策人员、市场营销人员这四大类型。

(1) 科学研究人员系指从事基础科学和应用科学研究的科学家。他们的任务是认识和揭示自然界、人类社会和思维领域的规律性。

(2) 工程技术人员系指在各种各样的技术开发和生产活动中从事发明、设计、试验等工作的工程师。他们的任务是根据社会需要进行技术创新。

(3) 管理决策人员系指在各级各类组织机构中负责战略规划与计划、组织、指挥、协调、控制等工作的领导和上层管理者。他们在各自的岗位上以独特的方式从事复杂的决策活动。

(4) 市场营销人员系指在市场经济活动中从事市场拓展、产品销售、客户支持等工作的业务经营人员。随着市场经济的发展,该类人员在社会经济活动中地位和作用日益突出。

2. 组织信息使用

分析组织的信息需求是一项复杂而艰难的工作。这要求分析人员对组织内部成员的分工情况和各项管理活动的具体内容有深入细致的了解。现代社会中的各种系统是分层次进行管理的。不同层次的管理工作具有不同的职能,因而也就有不同的信息要求。

高层管理的主要任务是进行战略决策。进行战略决策需要与组织未来相关的信息。为了做好高层管理工作,需要的信息量是非常大的,涉及的范围也是非常广的。这些信息常常是非格式化的,不限于某些固定的例行的信息。

中层管理的任务是根据高层管理所作出的战略决策进行战术决策。中层管理工作的特点是既有大量的例行的比较规范化的任务,又有需要灵活处理的不够规范化的决策问题。在管理工作中,它处于承上启下的关键地位。

基层管理也称为操作管理。这一层管理工作一般来说并不与系统之外的各种实体打交道,而是与本系统的具体生产过程或业务流程紧密地联系在一起的。这些信息规范化程度高、数量大,而且是反映当前情况的。

另外,组织的信息需求与组织中各个部门的信息需求密不可分,组织中各个部门的信息需求的总和构成了组织的信息需求。从横向上分,组织内部的信息使用又分为生产部门、营销部门、财务部门、人力资源管理部门等。不同的部门有不同的信息需求。

4.4 信息资源开发与利用

信息资源作为国民经济和社会发展所必需的一种重要的战略资源,它不仅可以替代或部分替代物质资源和能源资源,解决这些资源日益短缺的严峻社会问题,而且具有一系列物质资源和能源资源所无法替代的经济功能。知识经济时代,信息资源正在取代物质资源和能源资源,成为社会经济发展的支柱性资源。正是由于信息资源的作用如此突出,才使得人们十分关注信息资源的管理和开发利用。

信息资源的开发,就是不断地发掘信息及其他相关要素的经济功能,将它们转化为现实的信息资源,并努力开拓其在国民经济和社会发展中的用途。信息资源的利用,就是信息资源利用部门根据信息资源开发部门所开发的信息资源情况,制订出科学、合理的信息资源分配与使用方案,使现实的信息资源发挥作用和产生效益的过程。

信息资源的开发是为了更有效地利用信息资源,也就是说,开发是利用的前提,而利用则是开发的最终目的。开发和利用是不可分割的两种行为。

信息资源开发活动主要包括两大类:信息本体(内容)开发和信息系统建设。信息本体开发为信息应用开发提供"原材料",担负着信息资源的生产和挖掘任务;信息系统建设担负着将信息资源转化为直接生产力的责任,为信息本体开发提供技术条件和手段。我们应重视信息本体开发,加强信息系统建设。应该指出的是,在日常生活和工作中,我们经常谈到的"信息资源开发"一词多是指建立一套计算机信息系统,实现对信息资源的自动化管理。事实上,信息系统建设的确也是信息资源开发的一种行为,而且还是一种基础性行为,它为信息资源内容开发提供了基础平台。但是,信息资源开发是一件系统性工作,它不仅依赖先进的计算机信息系统,更依赖于专业的信息管理人员和专业的信息机构。从广义上说,信息资源开发包括信息本体开发、信息技术研究、信息系统建设、信息设备的制造以及信息机构建立、信息法规制定、信息环境建设、信息人员培养等活动。这个定义考虑了以信息资源为核心的开发活动及其联系紧密的其他社会行为。

信息资源开发行为的目的在于利用。利用信息资源获取商业价值和生产力价值已成为企业以及整个社会的共识。信息资源利用行为就是人有目的性地、有选择性地、能动地利用信息资源以满足个人、组织、社会需要的行为。一般来说,信息资源利用问题的研究对象是信息资源和信息用户。根据信息资源在满足人类社会利用过程中的应用层次,可以将信息资源分为三层：满足社会需求、满足组织需求、满足个人需求。根据以上对信息资源利用的层次划分，还可以根据其每一层的利用主体将利用分为社会利用、组织利用和个体利用。

4.4.1 我国信息资源开发和利用现状与对策

信息资源是国民经济和社会发展的战略资源，它的开发和利用是国家信息化的核心任务，是国家信息化建设取得实效的关键。其中国家信息网络建设是信息资源开发利用和信息技术应用的基础。只有建设先进的国家信息网络，才能充分发挥信息化的整体效益。

我国经济信息资源开发利用和信息系统建设以收集、处理、存储和提供各种经济数据和社会统计数据为前提，经过长期努力业已形成了比较完整的体系结构，建立了中央级、省（包括直辖市、自治区）级、中心城市级和县与企业级（包括基层单位）的四个层次（见图4-2）。

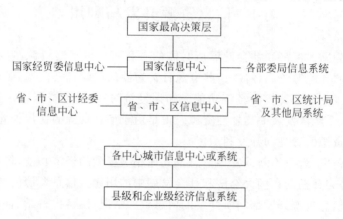

图4-2 全国经济信息系统结构与资源分布

国家信息中心、国家经贸委信息中心、国家统计局和专业部（委）系统构成国家经济信息系统的中央级；各省计委信息中心、经贸委信息中心和统计局系统构成国家经济信息系统的省级分系统；包括计划、统计和经济管理在内的中心城市级系统为国家经济信息系统的第三级结构；经济信息系统的第四级是县级和企业级（包括其他经济实体）的系统。

国家经济信息系统的四级结构决定了经济信息资源的四级分布模式。全国经济信息系统各级的相关部门均拥有各自的经济信息资源。国家级经济信息机构拥有全国各地、各子系统的资源；省经济信息机构拥有各省的经济信息资源；各中心城市经济信息机构拥有中心城市的经济信息资源；县级和企业经济信息系统拥有最基层的经济信息资源；各部、委、局的经济信息机构还拥有分布在全国各地的本部门所属单位的经济信息资源。

国家经济信息系统是一个包含综合统计部门在内的国家级信息系统。在国家经济信息系统下，纵向联系各省、市、地、县及重点企业的经济信息系统，横向联系各行各业的信息系统，形成一个纵横交错、覆盖全国的综合经济信息系统。其主要功能是收集、处理、存储和分析与国民经济有关的各类经济信息，及时、准确地掌握国民经济运行状况，为各级经济管理部门提供统计分析和经济预测信息，也为各级经济部门及企业提供经济信息。

值得指出的是，我国经济信息系统的建设和信息资源布局是在改革开放初期的年代完成的，随着我国经济体制由计划经济向市场经济转变，系统的功能和结构正发生越来越深刻的变化。因此,应针对社会的需要,进一步调整经济信息资源布局和加强经济信息系统管理,其问题和对策大致作如下归纳。

(1) 在计划经济体制下,我国经济信息资源的收集片面强调由基层向上层走逐级集中,这样虽然有利于中央及省、市、自治区全面掌握我国经济和社会发展情况,准确地获取必要的决策信息。然而,下级和基层一般只接受计划控制指令和各种管理指令信息,无法利用横向信息和相关专业部门的经济信息进行各自的管理决策,因此,不能适应市场经济中各层的信息需求,这就要求在信息资源管理上进行改革。改革的要点之一是沟通全国经济系统内信息的上、下流通渠道,变单向的向上流动为上、下双向交换流动;改革的要点之二是针对计委、经贸委、统计局和各部(委)经济信息资源的部门管理的体制缺陷,加强部门间的联系,建立协调管理机构,实现资源的优化布局。

(2) 针对经济信息系统服务单一的局限进行服务体制的改革,逐步实现经济信息资源的社会共享。经济信息系统长期以来面向政府各级管理机构进行服务,在国家经济管理中作出了应有的贡献,然而未能面向社会基层、企业和其他业务部门开展微观的信息服务,以至于基层单位不得不依赖自己的力量或通过其他方式获取经营管理所必需的经济信息。我国现有的信息咨询机构大多数是官办的,集中大量人才,主要为政府管理提供参考咨询,社会影响比较小。显然,这一情况与市场经济的发展不相适应。为解决这一问题,经济信息系统的建设应强化其面向社会的微观信息服务功能,向基层提供市场动态、产品结构、经济趋势等方面的管理信息,便于基层进行适时的管理决策。

(3) 实现经济信息资源共享,重点面向基层进行微观信息服务。在发展基层单位管理信息系统的基础上,将基层系统与国家系统联网,使之成为全国系统的基层接点。这样,基层信息可能适时传入全国系统,全国系统网络可以随时提供针对性信息服务。

当前,我国已基本具备开发利用信息资源的基础设施条件,建成了一批"金"字打头的信息网络工程,通信建设突飞猛进,初步形成了以公用通信网为主体,专用通信网为补充,各种通信手段相结合,通达全国、连通世界的现代化通信网络,通信网络的整体水平已进入世界先进行列。但是,信息资源的开发和利用水平却大大落后于基础设施的水平。登录到网络上,看到的往往是些零散过期的信息,有些网络信息流混乱,共享性差。这种状况导致了信息基础设施特别是数据通信设施资源浪费严重,并使得信息产业对国民经济发展的贡献率大打折扣。所以,为了实现信息资源的共享,我们必须做好信息资源的合理配置工作,包括信息资源在时间、空间和数量上的合理配置。

4.4.2 企业信息资源开发与利用

企业是人类经济活动中最活跃的基本单位。进入 20 世纪 90 年代以来,以微电子技术为基础的新技术革命正在广度和深度上不断推动着科技和社会经济生活的变化。这一变化大大促进了全球经济一体化的进程。市场的国际化造成了竞争的国际化。在这种大背景下,企业要生存、要发展首先必须适应这种新的客观环境。企业的生存和发展能力取决于它对外界大环境的应变能力。这种能力很大程度上又取决于企业对信息的充分开发、科学管理和有效利用。

市场如战场,在社会主义市场经济中,企业面临瞬息万变、强手如林的严峻局面。市场需求的情况,竞争对手的情况,外部环境的情况,这些都需要我们去了解。单是拥有物质资源,不能获得必要的信息,没有能力及时、准确地处理大量信息,难以对重要的情况做出正确的、迅速的响应,任何企业都无法在激烈的竞争中获胜。企业目前有多少信息资源,分布在何处,利用情况如何,管理水平如何,这些都是值得我们思考的问题。

其实,企业在信息化建设达到一定水平后,内部会同时运行着许多不同的业务应用系统。这些系统都会产生出一定数量的信息或数据,但往往不能相互共享和利用,形成了一个个"信息孤岛"。使用者若要从中找出一份特定的资料,就像大海捞针。所谓"信息孤岛",就是指相互之间在功能上不关联,信息不共享、不交换,以及存在信息资源与业务流程和应用相脱节的计算机应用系统。企业信息资源的开发与利用主要是整理常用的信息和知识;规范信息获取和流通渠道;消除各业务部门间的信息孤岛;提高系统间信息共享水平;从企业的海量数据中挖掘潜在的、有效的、高价值的、可以为管理和决策提供支持的战略信息。

总的来说,企业信息资源管理工作的主要目的是合理地配置和有效地控制企业的各种信息资源,以满足和实现本单位的目标和任务。忽视了对信息资源的管理,就不能提高效率,就难以保持企业的竞争力。很多成功企业的共同经验表明:在信息社会里,信息资源的充分获取和有效利用是生存的法宝。

企业信息资源管理已经形成了一些基本认识和理念:

(1) 信息是企业的一种有价值的资源,这种资源既可以独立产生价值,也可以放大其他资源的价值。

(2) 企业内部各部门间的信息是可以有条件共享的,事实上,共享水平越高,信息价值也就越大。

(3) 企业信息资源管理工作需要专业人员从事,它是现代企业竞争的核心,必须给予足够的重视。

(4) 开发企业信息资源不是一蹴而就的事情,企业必须制定明确的战略战术,并有执行到底的勇气和决心。

(5) 改善企业信息资源管理水平不仅仅是技术问题,更重要的是变革思想,吸收和应用现代理念。

经过30多年的改革开放和现代化建设,我国企业信息化建设有了一定成效,但从总体上看,我国企业信息化整体水平仍处于较低阶段,企业信息化发展非常不平衡,企业信息人才严重缺乏。投资巨大资金建起了企业网和企业信息系统,却疏于管理和应用,效益低或根本没有效益,造成资源的极大浪费。根据成功企业的实施经验来看,开发和管理企业信息资源一般可采取以下步骤和路线:

(1) 明确影响企业竞争能力和赢利能力的信息资源的范围。

(2) 设定信息组织,规范管理制度。

(3) 根据企业现状和企业目标制定信息资源的开发规划。

(4) 添置信息技术设备,建设信息网络平台。

(5) 建设各类计算机信息系统。

(6) 整合信息资源,打破信息孤岛,实现信息共享。

(7) 提供辅助决策信息,实现企业智能(EI)。

企业信息资源开发与管理活动至少有三个着眼点：
(1) 在对未知信息的获取上。
(2) 在对已知信息的整理、加工和管理上。
(3) 在对有效信息的共享利用上。

在信息获取上就是努力改善企业内部交换和传递信息的速度和效率，提高企业从外界获取所需信息的数量、质量和速度等。在已知信息的整理、加工、管理上就是努力提高企业已有信息的组织水平、检索水平、传输水平、处理水平等。在对有效信息的共享利用上就是挖掘信息资源的价值，提高企业从信息中获取价值和知识的能力。

4.4.3 信息资源开发与利用面临的问题和思考

如何开发利用信息资源呢？根据信息社会经济发展的要求和我国企业的实际，要开发利用好信息资源，当前应注意解决以下几个主要问题。

1. 科学地界定信息资源

科学地界定信息资源及其开发利用，对经济社会的发展具有重要意义。目前在我国对信息资源的界定较多的偏重于理论的界定，对实际开发利用的界定较少。要充分发挥信息资源的作用，必须把对信息资源的理论界定和具有实际开发利用能力的界定有机地结合起来。

2. 制定信息资源开发利用策略

首先，要树立正确的信息意识，这是开发利用信息资源的关键；其次，科学地掌握信息资源活动规律，这是进行信息开发利用的基础；最后，采用有效的信息资源开发利用方法，这是信息社会中人们谋求良好的生存和发展所应当具备的基本素质和能力。

3. 建立健全科学、合理的信息资源管理机制

信息资源开发利用的过程本质上就是信息资源管理的过程，不论是开发还是利用，其中的每一个环节都要受到管理思想、管理行为的影响与制约。所以要建立健全科学、合理的信息资源管理机制，完善信息资源开发与利用的保障体系。

以前，一提起开发利用信息资源，有人就习惯地将其与电子计算机、远程通信等现代信息技术联系起来，似乎没有这些现代的信息技术就无法涉足信息资源的开发利用。事实上，信息资源的开发利用是一项特殊的工作。信息、信息技术对生产力产生影响，但在多数情况下，它们是以结合的方式对生产力产生影响的。从本质上说，信息技术对生产力的影响是通过信息产生的。没有信息，就无法谈及信息技术对生产力的影响。信息技术是信息资源开发利用的工具。信息资源中的信息、信息技术与信息人员等要素都不能单独发挥作用，必须按一定的原则加以配置，构成一个有机的整体——信息系统，才能显现它们的价值。

还有，信息系统是信息技术应用于信息资源开发利用的有效形式，但信息系统也不能代表信息资源开发利用的全部。人类开发信息系统的目的，就是为了更好地利用信息资源，提高管理决策的水平。当然，随着信息系统建设的发展，信息系统所覆盖的部分在信息资源开发利用中所占的比例越来越大。信息系统的发展促进了信息资源管理这一概念的形成，推

动了信息资源管理的发展。在信息资源开发利用、信息资源管理和信息系统建设这三者之间,信息资源管理和信息系统建设都是为了信息资源的开发利用,使信息资源的开发利用能以有效、系统、经济、合理的方式进行。

基于以上理由,我国的信息资源开发利用不能盲目照搬国外的以技术推动的模式,尤其不能只看到今天发达国家的信息技术应用和信息系统的规模和水平,而要从信息资源开发利用的基本规律出发,充分发挥现有的各种传统的或现代的信息系统的作用,切实做好信息资源开发利用所必需的基础工作,建设相应的基础技术设施,这样才有可能在一段时间的逐步发展后,进入快速发展的时期。

虽然目前信息资源的开发利用存在着许多技术上的困难,但思想观念上的影响和理论知识的缺乏是最主要的。与国外发达国家和新兴工业化国家相比,我国在此方面还有很大差距。首先,信息是一种重要的战略性经济资源,这种观念尚未深入人心,它直接影响着我国信息资源开发利用的水平。其次,对信息资源开发利用基本知识的缺乏,严重地影响着我们的信息管理水平。信息管理不能仅仅停留在信息系统的建设上,而且还要进一步掌握信息源和信息服务两方面的情况。最后,以往信息管理重视形式、不注重内容,是我们国家信息资源开发利用水平不能上台阶的症结所在。我们应在正确理论的指导下,在实践上采取切实有效的措施,才能真正推进我国的信息化进程。

需要说明的是信息资源管理的标准化问题。标准化涉及的范围很广,对信息资源管理来说,标准化就是要在信息资源的生产和使用等一系列管理活动中,制定、发布和实施有关的标准和规范,合理、有效地利用和开发信息资源,以达到最佳的经济效益和社会效益。

信息资源标准化的内容十分丰富,大体上可分为技术标准化、设施标准化、术语标准化以及管理标准化等四类。信息技术标准化是整个信息资源管理的重点,同时也是信息资源开发和利用的基础和保证。信息技术的标准化是围绕着信息技术开发、研制和信息系统建设与管理等一系列活动而进行的标准化工作。信息资源管理设施是信息资源活动的物质基础。搞好设施的标准化工作,对保持设施性能、延长设施寿命、提高设施效率、保证信息资源产品和服务的质量具有重要意义。信息资源管理的术语标准化是指对信息资源活动中某一事物或过程的称谓或代号的标准化。其目的是使国际和国内标准化统一,同一术语表达同一概念,避免二义性,保证一致性。标准化也是信息资源标准化的重要组成部分。标准化的信息资源管理过程是使信息资源管理工作的全过程按规范化的程序来进行。

在信息资源的开发和应用方面,近几年来我国已取得了引人注目的成绩,由于信息技术的日益普及和信息资源迅速增长,对标准与规范的要求越来越迫切。我国的计算机与信息处理标准化技术委员会下设的各个专业委员会已开始进行这方面的工作,并且已制定了一些有关的标准。但从信息资源管理的角度来看,现有的标准和规范都只是局部的,或是不完整的,如何使现有的标准在信息资源管理的统一概念下互相兼容,并进一步地统一和完善,是我们目前面临的主要问题之一。

最后指出,要加强信息资源开发与管理的绩效评价。信息资源开发与管理的绩效评价是在信息资源开发与管理活动进行一段时间后依据一定的评价程序和评价标准,采用特定的评价方法,对其投入、产出状况所做的实事求是的分析、比较和判断。

信息资源开发与管理的绩效是衡量信息资源开发与管理机构,乃至整个信息资源开发与管理活动在经济上是否合理的重要标志。通过信息资源开发与管理绩效评价,可以帮助人们正确认识信息资源开发与管理活动投入、产出及其与期望的目标值之间的关系,并通过调整信息资源开发与管理战略和策略,谋取达到和超出期望目标的经济效益。

信息资源开发与管理绩效评价是一项复杂的系统工程,涉及许多相互联系、相互影响且不断发展变化的因素。实践证明要客观、公正、科学、合理地评价信息资源开发与管理绩效,必须遵循宏观绩效与微观绩效、短期绩效与长期绩效、近期绩效与远期绩效、静态评价与动态评价、经济效益与社会效益相结合的原则。另外,信息资源开发与管理绩效评价的组织实施,要根据人力、物力、财力和时间状况以及评价目标和评价对象的特点与要求,合理调配各类资源,以保证评价活动按既定的进度要求保质保量、有条不紊地进行。

总而言之,在信息技术先进和信息资源丰富的时代,树立信息意识,更新信息观念,运用信息管理的原理和方法,开发利用信息资源,并不断完善信息资源开发利用的保障体系,对企业的成长和国家的发展肯定都会起到有力的促进作用。

习 题

1. 名词解释

信息采集、信息整序、信息组织、信息交流、内源信息流、外源信息流、信息需求、信息行为、信息用户、信息资源开发、信息资源利用、MRP、MRP-2、ERP

2. 填空

(1) 如果我们以组织边界为界限,可将信息源分为_____信息源和_____信息源。

(2) 如果根据信息的运动形式,还可以把信息源分为_____信息源和_____信息源。

(3) 从传递方式来看既有_____交流方式,又有_____交流方式。

(4) 就其传递方向来看,组织信息流有_____流和_____流。

(5) 最简单的信息处理过程必须有_____、_____、_____、_____四个环节。

(6) 从_____处理到_____处理再到_____管理,反映了信息管理的形成和实践。

(7) 如果从用户的角度出发,人的信息行为主要表现为_____行为、_____行为和_____行为。

(8) 一般来说,信息用户可分为_____用户和_____用户。

3. 论述题

(1) 论述信息采集的原则。

(2) 论述信息组织的基本要求。

(3) 谈谈企业物流和信息流之间的关系。

(4) 论述信息处理和信息管理的关系。

(5) 论述信息管理发展的一般规律。

(6) 从纵向和横向两方面论述组织用户的信息使用。

(7) 论述信息资源开发和信息资源利用的关系。

（8）谈谈你对信息资源开发和利用的理解和想法。
（9）论述信息资源标准化的内容。
（10）论述信息资源开发与管理绩效评价的意义。

课堂讨论和弹性作业

1. 你能从整体的角度看待信息管理的基本原理吗？
2. 运用信息管理的基本原理分析一下所在院系的网站建设？
3. 比较 MRP、MPR-2、ERP 三个概念。
4. 课后浏览企业资源规划（ERP）方面的书籍或网站。

第5章 信息管理的基本方法

信息管理的方法有很多种。本章在国内学者研究的基础上,从逻辑顺序和物理过程两方面,归纳总结了信息管理基本方法。还将讨论从国外引进的两个非常重要的信息管理方法——系统规划方法和数据规划方法,从而初步形成信息管理的方法体系。

5.1 引　　言

信息管理工作本身是一种系统性工作。本书特别强调系统科学思想和系统工程方法在信息管理中的应用。组织管理信息工作的系统化是一个十分现实的问题,其基本含义有二:一是常规工作的系统化,即用系统工程的方法来管理组织信息工作;二是利用计算机和现代通信技术建立人机结合的管理信息系统。这两方面都是十分重要的。

我国学者潘大连和黄巍将美国系统工程专家霍尔提出的三维(知识维、逻辑维、时间维)系统工程结构应用于信息管理,得到一种类似的三维信息管理结构。他们据此认为信息管理涉及的是三方面的问题的综合:"信息(知识)领域主要反映信息管理从业务上所涉及的不同知识、不同专业的范围。""信息资源管理是从业务上对信息作为一种资源进行管理所需考虑问题的逻辑顺序。""信息生命周期管理是从时间过程上阐述信息管理的一个侧面。"

"信息资源管理和信息周期管理都是信息管理的不可分割的部分,只不过是观察角度不同而已。"因此,我们将介绍由此引出的逻辑顺序方法和物理过程方法。前者是从业务上对信息作为一种资源进行管理所需要考虑的问题的逻辑顺序。后者是从过程上阐述信息管理的另一个侧面——信息生命周期的管理。

另外,信息化的最终目标是使得信息资源得到有效利用,也就是要实现信息的共享。只有对信息特别是对应该被共享的信息做统一的管理,只有经过规划与协调起来的信息才能有效地发挥其资源的作用。换句话说,要使组织的每个部门内部,部门之间,部门与外部单位,组织与外部环境的频繁、复杂的信息流畅通,充分发挥信息资源的作用,必须进行统一的、全面的信息资源规划。

信息系统是信息资源管理的唯一可行和重要的手段和方法。随着企业信息化进程的不断深化,企业在业务级子系统建设上已经取得了一定的成绩,但是一些业务子系统集成度比较低,互联性不强,信息管理分散,信息资源的增值作用还没有在生产经营过程中充分发挥出来。一个有效的战略规划不但能做到信息资源的合理配置和共享,而且还可以促进信息系统应用的深化。

目前,有些企业(特别是大型集团企业)投以巨资建立起通信—计算机网络,各种生产自动化控制系统和经营管理信息系统,由于缺乏高层的统筹规划和统一的信息标准,致使设计、生产和经营管理信息不能快捷流通,信息不能共享,形成了许多"信息孤岛",远没有发挥信息化投资的效益。这种严重的"数字鸿沟"问题,许多人对此熟视无睹;有的人开始关注了,但没有解决办法,或者解决问题的方法不当。

要解决上述问题,需进行正规的信息资源规划。通过信息资源规划,可以梳理业务流程,搞清信息需求,建立企业信息标准和信息系统模型。用这些标准和模型来衡量现有的信息系统及各种应用,符合要求的就继承并加以整合,不符合要求的就进行改造优化或重新开发,从而积极稳步地推进企业信息化建设。

信息系统是信息资源管理唯一可行和重要的手段和方法。随着企业信息化进程的不断深化,企业在业务级子系统建设上已经取得了一定的成绩,但是一些业务子系统集成度比较低、互联性不强、信息管理分散,信息资源的增值作用还没有在生产经营过程中充分发挥出来。一个有效的战略规划不但能做到信息资源的合理配置和共享,而且可以促进信息系统应用的深化。因此,我们还将介绍两种目前国际上比较流行的也是很实用的企业系统规划方法和战略数据规划方法。这两种方法有十分相似之处,两种方法是相容和一致的,它们之间有内在的联系。它们不仅是重要的信息资源管理方法,而且也是实用的信息系统规划方法。

5.2 逻辑顺序方法

从某种意义上讲,信息管理就是对信息资源的管理。对企业来说,信息管理的主要任务是将企业内外的信息资源调查清楚,分门别类地加以分析研究,找出那些对本企业的生存和发展有战略意义的信息资源加以充实和提高。因此,这里把信息资源的管理划分为信息调查、信息分类、信息登记、信息评价四个基本步骤:

第一步,进行切实的调查,摸清信息资源的情况,是信息管理的基础。

因为信息资源涉及的范围很广,所以要从使用者的需求出发,了解企业领导对信息方面的需求情况和各业务部门对信息方面的需求情况以及得到满足的程度,做到心中有数才能有的放矢。

信息资源调查的主要目的不仅是要查清现在的明显的信息资源,更主要的是发现对企业未来有重要意义的潜在的信息资源。根据调查目的和调查对象的特点,选择合适的调查方法是信息调查的重要问题。

第二步,信息分类是信息资源管理的一个最基本的工作。

收集得到的信息形式可能是多种多样的,专门人员对信息实质内容的把握要清晰,所以有必要做好信息分类。

目前还没有公认的信息分类原则,主要是根据本单位的情况来考虑信息分类问题。当然,按信息内容和服务功能分类比较好,这样便于从使用者的角度进行研究,同他们的信息需求进行比较。

第三步,信息登记是一件具体而又烦琐的工作。

调研人员应该亲自将调查收集到的企业内外的信息资源情况进行归纳和整理,登记在信息资源表上。然后,按信息资源分类将登记表编出目录,并按照部门编出索引,以便可以迅速查找。

一套信息资源登记表、一份信息资源目录和一份按部门的索引,这些还只是初步调查的结果,还可能有遗漏和不够准确的地方,特别是对一些信息需求方面的情况,还缺少准确的分析研究,还停留在一般了解的阶段,有待进一步深化。

第四步,信息研究的目的是更好地使用信息资源。

企业在信息资源方面的投资就是为了取得效益。这就需要研究每一项信息资源的供应、管理和使用情况,发现现有信息资源不能满足今后需要的问题,采取积极的措施。

并不是所有的信息都是资源,只有对企业的发展目标和现实生产有意义的信息资源才是企业的宝贵资源。核算信息资源的成本,对信息资源的价值与作用进行评价一直是国内外学者关心的问题,很多研究人员都在做这方面的工作。

5.3 物理过程方法

信息如同世界上所有的其他事物一样都有其发生、发展、成熟和死亡的过程。信息生命周期是信息运动的自然规律。从信息的产生到最终被使用,发挥其价值,一般可分为信息的收集、传输、加工、存储、维护这几个阶段。可见,信息管理就是基于信息生命周期的一种人类管理活动。

信息管理的主要任务是:识别使用者的信息需要,对数据进行收集、加工、存储,对信息的传递加以计划,将数据转换为信息,并将这些信息及时、准确、适用和经济地提供给组织的各级主管人员以及其他相关人员。

在生命周期的每一个阶段都有其具体工作,需要相应的管理。这里将信息生命周期的管理概括为以下四个方面:

(1) 信息需求与服务。一方面,这是信息规划的问题,目的是明确信息的用途、范围和要求;另一方面,就是要为用户提供信息,支持他们利用信息进行管理决策。

(2) 信息收集与加工。主要是通过已有渠道或建立新的渠道去收集需要的数据。将收集到的数据按照规定的要求进行处理,这时数据才成为真正的信息。

(3) 信息存储与检索。将处理后的信息按照科学的方式存储起来,以便用户检索使用。存储并不是目的,而只是手段,检索才是存储的目的。

(4) 信息传递与反馈。信息的作用在于为用户所接收和采用。如何使所需要的信息在需要的时候送到需要的用户那里,这是很值得研究的问题。

第 8 章我们将围绕这四个方面做重点讨论。

5.4 企业系统规划方法

企业系统规划(BSP)方法是由 IBM 公司提出的,主要是基于信息支持企业运行的思想。20 世纪 60 年代后期,IBM 公司的许多用户开始对这一方法感兴趣,希望利用它来更好地安排自己的信息资源。为此,IBM 公司在 1970 年建立了企业系统规划项目来帮助客户开展工作。目前,该方法的应用帮助有关企业改善了对信息和数据资源的使用,满足了企业近期和长期的信息需求,从而成为开发企业信息系统的有效方法之一。

企业系统规划方法是通过全面调查,分析企业信息需求,确定信息结构的一种方法。只有对组织整体具有彻底的认识,才能明确企业或各部门的信息需求。

BSP 方法的基本原则如下:

(1) 信息系统必须支持企业的战略目标。

(2) 信息系统的战略应当表达出企业各个管理层次的需求。

(3) 信息系统应该向整个企业提供一致信息。

(4) 信息系统应是先"自上而下"识别,再"自下而上"设计。

(5) 信息系统应该经得起组织机构和管理体制变化。

进行企业系统规划工作大致有以下步骤(见图 5-1)。

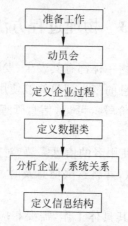

图 5-1　BSP 详细步骤

1. 研究的准备工作

企业的最高层领导亲自参与;企业各主要业务部门的负责人能正确解释他们所在部门得到的资料;由经验丰富的系统分析师全面负责;在整个工作中,需要各业务部门的具体管理人员积极配合,提供详细真实的材料。

要制订研究计划。参与研究的成员在思想上要明确"做什么"、"为什么做"、"如何做",以及希望达到的目标是什么。

BSP 是一项系统工程性的工作,要很好地做准备,这对成功完成任务非常重要。所以,在这里,我们要再强调一下,如果准备工作没做好,不要仓促上阵。我国许多企业现在仍存在未认真做准备工作,急于上马,结果是欲速则不达,危害整个工程。

BSP 的经验还说明,除非得到了最高领导者和某些最高管理部门参与研究的承诺,否则不要贸然开始 BSP 的研究。

2. 研究的开始阶段

企业规划方法研究的首项活动是企业情况介绍,全体研究组成员都要参加。介绍内容包括三个方面:首先,由企业的最高领导介绍研究的目标,期望的成果和研究的远景,以及与企业的活动和目标的关系。其次,由系统分析员介绍收集的有关资料,使成员熟悉有关资料。系统分析员应对有关问题提出自己的评价和看法。最后,由各主要业务部门的负责人介绍本部门数据处理的历史和现状、主要活动、目前存在的问题,以及与相关处室的数据联系。

通过以上三个方面内容的介绍,加上已经收集到的有关资料,将加深对企业及其数据处理业务的全面理解。

3. 定义企业过程

定义企业过程是该方法的核心。研究组的每个成员均应全力以赴去识别它们,描述它们,对它们要有透彻的了解,只有这样,BSP才能成功。

企业过程被定义为逻辑上相关的一组决策和过程的集合,这些决策和过程是管理企业资源所需要的。整个企业的管理活动由许多企业过程所组成。识别企业过程可对企业如何完成其目标有个深刻的了解。

识别企业过程要依靠已有材料进行分析研究,但更重要的是要和有经验的管理人员讨论商讨,因为只有他们对企业的活动了解得最深刻。

在此基础上,业务流程重组是在业务过程定义的基础上,找出哪些过程是正确的;哪些过程是低效的,需要在信息技术支持下进行优化处理;哪些过程不适合计算机信息处理的特点,应当另外处理。

总之,识别过程是BSP方法成功的关键,应予以高度重视。

4. 定义数据类

企业过程被识别后,下一步就要对由这些过程所产生、控制和使用的数据进行识别和分类。

数据类是指支持企业所必要的逻辑上相关的数据。以企业资源为基础,通过其数据的类型去识别出数据类。目的在于对企业数据需求的了解,进一步研究数据类和企业过程之间的内在联系。

为了识别和这些企业资源有关的数据类,可以通过企业资源/数据类矩阵进行分析。行表示主要的数据类型,列表示企业资源,分析每一种企业资源,相对每一个数据类型填上相应的数据。

为了建立数据类和企业过程两者之间的内在联系,可采用过程/数据类矩阵工具。其中行表示数据类,列表示过程,并以字母C和U表示过程对数据类的产生和使用。或者说每一个过程的输入和输出数据各是什么,因而就构成了一系列的输入—处理—输出图。

5. 分析当前业务与系统的关系

当对企业过程和实现它们所必须的数据类有清晰的了解后,还必须对当前的数据处理工作是如何支持企业的有必要的了解。

我们分析企业与系统的关系主要是通过几个矩阵。我们可以画出系统过程矩阵,用以表示某系统支持某过程。采用同样的方法还可以画出系统和数据类的关系。

通过对机构职责和相对于每一过程的信息需求的深入分析,使研究人员对问题会有进一步的理解,建立起问题和过程间的关系,识别出对应于过程的信息需求,并把它们包括在前面定义的数据类中。

6. 定义信息结构

当企业过程和数据类确定后,应研究如何组织管理这些数据,即将已识别的数据类,按逻辑关系组织成数据库,从而形成信息系统来支持企业过程。

为了识别要开发的信息系统及其子系统,要用表达数据对系统和系统所支持的过程之间的关系图来定义出信息结构。信息结构确定出分系统和子系统,根据它们产生、控制和使用的数据类以及它们支持的企业过程,提供了企业将来信息支持的概貌。

信息结构图将勾画出:每一系统的范围;产生、控制和使用的数据;系统与系统的关系;对给定过程的支持;子系统之间的数据共享。其做法是从过程/数据类矩阵入手,并注意到过程是按生命周期顺序排列的。

信息结构图是企业长期数据资源规划的图形表示,是现在和将来企业信息系统开发和运行的蓝图。

以上是 BSP 研究方法的简单介绍。它概括地描述了 BSP 方法的基本概念和基本内容。一般认为它适合较大型的信息系统的规划。方法本身是建立企业信息系统的蓝图,而不是详细设计,因此,在 BSP 研究结束后,尚存在很多要完成的后续活动。

关于企业系统规划方法的详细内容,可参看薛华成的《管理信息系统》。

5.5 战略数据规划方法

战略数据规划方法是美国著名学者詹姆斯·马丁(James Martin)提出的。詹姆斯·马丁被公认是信息技术领域和管理领域的世界级的权威人士。多年来,他不断把信息技术的最新发展创造性地引入到现代企业的经营管理中。他曾经明确指出,系统规划的基础性内容有以下三个方面:

(1) 企业的业务战略规划;
(2) 企业信息技术战略规划;
(3) 企业数据战略规划。

其中,战略的数据规划是系统规划的核心。

信息是一个企业或其他组织机构的最有价值的宝贵资源,必须对企业或组织的全部数据加以全面的战略管理,没有战略数据规划就无法建立计算机化的企业。

在他的著作"战略数据规划方法学"中,马丁认为:

(1) 数据位于现代企业数据处理的中心。
(2) 数据是相对稳定的,处理是多变的。
(3) 全面地进行数据规划是系统建设的根本所在。

战略的数据规划的工作过程如图 5-2 所示。

第一步:进行业务分析,建立企业模型。

依靠各级管理人员和业务人员,由系统分析员向企业中各层管理人员、业务人员进行调查。

具体调查的内容包括：系统边界(外部环境和接口)/组织机构、人员分工/业务流程/信息载体(单据、报表、台账)/资源情况(人、财、物,特别是计算机配置)/薄弱环节(需要解决的主要问题)。可采取以下调查方式：查书面资料、直接观察、面谈、发调查表等。

进行业务分析要按照企业的长远目标,分析企业的现行业务及业务之间的逻辑关系,将它们划分为若干个职能域,然后弄清楚各职能域中所包含的全部业务过程,再将各业务过程细分为一些业务活动。具体要从组织机构图下手,最终建立企业模型：职能域—业务过程—业务活动。需要注意的是,逻辑地划分出职能域、业务过程和业务活动不完全与现行职能部门的工作过程与工作方式相一致,它是对现行业务的再认识。

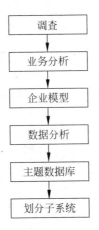

图 5-2　战略数据规划工作过程

第二步：进行数据分析,建立主题数据库。

在业务分析的基础上,可以弄清楚所有业务过程所涉及的数据实体及其属性。重点是分析实体及其相互之间的联系。按照各层管理人员和业务人员的经验和其他方法,将联系密切的实体划分在一起,形成实体组。这些实体组内部的实体之间联系密切,而与外部实体联系很少,它们是划分主题数据库的依据。

这里具体又可分以下两个阶段：

(1) 信息过滤

从内外信息中,认识出对系统有用的信息。信息的来源非常广泛,有大量来自系统内部的各类信息,也有来自外部的涉及面广,且品种繁多的信息,我们不可能也没有必要将全部的信息都收集起来,必须对信息进行过滤,识别出有用的信息。

信息识别方法可以有以下几种：

第一种方法：由管理者、决策者根据自身管理决策的需要向信息咨询人员提出需求。

第二种方法：信息咨询人员通过调研,在充分理解管理决策需求的基础上,对所需求的信息进行识别。

第三种方法：由管理者、决策者和信息咨询人员共同讨论、共同识别。

(2) 主题库定义

将信息经过过滤识别出来后,下一个阶段就是要从全局出发,根据管理需求将信息按照不同的主题进行"分类",然后分别对每一个主题数据库进行定义工作。

识别出的信息进行分类并建立主题数据库目前还没有一套形式化的方法,只是将与某一个管理主题相关的数据归于一个数据库。

具体采取的方法有以下两种:

第一种方法:E-R(实体及其相互关系)方法。

第二种方法:从载体下手。

另外,还要进行数据的分布分析(使用/产生)和可靠性规划(有条件共享/权限定义)。

企业内的各项管理由不同的管理人员来分管,管理人员是在不同的地点处理各自的管理业务,相应的业务数据在不同的业务地点产生,并且在不同的地点得到处理。从管理需求上看他们希望在本地处理各类信息,因此需要根据各类管理需求,考虑数据的存放地点,权衡集中式数据存储和分布式数据存储的利弊等问题。

企业内部的信息只有得到充分的共享才能发挥其资源作用,但这种共享是有条件的,并不是说所有的人都能够进入到系统中对各类信息进行查询和处理。由于各类管理人员所负责的业务范围不同,他们对数据处理的权限也各不相同,因此还要对用户操作数据库的权限进行定义等工作。

第三步:子系统划分。

主题数据规划出来后,可通过对主题库与业务过程对应矩阵的一系列处理来规划新系统的组成——各子系统。

(1) 建立业务过程与主题库的对应矩阵(U/C),哪些业务过程产生或使用了这些数据。

(2) 变动主题库的顺序,使得字母 C 大致排列在从左上角到右下角的对角线上。

(3) 根据新系统逻辑职能域的划分,用方框划分子系统。

在划分好子系统后,我们应该对各个子系统的内容进行分析和说明,并将它们写下来。

根据信息的产生和使用来划分子系统,并尽量将信息产生的企业过程和信息使用的企业过程划分在同一个子系统中,从而达到减少子系统之间信息交换的目的。这样,整个信息系统是由若干个子系统构成,这些子系统之间是通过主题库实现信息交换关系。

虽然许多企业早已认识到了对信息资源规划的必要性,但是很少有人知道如何来实现这一规划。一些咨询公司过分强调进行规划的必要性,但往往又缺少一套过硬的方法来设计所需要的信息资源。现在所描述的方法可用来达到这一目的。

对战略数据规划内容感兴趣的读者,可参看陈佳的《信息系统开发方法》。

习 题

1. 名词解释

逻辑顺序方法、物理过程方法、企业系统规划方法、战略数据规划方法、企业过程、数据类、信息结构、企业模型、主题数据库、子系统划分

2. 填空

(1) 我国学者潘大连和黄巍将美国系统工程专家霍尔提出的三维(＿＿＿＿维、＿＿＿＿维、＿＿＿＿维)系统工程结构应用于信息管理,得到一种类似的三维信息管理结构。

（2）逻辑顺序方法把信息资源的管理划分为信息_____、信息_____、信息_____、信息_____四个基本步骤。

（3）从信息的产生到最终被使用发挥其价值，信息生命周期可分为信息的_____、_____、_____、_____、_____几个阶段。

3. 论述题

（1）论述逻辑顺序方法的基本内容。

（2）论述物理过程方法包括哪几个方面。

（3）试比较企业系统规划方法与战略数据规划方法。

课堂讨论和弹性作业

1. 讨论信息管理方法中国内的基本观点和国外的战略思维。
2. 课外查找信息管理还有哪些有影响的实用方法，拿出来和大家一起分享。

第6章 战略的信息管理

本章从战略的高度讨论信息管理。首先,从战略管理与信息管理的交叉,引出战略信息管理。其次,强调了信息技术与信息资源的集成这样一种新型的信息管理模式。最后,从实务角度,讨论了信息战略规划问题,包括战略的信息技术规划和战略的信息资源规划。

6.1 战略信息管理的引入

战略信息管理是企业战略管理的有机组成部分,也是企业信息管理发展的高级阶段。企业战略信息管理是一个新的发展中的信息管理分支。

1. 战略信息管理与企业战略管理

企业战略是根据内外环境和可获得资源的情况,为求得长期生存和持续发展而进行的总体性谋划。战略管理是为达到组织长期适应环境变化和确立竞争优势的目标,而制定行动方案,优化配置组织资源,以完成组织使命的动态过程。战略管理是企业管理的一个重要领域。它致力于对市场营销、生产作业、财务会计、人事管理、研究与开发及计算机信息系统进行综合的管理,以实现企业的成功。战略管理是企业管理的高级形式,之所以高级,不仅因为它的实质内容完全超越了生产管理时代,也超越了将企业的营销、生产、财务、研究与开发、人力资源各个职能并列、分而治之的经营管理时代。更重要的是,它将企业置于复杂的企业内外部环境当中,将企业的外部环境和企业内部的营销、生产、财务、研究与开发、人力资源各职能整合为一,从系统的角度来管理企业,特别是它引入了竞争战略,并将竞争战略置于战略管理的核心地位。现代企业经营环境已发生了重大变化,企业开始从生产型、经营型向战略型发展,其生存和发展不仅仅取决于企业目前的经营状况,而更多地取决于企业的战略管理。

根据著名企业战略管理学家安德鲁斯的观点,战略是一种决策模式,战略管理过程可以理解为一种决策过程,而决策是一种基于信息的过程。决策过程是一种收集有用信息、迅速传递信息、科学处理信息和利用信息的过程。决策需要的信息通常只是企业信息人员所收集的信息的一部分,这部分信息就是战略信息资源。决策的质量本身取决于一个企业的决策者所占有的信息,特别是战略信息资源的数量与质量。

概括地说,所谓战略管理,就是对战略决策的制定和实施过程的管理。在战略管理过程中均需进行信息的收集、整理、分析、传递、加工和利用,所以有必要考察现代企业战略管理的信息过程,它对于指导战略管理具有重要意义。

美国的麦基(McGee)和普鲁萨克(Prusak)写了一本关于信息与战略的著作,提出了一种战略信息管理框架。他们从战略管理出发设计战略信息管理理论,认为战略竞争过程由三个有序的部分组成,即战略设计、战略实施、战略设计与战略实施的匹配。他们认为,信息在整个战略竞争过程中起着无可替代的作用,信息是战略设计的素材和最重要的资源,信息处理和信息基础机构所支撑的信息行为是确保战略实施的成功的前提条件,信息为战略设计与战略实施的匹配提供了中枢神经系统。总之,由三个有序部分组成的战略竞争过程是在充满各种现实信息和潜在信息的环境中进行的,这三个部分事实上就构成了战略信息管理过程。

20世纪80年代之后,由于信息技术在发达国家的部分企业中逐渐成为核心技术,信息资源管理更多地介入企业战略管理层面,信息战略开始成为一些学者的研究对象。80年代后期,信息战略进入企业实践领域,成为与人力资源战略、财务战略、生产战略和市场营销战略、研究与开发战略等同等重要的企业战略家族的一员。学者们开始研究信息战略问题,企业也开始应用信息战略。

信息战略是企业战略的有机组成部分,是企业根据内外环境和要素资源的情况,为实现企业总体战略和竞争战略而对企业信息资源开发、利用、管理活动及其相关要素资源进行的统筹安排,是关于企业信息功能管理的大政方针,是企业信息功能要实现的任务、目标及实现这些任务和目标的方法、策略、措施的总称。从功能划分的角度来讲,信息战略是一类独立的战略;但从信息功能实现的角度来看,信息战略又必须与业务战略相整合,因为无论信息多么重要,它都处于从属的地位,是为业务功能的实现而存在的。

战略信息管理可以认为是企业信息战略的展开过程。从其作用领域来看,战略信息管理是一个作用于所有企业活动领域的相对独立的功能领域。而从其活动内容来看,战略信息管理是围绕企业信息活动以及信息、信息技术、信息人员等相关资源要素进行的目标及其实现方法的谋划活动。

战略信息管理强调企业信息战略与企业整体战略的协调,注重把握企业信息化的全局和关键问题,追求以信息战略重构网络时代企业的核心能力和竞争优势。套用战略管理的三过程,可以将战略信息管理围绕信息战略展开的过程分为三个环节:信息战略制定、信息战略实施和信息战略评价。

从一定意义上看,战略信息管理是战略管理的一部分,它具有战略管理的一般特征。同时,信息战略也是企业职能战略之一,是战略信息管理的核心要素。

2. 战略信息管理与企业信息管理

从企业信息管理实践发展的角度来考察企业战略信息管理的形成和发展,20世纪80年代中期,信息管理学者马尔香和霍顿出版了《信息趋势:如何从你的信息资源中获利》。在这本书中他们将信息管理发展过程划分为五个阶段,即

阶段一:文本管理阶段(19世纪晚期至20世纪50年代)。此阶段人类信息管理的核心是对信息的物理载体进行管理,信息管理人员更关心信息载体的安全和保护,而不是其传播和使用,此时,信息管理功能是低水平和辅助性的。

阶段二:公司自动化技术管理阶段(20世纪60年代至70年代)。该阶段企业信息管理的标志是计算机应用技术的引进和应用,管理重点开始由信息载体演变为信息技术,主要目的是提高信息处理速度和效率。

阶段三:信息资源管理阶段(20世纪70年代至80年代早期)。20世纪70年代末,发达国家的企业信息管理进入了信息资源管理时期,企业开始把信息内容本身看作是等同于人

力资源、物质资源和资金资源的战略资源，把信息管理功能视为等同于市场营销、生产管理、财务管理和人力资源管理的重要职能。信息技术扩散到企业的所有领域，企业内部的信息系统开始朝着集成化的方向发展。

阶段四：竞争者分析和竞争情报阶段（始于20世纪80年代中期）。竞争情报是经过筛选、提炼和分析处理过的，可据此采取行动的有关竞争对手和竞争环境的信息集合。它是企业决策层的主要需求信息。竞争情报能够改善企业的总体经营业绩，发现潜在的机会和问题，揭示竞争对手的战略，增加企业的生存机会。由于国际贸易竞争的加剧，企业认识到必须有效利用信息来制定更积极的战略，维持或赢得竞争优势。为此，企业开始研究和开发更复杂的能够支持企业决策的信息系统。

阶段五：战略信息管理（未来）。该阶段也称为"知识管理阶段"。知识本身被视为企业最重要的战略资源。由于知识管理的深入人心，企业本身会变得"聪明"起来。现代企业的知识管理主要是利用信息、数据，并将其转变为有价值的可控的知识财富。企业知识管理的目标应该是建立知识共享机制，运用集体智慧提高其应变能力和知识创新能力的一套管理思想和方法体系。具体包括两个方面：一是对知识进行管理；二是运用知识进行管理。今天看来，无论何时进入知识经济时代，知识管理都将融入组织的管理中，至少首先在思想和观念上走进知识管理。

应该说，马尔香和霍顿的划分是基本符合事实的，在20世纪80年代中期，信息管理刚刚进入企业战略管理的视野，他们为此大胆地预测未来信息资源管理必然发展到战略信息管理，这是难能可贵和卓有远见的。而且，从目前的发展来看，这种观点把知识管理看作信息管理的高级阶段，把信息管理看作知识管理的基础是很正确的。不过，可以看出，20世纪80年代的短短10年时间居然被划分为两个阶段，而20世纪50年代以前仅为一个阶段而已。若再深入分析，第四阶段与第三阶段之间没有本质的区别，可以归并为一个阶段。

总结以上两方面，从理论来源的角度考察，战略信息管理可以视为战略管理与信息管理的交集，是一种跨领域的管理活动（见图6-1）。

战略管理→战略信息管理←信息管理

图6-1 战略信息管理的理论来源

6.2 战略信息管理的基本理论

随着信息技术（IT）的发展，企业的管理者都已认识到IT对企业发展的重要性，因此，他们都全力支持企业IT的发展。现在，每一个企业都在尽量地利用IT以获取更多的竞争优势，但事实上，想要利用IT获得竞争优势，不是只像别人那样利用IT就可以了，而是要比别人利用得更好，与企业自身的管理机制、组织结构、业务流程相适应，才能充分发挥IT的潜在作用。

在最近的30年内，中国的IT应用经历了从引入到逐渐推广的过程。在这个过程中，有相当一部分企业成功了；同时也有很大一部分企业失败了；另一部分企业则处于骑虎难下的地步。而且就那些在IT应用方面较为成功的企业来说，绝大多数的应用也只停留在企业运作的基层，而真正用在为企业高层管理和战略服务的却寥寥无几，也就是说，IT还没有触及企业运作的灵魂。实践中还发现一个现象,有的企业发展 IT 30 年,IT 应用的层次仍旧很低。而有的企业应用 IT 才不过 20 年,发展的水平却很高。问题出在哪里?

IT 最初的承诺是清晰的,那就是要通过高速数据计算机帮助组织实现"在正确的时间,以正确的地点提供正确的信息"的目的,但就目前而言,实现这个目的显然比预想的要艰难许多。为此,有必要检讨企业的信息管理理念。

IT 本身由信息和技术两部分组成,但在长期信息化建设中,企业管理者大多片面地注重信息技术,而忽视了信息本身,特别是管理主体对信息需求和信息资源的开发利用远远不够。换言之,信息技术存在着许多难以逾越的局限性,解决问题的答案也不在信息技术之中,问题的关键是要把信息本身与企业战略联系起来。

从企业的信息资源开发与利用的实践来看,人们通常将企业信息战略理解为"公司 IT 战略",并将"IT 战略"与信息战略的其他方面混淆起来。然而,如果企业仅仅依靠 IT 或 IT 战略去获得竞争优势,那么这种优势是短暂的。从企业信息战略的管理活动来看,企业信息战略涵盖信息、信息技术、信息人员等多方面内容。而仅仅过多地关注信息战略的信息技术方面,是不利于指导企业信息资源的开发和利用的,这在一定程度上也影响了信息资源潜能的发挥。

信息资源管理专家霍顿主张:必须将信息资源管理与企业的战略规划联系起来,在企业的每个层面上识别信息资源和获利机会,并借以构建新的竞争优势。信息资源管理概念的提出,确立了将信息资源作为管理资源和竞争资源的新观念,强调信息资源在组织管理决策与竞争战略规划中的作用,从而形成了在信息技术急速发展和竞争环境急剧变化的背景下,如何合理开发与有效利用信息资源以增强竞争实力,获得竞争优势的战略。

美国学者莱佛等曾把信息资源管理的内容概括成五个方面:信息管理、技术管理、分布管理、职能管理和战略管理。

(1) 信息管理:意识到数据和信息对公司的价值;
(2) 技术管理:意识到信息技术对公司的价值;
(3) 分布管理:确认系统(设备和人员)置于何处,以便能够为公司提供更大的效益;
(4) 职能管理:对信息系统服务功能的管理、导向和控制;
(5) 战略管理:意识到信息系统具有使公司获得竞争优势的潜力。

当管理者把信息和信息技术作为企业的战略要素来看待,当企业中逐渐建立起一些计算机应用系统以后,信息资源就已经与其他资源要素一起融入了企业系统之中,就需要考虑信息资源应如何与其他资源合理组合、协调,支持企业战略和经营的问题。

霍国庆博士在其博士论文中曾提出一种基于信息技术与信息资源集成的战略信息管理理论。集成管理是一种新型管理理论,其实质是在一个统一的目标指导下,实现系统要素的优化组合,在系统要素之间形成强大的协同作用,从而放大系统功能和实现系统目标的过程。

他认为,当信息技术和信息资源两大主流沿着不同的方向到达战略信息管理的高度时,信息技术与信息资源已自成一体。一体化的战略信息管理是企业信息管理高度发达的产物,是源自不同领域的信息资源管理理论相互碰撞所产生的火花,是更高层次的信息管理理论。

他还认为,战略信息管理也可以理解为关于信息战略的管理。信息战略的管理可以划分为信息技术战略管理、信息资源战略管理和信息体制战略管理。信息技术、信息资源、信息体制是三位一体的、不可分的。在一体化的战略信息管理内部,不同源流的信息技术、信息资源、信息体制又相互渗透、相互交叉、相互融合而派生出了战略信息技术管理、战略信息资源管理、战略信息体制管理三个你中有我,我中有你的分支领域。

关于信息体制战略管理(主要是以信息主管(CIO)为龙头,是战略信息管理的组织保证)将在下一章讨论,这里主要介绍前两者。

战略信息技术管理是战略信息管理的基础。其目的就是要建立一个与企业的业务相适配的信息技术体系结构或信息技术平台,充分发挥信息技术在企业运行和管理方面的作用。

战略信息资源管理是战略信息管理的核心。其任务就是以信息资源来支持决策,提高决策的质量,增加产品和服务的信息含量,促进企业的创新活动,加速企业的变革。

由于战略信息管理的基本理论可以说还是信息管理研究的一个崭新课题,限于篇幅,这里只是初步导入,更深入的研究还有待专家学者们共同探索。导入的目的是让人们更全面、更准确地认识和把握信息资源和信息技术在企业中的应用,摆正信息技术和信息资源的关系,最大限度地发挥信息技术的作用,从而更好地提升信息资源的价值。

6.3 信息战略规划

战略规划是要研究组织如何保持其内部资源与不断变化的外部环境的良好匹配关系,以求得市场竞争优势的动态管理过程。

信息战略规划,也就是信息战略管理、信息管理战略或战略信息管理,即对信息资源和信息活动进行的战略规划和实施的战略管理。

战略信息管理理论具体到企业或组织的信息管理实践中,主要就是要做好企业或组织的信息战略规划工作。

信息战略规划是从组织使命、目标和战略出发,对组织信息技术应用和信息资源管理所面临的外部机遇和内部优势与劣势加以分析,制定信息战略的过程。

大多数企业或组织都有战略的业务规划,并且所有企业或组织都应该有这样的规划。战略的业务规划描述组织的基本目标、发展战略和组织指标。

战略的信息技术规划要对组织内部信息基础设施的建设加以规划,包括信息技术战略与企业战略的关系和信息技术与企业业务的匹配关系等内容。

战略的信息资源规划则要对组织内部的信息资源管理进行规划,其中战略数据资源的识别及其管理问题是最重要的内容。

组织战略规划与信息战略规划之间有密切关系。编制信息战略规划必须以组织战略规划即组织战略规划确定的组织长远经营目标、发展行动纲领等作为依据。即根据企业的战略目标和内外约束条件,确定信息管理的总目标和发展战略。另外,要了解企业当前的信息管理现状,主要内容包括:企业信息系统开发和应用情况、信息资源的开发和利用情况、信息技术和设备的使用情况、信息管理部门和人员的配备情况,以及投入的费用情况等。特别要了解企业流程及管理的现状,对企业当前的业务流程、组织机构、企业文化、管理制度等情况做一些分析了解，找出存在的问题和不足。总之，信息战略规划可以使组织处理好信息技术与信息资源如何与组织的业务流程、管理活动相配合的问题。

1. 战略的信息技术规划

信息技术是一种渗透性极强的技术，如果说钢筋的技术渗透性是1，小汽车的技术渗透性是10，那么，信息技术的渗透性是1000。信息技术的超强渗透性要求企业对信息技术应用的深度和广度要有足够的认识，否则就会贻误商机，造成无穷后患。但信息技术能够为企业带来的优势只是一种可能，要使其变为现实，关键还在于企业如何有效地利用各种信息技术。

信息技术应用要达到提升组织竞争优势的目的，必须从战略高度制定信息技术应用计划，并将其与组织的战略规划相融合，只有这样才能通过信息技术的应用支持组织战略目标的完成。

IT战略规划是指从帮助企业实施它的经营战略或形成新的经营战略角度出发，寻找和确定各种信息技术在企业内的应用领域，借以创造出超越竞争对手的竞争优势，进而实现它的经营战略目标的过程。

组织信息技术战略规划要对组织内部支撑信息技术应用的基础设施的建设以及在此基础上作用于组织业务与管理活动的信息技术系统的设计、选用、实施与调整加以规划。应根据企业各阶层人员的信息需求、企业业务流程及业务需求来确定企业的信息技术基础结构。另外，应当注意的是，企业信息技术战略规划一定要按科学程序办事，因为信息技术建设与配置投资大、使用期长。

具体地说，战略的信息技术规划首先需要解决的问题是处理好信息技术与企业战略的关系；需要解决的第二个问题是明确信息技术目标与企业业务目标的匹配问题。

业务战略决定信息技术战略，信息技术战略服从于业务战略。而且，信息技术战略既服从、服务于业务战略，又能加速、优化业务和管理工作，使组织在成本、价格、规模、质量、快速响应市场与服务等方面形成竞争优势。同时，要将信息技术战略规划置于企业战略规划的总体框架之中，从而为企业信息化奠定一个坚实的基础。也就是说，信息技术战略规划立足于企业战略规划的基础之上，在企业长期战略方向和目标之下确定企业信息技术的长期目标和战略。

信息技术战略规划主要包括以下步骤：

（1）业务分析，主要是理解业务部门的现在与未来；

（2）检查当前的信息技术体系结构和信息技术系统，重点是评估其支持业务部门的程度；

（3）识别机会，重点是定义通过信息技术/信息系统改进业务的机会；

（4）选择方案，主要是寻找和确定内在一致的机会和方案。

这些步骤作为一个连续统一体实际上就是信息技术战略规划过程。

企业信息技术战略的最终目标是充分有效地开发利用信息资源，满足企业内外的信息需求，提高企业整体的管理水平、工作效率和竞争实力。目前，许多企业采用基于内联网的企业信息技术战略。采用基于内联网的企业信息技术战略绝不仅仅意味着企业信息化程度的提高,更重要的是,它通过改变企业内部以及企业与市场之间的信息交流方式,为企业经营管理模式的重整和竞争战略决策的发展提供了新的机会。

基于内联网的企业信息技术战略应当包括三个发展层次:

第一个层次是企业内联网。这是企业信息技术战略的基础结构层次。在这一层次上,通过内联网把企业的所有信息资源集成起来,实现企业员工的信息共享和协同作业。

第二个层次是企业外联网。这是在互联网和内联网技术基础上建立起来的与内联网相连的战略伙伴协作网。通过企业外联网,把与本企业有业务合作关系的企业,诸如供应商和分销商等连成一体,使企业可以有效地进行供应链的管理,并能更好地把握住竞争机会。

第三个层次是企业电子商贸网。这同样是利用了互联网和内联网技术,并与内联网相连的产品销售与用户服务网。通过企业电子商贸网,可以提供联机销售服务,帮助企业建立用户支持系统,拓展市场份额或打开新兴市场。

应该看到,有的企业已经开发了企业内部网,但多年来分散开发或引进的信息系统,形成了许多"信息孤岛",缺乏共享的、网络化的信息资源。如何将企业上网工程与企业信息系统集成融合起来,使企业内部,企业与客户、供应商、业务伙伴的信息流通发展到电子商务系统也是摆在我们面前的具体任务。

2. 战略的信息资源规划

企业的一切信息活动都是围绕着信息资源而进行的,信息资源要素本身是企业信息管理的核心。信息资源战略是企业信息战略的核心内容,它规定了信息资源在企业运营过程中的价值作用取向,并从信息资源的价值作用角度指明了企业信息开发与利用活动的方向。

传统的从企业信息需求和信息管理角度出发的规划,主要是从支持企业义务过程,提高企业的工作效率等角度来规划企业信息资源的应用,这种规划方法远远没有充分反映信息资源对企业产生的影响和发挥的作用。实际上,企业信息战略规划必须从支持和帮助企业实施其业务战略或形成新的业务战略,提高企业的竞争力,实现企业的战略目标的角度出发,来规划企业信息资源的开发和利用。

具体地说,企业信息战略规划是从企业的宗旨、目标和战略出发,对企业的信息资源进行统一的规划、管理与应用,从而规范企业内部管理,提高工作效率和顾客满意度,最终为企业获取竞争优势,实现企业的长远发展。由于信息系统是信息资源在企业中存在和作用的主要形式,因而通常利用信息系统战略规划来表示企业信息战略的规划。信息系统战略是面向应用的,指明了企业面对大量的信息以及先进的技术,应该做什么,规定了企业的信息应用系统的开发方向,并且明确了企业信息资源应用的形式等方面的原则和目标。

特别是,我们还应更加关注战略信息资源及其管理问题。

企业战略资源是反映企业业务与管理活动的宝贵资源,是流淌在企业动脉的血液,它支撑着企业的运作,维系着企业的命运,决定着企业的未来。战略信息资源是信息资源总量中最重要和最具增值潜力的部分,是与企业战略相关或是企业战略管理过程中所需要及所产生的信息资源的总和,是那些决定企业命运的、为企业决策所必需的、关系到企业发展全局和远期规划的信息资源。

战略信息资源管理是一般信息资源管理的特例,具备一般信息资源管理的所有特征,但又相对突出战略信息资源的识别、分析和利用。首先,战略信息资源管理不是面向企业所有雇员的,它是为企业战略部门的战略人员服务的;其次,收集战略信息资源是在广泛的一般信息资源基础上获取提炼出战略信息资源,相当于战略信息资源管理过程的输入阶段;最后,围绕企业战略而进行的战略信息资源的分析是战略信息资源管理过程的核心环节,也是最艰难的阶段,相当于产品的生产阶段;传播是将战略信息资源产品传递给需要它们的用户,最大限度地发挥战略信息资源的价值,是战略信息资源管理的最后一个阶段。以上构成了战略信息资源的管理过程。

概括地说,战略信息资源的管理过程可分为四个阶段:
(1) 广泛收集一般信息资源;
(2) 加工、提炼形成战略信息资源;
(3) 分析战略信息资源;
(4) 传送战略信息资源给需要它的用户,最大限度地发挥战略信息资源的价值。

因为战略信息资源管理的主要用户是决策者,对决策者来讲,重要的是对信息进行加工和分析,使之对决策有用,而不是获取信息。可以说,战略信息资源管理过程的重点是信息资源的分析阶段,应围绕决策者的需求特点,以战略信息资源分析为核心来构建战略信息资源管理过程。

另外,基于侧重信息分析和为决策服务的共同点,在企业的战略信息资源管理实践中,应该将战略信息资源部门与企业战略规划小组统一起来,以更有效地提高企业战略决策的效率和质量。

3. 信息战略规划的组织

战略规划不仅要对其各项规划内容作出回答,同时还要对规划中所提出的方方面面之间的相互关联作出规划。为了实现规划目标,首先必须组织一支在最高层领导的倡导、支持下的强有力的规划队伍。在这里需要着重强调的是最高层领导必须自始至终地参与全部的规划工作。

高层领导参与规划工作是确保信息资源开发利用成功的关键。高层领导最了解各项战略决策中的信息需求,单靠一个规划组来规划这种来自高层的信息资源,很难理解高层领导以及各层管理人员的看法和信息需求。当规划中出现了争议和问题时,也只有高层领导出面才能解决。规划中经常发现一些弊病导致管理机构的调整,其调整的最终决策权在高层领导。因此,没有企业高层领导的参与和具体领导,协调各部门的需求与步调,信息管理工作是搞不好的。面对诸多困难,只有企业决策层领导在深入理解信息管理的基础上,由一把手亲自主持、参与信息管理和信息系统的实施,动员企业全体员工共同参加,才能克服困难,取得成功。总之,战略规划成功与否关键在于组织内最高层领导的全力支持和高层管理人员的亲自参加。只交给一些中低层管理人员或外请单位来搞战略规划,是注定要失败的。

另外,企业或组织内的总体规划工作需要成立一个责权明确的工作班子。这个班子在组织的最高层领导的直接领导下,由一名负责全面规划工作的负责人和一个核心小组组成。

负责人最好是出自高层领导,也可以是受组织最高层领导委任的高级管理人员。全部规划工作具体应由强有力的核心小组来完成。而且,还可以根据企业的具体情况来决定是否需要咨询小组。

习　　题

1. 名词解释

信息战略、知识管理、战略信息管理、战略的信息技术规划、战略的信息资源规划

2. 填空

(1) 战略信息管理可以视为_____管理与_____管理的交集。

(2) 一体化的战略信息管理包括信息_____、信息_____、信息_____三部分。

(3) 企业战略规划包括战略的_____规划、战略的_____规划、战略的_____规划。

3. 论述题

(1) 论述战略信息管理的引入。

(2) 论述战略的信息技术规划主要考虑的两个问题。

(3) 论述战略的信息技术规划的步骤。

(4) 什么是战略信息资源?

(5) 论述战略信息资源管理的过程。

(6) 谈谈信息战略规划的组织。

课堂讨论和弹性作业

1. 我们知道管理学中有战略管理,那么你是如何思考信息管理的战略问题的?

2. 比较战略信息技术规划和战略信息资源规划的工作内容。

3. 查看企业战略信息管理相关书籍,提高自己的战略思考意识。

4. 分析指定的企业信息化案例,看看它们是如何做战略规划的。

第7章 信息管理的组织

本章讨论信息管理的组织机构、人员分工,特别强调指出设置 ID(信息主管部门)的重要性和 CIO(信息主管)的作用和职责。本章对于读者了解和熟悉未来的工作部门和今后在工作中将扮演的角色,将会起到积极的作用。

7.1 信息管理机构

组织机构反映了组织中不同成员、不同部门之间的分工协作关系。适宜的组织机构能极大地提高组织管理效益、增强组织适应环境的能力。信息机构是实施信息收集、加工、储存、传递等有关信息管理活动的组织形式。包括图书馆、情报所、统计局及其他政府信息服务机构等非营利性信息机构,以及以咨询公司为代表的营利性信息机构。而我们以下主要讨论的是企业里专门从事信息管理与市场研究的部门。

现代的信息管理已经达到了社会化、产业化的管理。从信息产业化的全貌上来看,主要是由五种职能部门所组成。

(1) 信息使用部门

这是使用信息的用户,是提出信息的需求,信息的内容、范围、时限等具体的部门,也是将信息用于分析研究、解决管理决策问题的部门。

(2) 信息供应部门

信息源很多,大体上有内部信息源和外部信息源。对企业而言,一般的人还不习惯于从外部获取信息资源,实际上了解和掌握外部信息资源是十分必要的。

(3) 信息处理部门

主要是使用各种技术工具和技术方法处理信息的专业部门。他们按照使用部门提出的要求,将供应部门提供的原始数据进行处理后供用户使用。

(4) 信息咨询部门

主要是为使用部门提供咨询意见,帮助他们向信息供应部门、信息处理部门提出要求,帮助用户研究信息和使用信息。

(5) 信息管理部门

它在信息工作的五种职能部门中处于核心的地位,负责协调各部门,使之能够合理有效地开发和利用信息资源。

目前,一些企业内部的信息工作的职能分工还没有那样明确,信息资源往往广泛分布于各个部门,有的部门既是信息供应者,又是信息处理者和信息使用者。信息管理部门要从企业的综合部门的角度,协助各业务部门抓好信息工作。

为了提高信息管理的总体效率,需要建立一个管理企业信息的专门机构。这个机构承担以下四个功能:

（1）信息汇总与收集功能

一是将分散于各部门的信息汇总起来，形成一个权威的内部信息库。在信息汇总的同时，对各种信息进行检验和评估，以保证信息的准确性；二是有选择地收集企业的外部信息。收集外部信息有两层含义，首先，是收集与本企业密切相关的信息，如与企业生产相关的科技信息等。其次，企业的信息管理机构应成为企业与社会信息服务机构沟通的桥梁，以便最大限度地利用社会信息资源。

（2）信息管理与检索功能

即对汇总与收集的信息进行有序化管理，使得信息成为一种有机整体，便于多途径检索，随时满足查询要求。

（3）信息分析与处理功能

信息的分析与处理有三层含义：首先是信息的选择与过滤；其次，需要对信息进行有效分析，"去伪存真，去粗取精"；最后，要利用各种方法对信息进行处理，根据信息对现状进行描述及对未来进行预测。

（4）信息的协调与沟通功能

信息管理机构要对企业各部门的信息工作进行协调、指导与监督，同时作为企业信息沟通的主要枢纽。其中还包含了信息反馈功能，使信息管理机构一方面为企业决策提供有效的信息服务；另一方面又将决策的执行情况反馈到决策层，不断完善决策过程。

我们知道，企业管理一般分成业务管理、战术管理和战略管理三个层次，企业的信息管理组织机构同样也可根据相应的三个层次进行设置。

（1）基层信息管理的机构设置

基层的信息管理机构一般分设在各基层生产单位，它们主要负责企业内各基层生产单位在生产经营过程中所产生的信息的收集和传递。

（2）中层信息管理的机构设置

中层的信息管理机构一般分设在各职能部门内，主要负责收集、传递、处理或反馈企业内外的各种专业信息。目的是让各职能部门及时掌握这些信息，以便辅助决策、解决问题。

（3）高层信息管理的机构设置

高层信息管理机构即为企业的信息管理中心。对于中小型企业，通常设置在负责整个企业生产经营计划、统计等业务的综合科室；而对于大型企业，最好建立一个专门机构集中管理企业的信息。它是企业信息沟通的枢纽，同时又把决策执行的情况反馈至决策层。

企业管理信息机构与体制是由管理信息工作的客观规律决定的，受企业体制和经营环境等因素制约。因此，管理信息机构与体制的确立必须纳入企业体制建设之中，并寻求与管理体制相适应的信息工作体制，与此同时应充分利用各种基础条件。

关于企业信息管理的组织机构模式有三种：

（1）集中式结构模式

在该结构模式中，各种信息的收集、加工、检索、传递等工作均由企业信息管理中心负责。各部门所需要的信息统一由信息管理中心筛选、提供，企业信息流为辐射型传播。该结构模式适用于中小型企业。

(2) 分散型结构模式

使用该结构模式的企业不设立信息管理中心，而在各职能部门设立信息员，企业定期或不定期地组织信息交流，企业信息流在各职能部门之间横向传播。由于各职能部门的约束力较弱，因此，信息传递易受阻。

(3) 集中—分散型结构模式

企业不仅设置独立的信息管理中心，而且各职能部门之间也有必要的信息联系。采用该结构模式的企业，其内部信息流既有纵向的，又有横向的流动，信息传播较为畅通，是较为理想的结构模式。

对于中小型企业，宜采用集中型结构模式，设置一个信息管理中心对企业信息集中统一管理。对于大型或特大型企业，宜采用集中—分散型结构模式，在企业设立不同层次的信息管理机构和独立的信息管理中心。

在我国，企业信息中心是企业信息化工作的管理部门和具体信息化工作的实施部门。它在企业主要负责人的支持下制定企业信息资源开发、利用、管理的总体规划，其中包括信息系统规划；负责企业管理信息系统的开发、维护与运行管理；信息资源管理的标准、规范、规章制度的制定、修订和执行；信息资源开发与管理人员的专业技能培训，企业广大职工信息管理与信息技术知识的教育培训和新开发的信息系统用户培训。

可以说，企业信息中心在信息化实施和运作过程中发挥着以下重要作用：

(1) 协助企业信息主管编制企业信息化工作规划，做信息化工作的计划、管理、协调和推动工作。

(2) 安排企业信息化资金使用计划，并负责资金使用计划的具体落实。

(3) 组织参与制定企业信息化有关规章制度，监督、指导信息技术应用成果的验收、鉴定。

(4) 组织参与各类应用软件和应用系统的开发和维护、数据库的建立和管理。

(5) 负责企业内部和外部的信息交流和技术交流，做好信息服务工作。

(6) 组织参与企业基本信息设施的建设、维护，并对企业人员培训提供协助。

7.2 信息管理组织体系

组织信息管理是一项复杂的系统工程。建立企业信息机构要明确信息管理部门与其他业务部门的关系，特别是应发挥信息化领导小组的作用。

1. 信息主管部门

若将信息部门附属于组织中的其他部门，是不能适应现代组织信息管理的需要。国外的大部分企业都设有信息主管部门(ID)，且具有重要的地位。但是，国内企业目前多数把这一职能挂在某一部门，这反映了企业对此工作的重视程度。其中，由厂办(总经办)、企管科(处)、总工办等管理较为合理，但关键是管理的落实；而信息中心、计算机室等专门机构只是个技术部门，没有管理和协调的职能，起不到应有的作用；也有不少企业由科研和技术部门主管，这在开始是可行的，但在今后则有很多困难；而由财务、人事、设备等部门代管，只是管理各自部门有关的应用,达不到统管全局的目的。另外,还有若干单位根本就没有任何机构管理信息。

关于企业的信息机构与企业中其他部门之间的关系,比较多的是两种模式。一种是把信息部门与其他部门并列置于企业最高管理层的领导之下,可称为水平式;另一种是把信息部门置于整个管理层次的顶层,可称为垂直式。前一种模式与我国企业结构模式结合得比较好,因而比较普遍。后一种模式是一种比较理想的模式,因为它可以充分发挥信息部门为企业的战略目标服务的职能。

在我国,随着组织信息需求的变化,信息部门应逐渐从组织机构中的某一部门(通常是财务部)独立出来,与财务部、市场营销部、生产部、研究与发展部等一级部门并列。也就是说,信息管理部门不是组织内部技术、生产、销售、财务、人事等部门的附属机构,而应该是与它们并列的集技术与管理为一体的管理机构。不仅要把信息管理部门视为独立的管理机构,而且不能把信息管理组织看作是"计算中心"、"网络中心"的名词更换,而应该赋予它信息资源和信息活动管理的职能。对于规模比较大的企业都应设立单独的 ID,设置专职工作人员来做这方面的工作。这个部门过去类似于一个管理部门,但现在通常是组织高层机构的直属部门(见图 7-1)。信息管理部门的领导人被称为信息主管(CIO)。

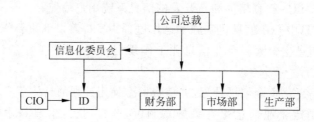

图 7-1 信息部门组织机构

CIO 的出现,极大地提高了企业信息部门的地位。人们有一个普遍的观点是:设置了 CIO 的企业,其信息部门应等同于或高于企业的财务部、销售部等一级职能部门,从而形成了 CIO 上承执行总裁,下连财务部、销售部等一级职能部门的结构形式。即使 CIO 与一级职能部门经理平级,其实际作用也往往超过一级职能部门经理。他除了直接管理信息管理部门外,还需从全组织一盘棋出发,协调和监督其他部门提供和使用信息等。当然,还有人认为 CIO 可以处在总裁、总经理的位置。CIO 往往是由组织的高层决策人士如公司的副总经理来兼任,这表现了对于信息管理的高度重视。我国一些企业实行的三总师(总工程师、总经济师、总信息师)并列制,实际上就是对企业信息管理职位的确认。

至于在信息职位之下设置什么样的执行机构,可视企业不同的情况做多种考虑。如在以 CIO 为首的信息管理部门领导下,下设系统运行部、系统开发部和信息资源部(见图 7-2)。系统运行部是面向机器的部门,负责信息系统的运行工作;系统开发部是面向应用的部门,负责应用软件的开发工作;信息资源部是信息管理的核心部门,负责组织信息资源,实现生命周期管理的各项工作。更一般地,有的将其分别叫作信息管理技术部门、信息管理系统部门和信息管理资源部门。信息管理技术部门,主要负责企业信息管理系统的技术实现和系统维护工作,为现代信息技术的采用和实施提供良好的信息技术支撑,是企业信息管理系统的保障;信息管理系统部门,主要负责信息系统开发与设计工作,通过现代化、集成化管理系统为企业信息资源的开发奠定基础,是企业信息管理系统的前提;信息管理资源部门,主要负责日常信息管理业务,通过对企业信息资源的开发和利用实现企业信息管理功能,是企业信息管理系统的核心。这三个组成部分互相关联,在具体的企业信息管理业务中不可截然分开。具有一定规模的组织的信息管理组织可按该结构设置,其好处是各个部门的职能分工明确,易于对信息部门进行管理与控制。当组织规模较小时信息管理部门将不再划分职能部门,有人甚至将信息管理部门设置在其他职能部门中。

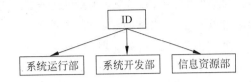

图 7-2　信息管理部门的分部门

不难看出,信息管理部门不是单纯的技术服务部门,而是在信息主管直接领导下的对企业整个业务活动的主线——信息流进行管理的部门。它既需要从生产、财务、供销等业务职能部门获取原始数据并进行分析处理,又要将信息处理的结果反馈给这些部门,以供其在决策时作依据或参考。信息管理部门本身与这些业务职能部门相独立,但是其信息内容与它们紧密相关,所以要与企业的各部门保持充分的联系和沟通,以便为企业创造良好的信息环境。

在一个管理混乱的信息部门,往往是"技术决定一切",结果使得信息工作部门无法和企业的管理部门相配合。信息管理部门的工作人员,特别是领导人员不仅要懂得技术,同时也应懂得管理。必须将学习技术手段与管理方法结合起来,相互作用,才能保证该部门在组织中发挥作用,保证组织的整体目标得以实现。

信息主管部门的组织机构因企业规模大小有很大差别。大型企业的信息中心会有数百人,而小型企业的信息中心可能仅十来个人。一些企业和单位中有规模和实力的信息中心还以子公司或独立事业部单位的形式进行市场化运作,而向企业内部和外部两个市场提供专业化的信息服务。还应该看到,改革开放以来,企业信息机构从原来隶属于技术部门向营销部门转移已十分普遍;集科技、经济、市场、商情为一体的综合信息中心已经出现;以项目组合为契机的小型化、分散型、柔性信息组织初露端倪;信息职位的设立得到企业决策者的重视与认可。这些均为企业作了组织上的准备。

2. 信息化委员会

组织的信息管理要有长期的、独立的职能机构,除负责信息系统建设外,还要有一个有效的工作小组,能把组织体制变革与信息资源开发利用紧密结合起来。国外大公司流行的、也是比较理想的做法是:单独成立一个称为"信息化委员会"之类的领导小组,由 CIO 负责牵头召集,组织的最高层领导和其他部门的负责人均为该委员会成员。在委员会下面再设立与组织中其他业务部门平级的信息部门,具体负责信息资源管理工作。

信息化领导小组的成员应该涵盖企业所有领导,这样才能保证信息化工作的权威性和受重视的程度。信息化领导小组的主要负责人可作如下参照:

组长：企业经理或厂长

副组长：企业信息主管(CIO)

其成员一是来自于各个业务部门的负责人，他们对自己所负责的领域中信息系统的应用效果最有发言权；二是来自于信息主管部门的领导，主要是系统分析师一级的高级技术管理人员，他们对信息技术问题的把握比较准确，对信息技术的服务性能最有发言权。

领导小组要在企业信息化过程中，担当起组织和协调的作用，制定企业信息化的总方针和政策，并组织专门人员制定企业信息化的总体规划和分阶段的实施方案。具体地说，领导小组主要负责确定企业中信息技术应用的方向和目标，根据组织内部的资源情况和企业的目标，制定适宜的信息战略，审批信息系统开发规划，并对信息主管部门的工作进行支持、监督和指导。

总之，在组织内建立组织信息化领导小组对组织的信息管理部门与信息管理工作进行指导，往往有利于组织信息系统建设取得成功。还应该明确的是：信息资源管理不仅是信息系统部门的工作，而是整个企业的活动。应该充分发挥信息化领导小组的功能，使企业内各个功能领域的管理人员都积极、主动地参加信息资源管理活动。

7.3 信 息 主 管

企业信息化建设是一项复杂的系统工程，它不仅是一个技术的应用问题，而且涉及业务流程的优化，管理模式的改善以及组织机构的调整等多方面的问题。这些问题的处理与解决，需要有高层领导的有力支持和有效参与，以便从战略发展和战略决策的角度推动组织信息化建设。"一把手工程"就是强调由"一把手"挂帅推动信息化建设，以便把握总体，在关键时刻为信息化建设扫清障碍。但从经验上看，光有"一把手工程"还不够，因为"一把手"不可能把全部精力专门用于负责信息化建设上，同时由于信息化建设工作的复杂性，需要信息化建设的主持者既通晓信息技术、现代管理技术，还要熟悉具体的业务流程，具有一定的工程经验，这也并不是所有"一把手"都具备的。所以，为促进信息化建设的顺利进行，应设立首席信息主管(CIO)岗位，由处于管理高层的专门人员来全面负责制定组织的信息技术应用规划和信息资源的开发与利用规划。

7.3.1 CIO 的职责

由于信息管理是 20 世纪 80 年代才形成的一门独立管理学分支，因此尚未形成固定的管理模式。西方许多大企业都认识到信息管理的重要性，任命高级人员负责信息管理工作，其职务名称在各公司不完全相同，有的称为信息管理副总经理，有的称为信息管理主任，也有的称为总信息师。实际上其任务职责基本上是一致的，主要是：

(1) 从统揽公司业务全局的高度来考虑公司信息工作的发展规划，为实现公司的战略发展目标服务。

(2) 熟悉本公司各业务部信息流的关系，规范企业信息管理的基础标准，能够综合协调各部门的信息工作。

(3) 熟悉信息科学、系统方法和计算机与通信技术，能够将数据管理、网络通信、计算机处理等方面的工作统筹安排,发挥作用。

最早的 CIO 于 20 世纪 80 年代初在美国就存在于企业和政府部门中。90 年代中期以来,信息主管成为企业界和媒体界的热门话题。尽管至今 CIO 尚没有统一的中文译名,但它的含义却是十分清楚的,那就是一个机构负责信息工作的"一把手"。它是企业信息管理的最高管理者,直接对总经理(CEO)负责,全面统筹负责全企业的信息管理工作。他们通过指导对信息技术的利用来支持公司企业的目标。在现代企业中,CIO 被赋予很高的地位,全面负责企业信息技术应用和信息资源管理。CIO 的责任就是充分调动和配置企业内所有的信息因素,最大限度地发挥信息的作用和实现信息的增值,尽一切可能放大信息的功能在增强企业竞争优势中无可替代的作用,确保企业在竞争中立于不败之地。

在一个组织中,CIO 是全面负责信息工作的主管,但又不同于以往只是负责信息系统开发与运行的单纯技术型的信息部门经理。CIO 是既懂信息技术,又懂业务管理,且身居高级行政管理职位的复合型人物。他们具备技术和业务过程两方面的知识,具有多功能的观念,常常是将组织的技术战略与业务战略紧密结合在一起的最佳人选。他们参与组织的高层管理决策活动,这就是运用自己掌握的信息武器帮助最高决策者制定组织发展的战略规划,通过充分有效地开发利用组织内外信息资源,寻求组织的竞争优势,或强化组织的竞争实力。CIO 有责任促进高层管理人员在决策的制定时有效地利用信息,使信息成为各级领导决策的依据,提高企业经营管理水平。他不只是负责信息资源管理范围内的决策活动,而且必须参与讨论企业发展的全局问题。为此,要求企业 CIO 必须对影响整个企业有关生存和发展的各方面问题,都有相当全面和清楚的了解,这样才能准确把握企业的战略目标及发展方向,以便有效地制定信息技术应用的策略,实现信息技术应用与企业经营战略的整合。

CIO 通常是从战略高度统筹一个组织的信息管理。作为统管整个组织的信息资源的最高负责人,他应该根据组织发展战略需要,及时制定或修订组织的信息政策和信息活动规划。作为信息管理专家,CIO 要管理组织的信息流程,规范组织信息管理的基础标准,负责组织的信息系统建设规划与宏观管理。CIO 要从组织管理的角度有意识地选择和运用信息技术,为组织经营管理提供有效的信息技术支持。CIO 负责对企业信息的经济性进行定期的测算,以便在高层管理者控制或决策时提供参考。同时,CIO 还要负责组织全体人员的信息资源开发利用教育与培训工作。概括地说,信息主管的职责是全面管理公司的信息资源开发和利用,包括更新企业信息技术、完善企业信息系统、培训和管理企业信息人员、最大限度地实现公司内部信息资源的共享和组织企业内外信息资源的交流。

需要特别指出的是:企业 CIO 要帮助企业全体人员,包括各级管理者在内,转变认识,提高信息管理观念,尤其是要让高层管理者们都能认识到信息资源对企业发展的重要作用,指导他们更好地应用信息资源,为他们提供信息或信息技术的咨询服务。因为,企业信息化建设需要各级管理人员、业务人员的积极参与。为保证员工的有效参与,CIO 应组织专家对员工进行信息化建设的宣传、咨询及培训等工作,要让员工明确为什么要搞信息化建设?信息化建设的目标是什么?信息化建设对管理模式、业务流程、组织架构产生什么影响?需要员工怎样配合以及如何参与?只有员工清楚地了解这些问题后,才能有效参与并积极促进信息化建设。

当我们说"企业 CIO 的职责"时,是从理论的角度,或者说是从"应该"的角度来谈论企业

CIO具有哪些职责的。但是,具体到每一个担任企业CIO职务的人,是否能够做到理论上所说的那些要求,就不可能是一样的了。所以,不能把实际工作中某一个企业CIO的实际负责的工作内容,当成企业CIO的职责。由于IT技术的迅猛发展,IT商家也在不断增加,CIO必须判断,哪些商家可以作为联盟,而不是供应商。CIO没有必要将太多的精力和时间花在复杂的技术细节上,而必须确保新的工程能够满足当前的和预期的业务需要,要对业务流程有独特的见解,对技术引进有很好的设想。

7.3.2 CIO的角色

从表面上看,CIO只不过是一个与信息有关的职位,深入地分析,CIO的内涵是信息资源管理,确切地说,是战略信息管理。信息主管的产生,意味着人们对信息工作给予了更多的重视。CIO不仅仅是一个与信息技术有关的职位,更重要的是:CIO的出现标志着信息技术已成为一个企业的核心技术,标志着信息资源已成为一种等价于资本和人力的战略资源,标志着信息管理部门已成为决定一个企业兴衰存亡的重要职能机构。

CIO是随着信息资源管理热潮的兴起而诞生的,CIO作为组织中的高级管理人员与以前的信息管理职位有很大的不同。过去,组织机构中从事信息工作的人员大都处于从属和配角地位,信息中心的负责人充其量也只是一个部门级领导。CIO职位的出现,在很大程度上改变了这种情况。信息主管不是普通的信息专业人员或信息技术专家,而是组织战略决策层中的高级管理专家。

纵观信息管理的发展历程,伴随着信息管理层次从低层向中层和高层发展,信息管理人员也相应地经历了数据库管理员—管理信息系统主任—信息主管三个阶段(见图7-3)。

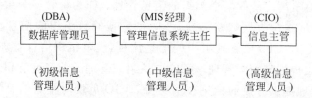

图7-3 不同级别的信息管理人员

在这个发展过程中,信息专业人员在管理层次中的地位不断上升,从基层专业技术人员到中层管理者,再到高层管理决策者。CIO职位的设置,就是这种演变发展的产物和结果。表明信息管理已经走进上层管理的层次,信息管理职业得到了社会的认可,信息管理从单纯的技术管理进入技术和人文、经济综合管理的阶段。它使信息管理的管理范围由电子数据处理和管理信息系统,扩展到对企业经营整体战略涉及的技术与人文、经济综合因素的把握。

显然,信息主管是一种技术与人文相结合的复合型的高层次的信息管理者,它的出现,使信息人才,尤其是高级信息管理人才的知识结构趋于复合化。一个合格的CIO必须是管理与技术两方面的全能型人物。而且,总的来说,CIO的组织管理水平比他的信息技术才能更重要。不懂计算机的人不能成为CIO,只懂计算机的人也不能担任CIO。理想的CIO应是兼具经营管理与信息技术两种能力的复合型人才。

什么是理想的CIO？理想的CIO应精通技术；理想的CIO应熟悉业务；理想的CIO应善于管理。这里也就是说，CIO的职责应涉及技术、业务和管理三个领域。

CIO的理想知识结构大致包括三个板块：一是信息技术知识；二是管理知识；三是与某一业务相关的专业知识。CIO的理想能力结构也可分为三类：一是信息技术技能；二是管理技能；三是相关经验。如果具备了这三方面的知识和三方面的技能，就可望成为一个CIO的角色。

CIO要有效履行其职责，还必须具有其他素质，如应变能力、协调能力、表达能力、良好的心理素质、不断创新的精神，这些优秀的品质，也是一个优秀CIO不可缺少的。

总之，CIO的产生，标志着现代企业管理从传统的人、财、物三要素管理走向了人、财、物、信息四要素管理的新阶段，从战略高度充分开发信息资源，科学管理信息资源，有效利用信息资源，是现代企业能够在日益激烈的市场竞争中克敌制胜的公开的秘密。现代企业对CIO的要求越来越高，这些要求在许多情况下已经使CIO感到巨大的压力。为使自己能胜任这一职位，不少人正通过各种方式来充实自己，使自己在"硬件"、"软件"方面都达到或接近CIO的素质要求，毕竟CIO是一个具有挑战性、具有广阔前景的、令人羡慕的职位。

7.3.3 CIO的成长

国际上CIO概念和实践的发展到现在大体上可以分为三个阶段。第一阶段为萌芽期，20世纪70年代末到80年代初，提出了这个概念，个别企业出现了CIO雏形。第二阶段为起步期，80年代中后期，CIO概念基本定型，一批大中型企业出现了CIO，但CIO的位置和职责仍在发展之中。第三阶段为发展期，从90年代初到现在，CIO的位置和职责初步定型，设置CIO的机构逐步增多，但离普及还有相当距离。2000年以后，许多国家将先后进入成熟期。

总的来说，在国外，CIO的设置是非常成功的，也非常普及。由于其设置合理，产生了显著成效，其他大公司竞相仿效。据统计，世界上最大的500家大企业80%以上实行了CIO体制。到今天，企业CIO已经成为管理结构中的必然组成部分。

国内引入CIO概念，应该说是在20世纪90年代初期。但当时还没有出现CIO的环境，所以没有引起足够的反响。90年代中期开始，随着信息技术应用的普及，信息化建设的发展，特别是企业信息化的发展，CIO的概念和相应的研究、讨论活跃起来。但在实践上，CIO仍处于萌芽期，基本上还没有出现真正意义上的CIO。在我国，信息管理人员（包括CIO）的地位比其应有的要低，而且总的来说企业对CIO的了解和认识不足。

随着我国信息化的推进，我国企业界认识到CIO的重要性，力图通过设置这一职位，从组织上保证信息管理工作的地位，从根本上改善信息资源的管理。更重要的是，我们应该分析CIO成长的必要环境是什么，如何为CIO的发展提供良好的土壤。应该清楚的是，CIO的形成并成为实在的管理模式，是与信息技术应用和信息资源管理的发展同步的。另外，一个企业的管理制度对新事物的敏感性或创新能力的强弱决定了这个企业能否根据发展的要求设置CIO。

概括起来，到目前为止，我国企业界还没有形成一个成熟的CIO阶层，我国现有的仅仅是信息部门主任。信息管理需要一批具有高素质的人才，中国呼唤CIO的出现。如何造就新型的高级信息管理人才,使他们具有合理的知识结构和能力特征,以适应社会信息管理这一新的要求,将是信息管理专业教育应该考虑的问题。虽然从目前世界各国的 CIO 教育培养看,还没有一个专业强调其专业目标就是培养 CIO,但从 CIO 人才素质要求看,与 CIO 的培养最接近的专业教育应为信息管理与信息系统专业。

7.4 信息工作者

信息工作是指一切单位为满足生产、经营决策与科学研究的需要而进行的信息活动。从狭义上说,是指专门的信息机构所从事的信息活动。从广义上说,也包括各个部门、各个环节在管理中所进行的信息活动。与信息工作的含义相对应,信息人员也有两种含义。狭义地说,是指信息机构中专职的工作人员;广义地说,还包括各部门、各环节中专门从事信息处理工作的人员。

以企业为例,企业信息管理者是指企业内专职或兼职从事信息管理工作的领导者和管理人员。所谓"专职",是指那些在企业信息部门工作的人员。所谓"兼职",是指企业内全体管理人员。如果不认识到这一点,就失去了一大半从事企业信息管理的力量,甚至会贻误企业信息管理的大事。从企业信息管理系统的角度看,企业信息管理人员包括企业信息管理系统专门管理人员和企业信息管理系统非专业管理人员。前者是居于企业信息管理系统的从事组织信息资源管理、系统管理和技术管理的各层次管理人员,也就是我们一般所说的企业信息管理人员;后者是指分散在各具体业务部门,承担为企业信息管理系统提供和交换信息数据的任务,并在一定程度上具有企业信息管理职能的若干管理人员。这部分人员仍是企业信息管理人员队伍不可缺少的组成部分。他们各自具有不同的管理权限和管理职能,与组织信息专门管理人员共同组成组织信息管理人员群体。

在信息社会实践活动中,信息人才是最重要、最活跃的因素,是信息系统的主导者和信息活动的主体。信息机构就是由各类信息人才组成的。对于组织机构而言,只有拥有一定数量、不同层次的信息管理人才队伍,才能逐步实施信息资源管理。

1. 组织信息工作者

长期以来,由于信息在生产力中不是主要因素,人们也不可能对信息的作用有明确的认识,所以,从事信息管理的人员处于配角的地位。随着技术的进步和社会的发展,信息的作用越来越迅速地显示出来,信息管理工作者的职业地位也逐渐发生变化。

在手工管理时期,信息管理人员的地位是一般工作人员,不可能进入管理层。20 世纪 50 年代,信息管理进入数据处理阶段,信息管理对本部门的业务工作有一定影响,信息管理人员开始进入管理层成为基层管理者。六七十年代,信息系统和信息网络的出现,信息管理在单位和社会的作用越来越大,信息管理人员在中层管理层次已占有一席之地。80 年代,到了资源管理阶段,信息管理已有举足轻重的作用,致使一些政府部门和大型企业设置首席信息官的职位,信息管理人员进入高级决策层。实际上,企业不仅迫切需要像 CIO 这样战略层次的高级信息资源管理人才,而且需要大量操作层次的服务型和技术型信息资源管理人才。也就是说,组织信息管理工作中最关键的任务是由 CIO 负责,除了 CIO 以外,还必须组织一支在 CIO 领导下的精干队伍,才能有效地开展各项信息管理工作。

值得一提的是,劳动和社会保障部组织有关专家,制定了《企业信息管理师国家职业标准》(以下简称《标准》),自 2002 年 9 月 29 日起实施。该标准对企业信息管理师职业做了定义:从事企业信息化建设,承担信息技术应用和信息系统开发、维护、管理以及信息资源开发利用工作的复合型人员。本职业共设三个等级,分别为:助理企业信息管理师(国家职业资格三级)、企业信息管理师(国家职业资格二级)、高级企业信息管理师(国家职业资格一级)。

该标准对企业信息管理师提出了基本要求,要求他们掌握的基础知识为:信息技术(计算机软硬件基础知识、计算机网络基础知识、数据管理基础知识、管理信息系统知识)、企业管理(企业管理概论、财务会计基础知识、市场营销基础知识、人力资源管理基础知识、生产与运作管理基础知识),以及有关法律法规基本知识。要求他们具备的相关知识涉及信息化管理、信息系统开发、信息网络构建、信息系统维护、信息系统运作、信息资源开发利用。该标准对助理企业信息管理师、企业信息管理师、高级企业信息管理师的技能依次递进提出了要求。

另外,补充说明的是:企业信息资源管理的中、基层管理人员包括信息中心(或计算中心),图书资料室,企业档案室等组织机构的负责人,企业中兼有重要的信息资源管理任务的组织机构,如计划与统计、产品与技术的研发、市场研究与销售、生产与物资管理、标准化与质量管理、人力资源管理、宣传与教育、政策研究与法律咨询等部门分管信息资源的负责人。

2. 社会信息工作者

从事信息的产生、传递、应用等过程中某一部分或整体工作的人员,即从事信息管理的人,可以称为信息从业人员。完整地说,信息时代的信息从业人员包括活跃在各级各类图书馆、情报机构的社会信息工作人员、企事业信息人员、智囊机构成员和咨询人员、信息经纪人、教育培训人员、信息技术人员等。

国外最近几年又提出了知识工作者的新概念。简言之,知识工作者要运用信息进行工作,并将信息加工成为产品。一名精通信息的知识工作者能够确定需要哪些信息,知道如何获得和在哪里获得这些信息。一旦收到信息,能够理解信息的含义,并能在信息的基础上采取适当的行为。成为一名信息时代精通信息的知识工作者的这四项职责实际上都与解决的问题有关。

无论如何,随着对信息资源实施管理的需求日益增强,信息管理活动逐渐从社会的一般管理活动中独立出来,成为需要专门知识和技能的管理行为。作为在社会信息管理活动中从事信息管理工作的主体,信息工作人员与其他学科、行业的人员相比,具有自身的特点,具体表现在以下几个方面:

(1) 信息工作人员必须具备对信息资源价值的识别能力;
(2) 信息工作人员必须树立信息资源的开发与利用观念;
(3) 信息工作人员必须掌握必要的信息处理手段。

美国信息产业协会就要求信息人员既是信息科学工作者,又是数据处理管理者,同时还应具有管理学、经济学等多方面的知识和能力。我国不少企业信息管理人员中懂专业的不熟悉信息业务知识;计算机应用人才比较欠缺;欠缺经营管理基本知识的现象比较普遍。信息工作涉及面广,要求信息人员的知识具有相当的广度和一定的深度。信息人员缺乏,在素质上存在这样或那样的不足,很大程度上制约了我国信息及信息业的发展。重视和加强信息人员的管理是做好信息工作的关键。

近年来,随着竞争的日趋激烈,人力资源管理越来越受到人们的重视。信息人力资源管理不仅是人力资源管理的重要组成部分,而且是信息资源管理的重要组成部分。信息管理部门的人力资源管理必须考虑信息部门应该设立哪些职位,这些职位又具有哪些职责,如何建立有效的激励与约束机制,调动信息工作人员的积极性与创造性,并遵守职业道德,如何招聘与选用好的信息工作人员,如何通过培训使信息工作人员跟上信息技术的快速发展等。

随着社会信息化程度的提高和信息经济的发展,越来越多的人正在或即将投身于信息行业。所以,有必要采取一些倾斜政策,使我国与发达国家信息人员的差距能在尽短时间里得到缩短,从而带动整个信息业及国民经济进一步发展。

习 题

1. 名词解释

信息主管部门、信息化委员会、CIO、信息工作者

2. 填空

(1) 关于企业的信息机构与企业中其他部门之间的关系,比较多的是两种模式。一种是_____式;另一种是_____式。

(2) 信息化领导小组的主要负责人可作如下参照:

   组长:_____

   副组长:_____

(3) 一般来说,在以 CIO 为首的信息管理部门领导下,可下设_____部、_____部和_____部。

(4) CIO 是既懂_____,又懂_____,且身居高级行政管理职位的复合型人物。

(5) 伴随着信息管理层次从低层向中层和高层的发展,信息管理人员也相应地经历了_____—_____—_____三个阶段。

3. 论述题

(1) 论述信息管理机构的四个功能。

(2) 论述企业信息管理机构的组织模式。

(3) 论述企业信息中心的作用。

(4) 论述信息管理部门与其他业务部门之间的关系。

(5) 论述信息化领导小组的功能。

(6) 论述 CIO 的职责和作用。

(7) 论述 CIO 的理想知识结构和能力结构。

课堂讨论和弹性作业

1. 你将来想去什么单位？你觉得你适合去什么部门？
2. 你的理想是什么？若从事本专业你的奋斗目标是什么？
3. 分析著名企业的信息化实施案例，看看信息机构的作用。
4. 课后访问企业信息管理师网站，了解一下相关情况。

第8章 信息管理过程

信息管理的实质在于"管理过程"。信息管理过程没有统一的、固定的模式,本章将通过四对紧密关联的范畴来讨论信息管理的全过程。了解和掌握信息管理的全过程,将为今后有效地开展信息管理工作打下坚实的基础。

8.1 信息需求与服务

8.1.1 信息需求

信息管理过程是围绕用户信息需求的产生和满足而形成的闭环系统,这样的系统也称为信息管理系统。此处的"用户"并非泛指所有的用户,它是为特定用户群服务的,或者是为用户的特定需求服务的。

调查和研究用户及其信息需求是信息机构开展信息服务工作的依据。任何信息机构都应经常调查了解用户及其信息需求的情况,以便随时充分合理地利用有限的人力、物力,改进信息服务工作,克服盲目性,加强目的性,提高服务效率和服务质量。

在管理实践中,必然会遇到各种各样的问题,解决问题就有信息需求,这种需求是客观存在的,不以人的主观意志为转移的。当管理者意识到了这种信息需求,并将其表达出来——求助他人或自己动手解决,我们称这种已表达的信息需求为现实信息需求;当管理者没有意识到信息需求,或虽然意识到了但没有表达出来,我们称这种信息需求为潜在信息需求。还有一种信息需求,虽然它客观存在,但尚未被认识到,我们称之为未知信息需求。潜在信息需求和未知信息需求是经常存在的,如果管理者不能认识到这一问题,就不会产生相应的动机和行为,实际工作中的问题就得不到解决。

我们的重点是需要了解组织机构中各成员的信息需求。在这里,首先应该讨论组织成员面对不同问题进行决策所表现出的信息需求特点。

通常,我们把问题大致分为以下三类:

(1) 结构化问题。是指在组织活动的过程中,经常重复发生的问题。对这类问题,通常有固定的处理方法。面对结构化问题进行的决策,我们称之为程序化决策。

(2) 半结构化问题。较之结构化问题,半结构化问题并无固定的、重复使用多次的解决方案可遵循。虽然决策者通常了解解决半结构化问题的大致程序,但在解决的过程中或多或少要加入个人的主观判断。我们称这类对应于半结构化问题的决策活动为半程序化决策。

(3) 非结构化问题。是指独一无二、非重复性决策的问题。这类问题,往往给决策者带来很大难度,我们称之为非结构化问题。面对结构化问题,要更多地依靠决策者的直觉。这类决策,我们称之为非程序化决策。

由于决策者在组织中的地位不同,其面对的问题也不同,因而表现出不同的信息需求特性。程序化决策大多由基层管理人员完成,而高层管理人员较少涉及这类决策活动。半程序化决策大多由中层或高层管理人员完成。对于非程序化的决策,主要由高层管理人员完成。此外,上层决策需要信息量小,非正式的信息多,相关性小,比较抽象;下层决策需要信息量大,正式信息多,相关性大,是具体的。

由于信息大多是为管理决策服务的。站在企业的角度来看,作为企业的高层领导关心的是企业的发展方向、目标、路线、产品的销路、材料的来源等,处于企业的战略位置,所需要的信息自然是大量的综合信息,即战略级信息。作为企业的设计、制造部门的决策者则要考虑如何在企业长远规划的指导下,采用先进的技术和设备,降低成本,提高经济效益,处于企业的策略地位,所需要的信息则是策略级信息。而企业生产车间的决策者所关心的问题是如何提高生产效率和质量,决策的依据大多是日常生产信息即执行级信息。但是如果问题发生变化,管理层次和信息层次也将发生变化。

企业内部各业务部门的主要信息需求,也可以说是企业各部门人员共性的信息需求。具体到每个部门,由于每一个员工和管理者的职责各不相同,他们的信息需求也有差异。组织信息需求与个人信息需求有很大的区别:组织信息需求主要是由组织的使命和活动的目的决定的,相对比较集中和单调;个人信息需求主要是由个人的各种特征决定的,相对突出个性化和多样性。在具体的信息管理过程中,企业信息人员更强调内部人员信息需求的共性,而不是个性。

深入地分析,一方面,企业信息人员在进行信息需求分析时不能停留在企业员工和管理者的信息需求的表层,只有进一步探讨潜藏在信息需求背后的决定因素,才能为他们提供更具针对性的信息资源和服务;另一方面,企业信息人员在进行信息需求分析时不能仅限于静态的分析,企业总是随着内外部环境的变化不断调整业务,企业内部人员的信息需求也随着这些变化在不断地发生变化。

总之,用户需求是信息服务的出发点和归宿。信息用户及其需求的研究是信息管理学中一个非常重要的领域,也是信息服务工作不可缺少的组成部分。没有用户及其信息需求,整个信息服务工作就失去了存在和发展的意义。

8.1.2 信息服务

信息服务就是信息机构针对用户的信息需求,及时地将信息提供给用户的活动。信息服务的最终目的是向用户提供他们所需要的信息,以使信息发挥效应。由于对信息的需求不断增加,信息服务处于不断的发展和深化之中。

从广义上说,信息服务涵盖了整个信息工作内容,包括信息的搜集、整理、存储、加工、传递、提供和利用等各项活动。因为信息活动是一个不间断的过程,其各个环节都是密不可分的,信息服务渗透于每一个环节之中。信息服务的内涵若只是提供信息,则与信息服务工作的现状不相符,难以体现信息服务广泛的社会性。

信息服务的有效开展,必须具备五个基本要素:信息服务者、信息用户、信息产品、信息基础设施和信息服务方法。信息服务者是信息服务工作开展的主体,他们通过信息采集、加工、分析、研究、传递等一系列活动,向用户提供符合要求的信息产品。信息用户是信息服务的对象,是信息服务的受益者。信息产品是信息服务的劳动成果,是信息服务的关键所在。信息基础设施指信息服务工作所采用的服务设施,它包括计算机、网络等一系列现代化的信息加工与服务技术手段。信息服务方法即开展信息服务过程中的各类操作技巧、方式、程序,它是贯穿以上四个要素的、充分实现信息服务效能的必备"软件"。

用户的信息需要是千变万化的。信息机构必须针对不同的用户及其信息需要开展多种形式的信息服务。不仅仅要面对一般的信息用户及其信息需求,更要面对特定的信息用户及其信息需求。不同程度的决策需要不同的信息,所以,如何将适当的信息提供给不同的决策者,这是一个非常重要的问题。

一般来说,按照信息服务工作基础的不同,可以把信息服务划分为文献服务、指导服务、检索服务、咨询服务和网络服务几大类型。根据服务对象的范围可分为单向服务(面向某一具体用户)和多向服务(面向多个用户)。从信息服务的形式上,既有主动的信息提供,又有被动的信息索取。按服务所提供信息的加工深度区分可分为一次信息服务、二次信息服务和三次信息服务。按信息服务手段区分可分为人工信息服务和自动化信息服务。按照服务持续的时间可分为长期信息服务和即时信息服务等。

现代信息技术具有很强的通信能力、大容量的存储能力和综合处理信息的能力,已为实现综合服务提供了可能。为适应未来社会对现代信息管理和信息服务的更高要求,信息管理和信息服务必须积极地做出相应的对策。包括管理和服务观念的更新,管理和服务功能的强化,管理和服务技术的深化,管理和服务形式的扩展,管理和服务组织的精化,管理和服务人才的优化,等等。要大力转变现代企业信息服务方式:由被动服务向主动服务转变;由滞后服务向超前服务转变;由传统服务向网络化、数字化转变;由一般服务向专业服务转变。

为了有效地满足用户的信息需要,必须做好信息服务工作。要充分考虑和利用现有条件和基础,不断增加服务类型、扩大服务规模、刺激服务需求。要把服务质量放在首位,以服务质量求服务效益,以服务效益求进一步发展。信息服务和其他服务一样,不能只看数量,不看质量。使用者对于提供的方式是否满意,所提供信息的精确程度是否符合要求,信息提供得是否及时,临时提出的信息需求能否得到满足等,都属于信息服务的质量范围之内。总之,无论开展何种类型的信息服务工作,"为用户服务"的理念对任何信息服务部门来说都是不可缺少的。

8.1.3 信息咨询

咨询作为一种特殊的信息服务,就是针对专门的问题所进行的智能化信息处理和参谋服务。具体地说,咨询是指咨询方(咨询专家或咨询机构)根据委托方(各类客户)提出的要求,以其专门的知识、信息、技能和经验,运用科学的方法和手段,进行调查、研究、分析、预测,客观地提供最佳的或几种可供选择的方案(或建议、报告等),帮助委托方解决复杂问题的服务。一般地,信息咨询服务应包括五个步骤:受理咨询业务、制定咨询计划、进行调查研究、编写咨询报告、辅助用户实施咨询项目。

咨询工作是信息和决策的中介,是将原始管理信息转化为决策结果信息的特殊工作。用户中,有的只需要信息咨询,自己进行决策研究;也有的要求全面的决策咨询,就是把信息管理研究与决策研究进行综合,拿出解决问题的决策方案。只要这两种需求存在,这两种研究也就会同时存在。无论如何,开展咨询活动一般要具备三个条件:具有必要的专门知识和专业技术的人才;具有从事咨询服务活动的能力和手段;具有一定的组织形式。

在科学技术与社会经济以空前的速度发展的情况下,企业的经营环境日趋复杂,尽管企业有国家方针政策的指导和各方面的经营保证,但其经营环境的变化表明,仅仅依靠管理者个人的决策已越来越难以适应企业管理的需求。这意味着企业管理的难度将越来越大,而解决这一问题的一个重要措施就是利用社会的咨询服务。

对于大、中型企业来说,经营条件较好,资金雄厚,因此可以组织本企业的"智囊团"。对于小型企业,由于技术、生产与管理力量的限制,经营管理中的问题较多,可以借助于外部力量来参谋,从多方面求助于各种咨询来解决某些决策问题。优秀的高层管理人员,绝不能一切主意都出于自己的头脑,而是善于利用各类信息,借助于专家头脑,在专家咨询的基础上进行正确的决策。

在组织咨询活动中,有两点是必须注意的:首先,咨询是一门科学,咨询活动是一种研究活动,任何时候都必须保持咨询工作的独立性,企业领导除提出咨询问题和利用咨询信息外,不以任何方式干扰咨询业务活动;其次,咨询人员不能以咨询代替管理者的决策,只能以"咨询"方式向管理者提出参考意见。决策者需要咨询,是为了从咨询专家那里得到不同的看法和答案。

目前,我国企业内部的咨询组织正处于雏形阶段,多数企业没有为本企业管理服务的咨询人员;少数企业虽然聘请了一些咨询人员为其服务,但他们往往以兼职顾问的身份从事工作,很少有集体的智囊团。因此,利用社会专门咨询机构的各种咨询服务,对于任何企业都是必不可少的。比如,成功的 ERP 实施需要 ERP 系统知识和企业管理思想的紧密结合,这一点往往是企业内部参谋和 ERP 厂商产品咨询人员中任何一方难以单独完成的,而咨询公司的咨询顾问作为独立客观的"第三方"身份出现,在帮助企业管理现代化和信息化建设中能够发挥很大的作用。

鉴于包括企业在内的各种组织对咨询服务的广泛需要以及咨询工作的社会效益与经济效益,业已形成了与社会发展相适应的咨询产业。尤其是改革开放以来,国内各种形式的咨询机构开始建立,并得以迅速发展。随着信息服务工作从无偿形式为主向有偿与无偿相结合的方向发展,咨询服务已具有一定的产业规模。而且,随着现代咨询产业的发展,咨询工作已呈自动化的趋势。

8.2 信息收集与加工

8.2.1 信息收集的概念及其意义

如果把信息作为产品来看待,那么信息产品的生产与物质产品的生产相同,都要为之提供源源不断的原料。信息产品生产的原料就是信息(严格地说是原始信息)。所以,信息收集是信息产品生产的第一步和基础。

所谓信息收集是指为了更好地掌握和使用信息,而对其进行的吸收和集中。具体地说,信息收集就是按照一定的原则,根据事先设计的程序,采用科学的方法,通过有关的信息渠道,有计划、有步骤地汇集、提炼信息的工作过程。

尽管信息的收集没有严格的、固定不变的格式,但信息的收集毕竟是一项复杂严肃的、技术性较强的工作。为使信息收集工作顺利进行,保质保量地完成收集信息的任务,我们应该遵循科学的工作流程。一般来说,在进行信息收集之前首先要进行需求分析。信息收集的需求分析主要包括确定信息服务的对象,确定信息收集的内容,确定信息收集的范围和量等。然后,根据需求分析的结果,选择信息收集的系统和工具,这里指广义的信息收集系统,不仅仅指信息检索系统。进一步,根据收集需求的不同,也要采取不同的收集途径和策略(具体的执行方案)。最后,在确定了收集系统和工具、收集途径和策略后,要进行收集实施和结果评价。要不断地对收集途径、策略以及收集系统和工具进行调整,直至得到比较满意的结果。

信息收集这一环节的工作好坏,对整个信息管理活动的成败将产生决定性的影响。把好信息收集这一关,是提高信息管理质量的关键。

1. 信息收集是信息使用的前提

人类社会每天都产生出数不胜数的信息,但没有经过加工、处理的信息(我们称之为原始信息)杂乱无章、真伪混合,难以为人们所使用。只有把所需要的信息收集起来,进行加工处理、去粗取精、去伪存真,把原始信息变为二次信息,才能为人们所使用。

2. 信息收集是信息处理的基础

如果没有信息的收集,信息的加工就成为了无源之水,无本之木。俗话说:巧妇难为无米之炊。信息收集的数量和质量,直接决定和影响着信息加工处理的数量和质量。在一般情况下,如果收集的信息数量多,真实程度高,使用价值大,则加工处理的信息质量就好;反之,如果收集的信息数量少,真实程度低,使用价值小,则加工处理的信息质量就差。

从信息系统的角度来看,没有信息的信息系统是无水之渠。换句话说,信息和信息系统的关系是水源和灌溉系统的关系。许多管理信息系统之所以失败,往往不仅仅是因为系统硬、软件的问题,而且更主要的是由于缺乏信息资源或信息管理混乱。

应该强调的是,信息收集与信息存储、传输和加工相比,工作量大,费用较高。据统计,在信息处理中,有10%的时间耗费在计算机的处理上,而90%的时间耗费在由数据起始点到数据输入这一漫长的道路上。在用于信息处理的全部费用中,花在数据收集上的费用在很多情况下几乎占50%。其主要原因是数据收集目前还需要大量的人工劳动,即使是用设备辅助收集,其效率也取决于人的工作速度。

8.2.2 信息收集的原则和方式方法

信息的收集目的在于获取能满足组织用户需求的信息,促进组织的发展。如果收集到的是过时的、不准确的原始信息,其加工处理的信息也不可能是正确的、及时的,就会影响其使用效果。因此,信息收集要坚持及时、准确、全面、重点等基本原则。

(1) 我们知道,信息具有较强的时效性。一般情况下,时间越长,信息的效用越小;时间越短,信息的效用越大。因此,对于信息的收集和把握应当坚持及时的原则。换句话说,我们应在信息产生以后,以最短的时间把信息收集到手,只有这样,信息的使用价值才能最大。

(2) 我们收集信息的目的是为了应用,真实可靠的信息是正确决策的重要保证。如果我们得到的信息是假信息、伪信息,则不但起不到半点作用,有时候甚至会起反作用,造成工作中的巨大失误。所以,我们要深入实际、深入群众,获得第一手资料,细心分析信息的来源,把假信息、伪信息及早剔除,以保证所收集的信息的真实性。

(3) 世界上任何事物都是相互联系的和相互作用的,因此,信息收集也要注意全面系统的原则。所谓全面、系统是指时间上的连续性和空间上的广泛性,尽可能采集符合需求的信息,从而保证重点需求的连续性和完整性。

(4) 信息之多,数不胜数,我们不可能把每一个信息都收集起来,只能是抓住重点,把适用的信息收集起来,把那些对自己无用或作用不大的信息舍弃。只有有针对性、有重点、有选择地采集利用价值大的,符合本单位用户需求的信息,才能提高信息工作的投入产出效益。

采集信息对于信息部门来说,是一项常规性的和长期建设性的基础业务工作,信息采集工作既要立足于现实需要,满足当前需求,又要有一定的超前性,考虑到未来的发展。因此,不仅要充分关注现存的信息源和信息渠道,还要预见可能产生的新的信息源和信息渠道。另外,应根据工作任务、资金支持程度等情况制定周密详细的采集计划和规章制度,旨在有计划、有目的地集成信息、组织信息,丰富组织的信息资源库。

由于不同信息的来源不同,获取手段也会存在差异。各种不同的信息,具有不同的表现形式,因此要求采取不同的形式加以收集。

按信息收集的时效性,信息的收集方式可分为点型收集和线型收集。点型收集也称一次型收集,是一种不连续的收集方式,一般在较长时间里才进行一次收集,主要是为了满足一时性的需要而组织的收集。线型收集也称经常性收集,即随着被研究对象的变化,连续不断地进行数据登记和情况采集,以反映被研究对象的变化规律。

信息收集可以是人工采集,也可以通过联机方式形成自动化数据采集系统。人工采集的数据,一般要经过一定的中间环节而获得。联机方式采集数据,主要是指将某种计算装置、测试装置等直接与电子数据处理系统相连接。采用人工方式采集数据及时性差、出错率高;采用自动化装置采集数据快速、准确,但投资较大。联机方式应是信息采集的发展方向,但人工采集过去、现在和未来都将是一种不可缺少的方式。

确定了用户所需求的信息,并选择了恰当的信息来源(信息收集途径)后,就要选择合适的信息收集方法。按信息收集层次划分,有原始信息收集法和二次信息收集法两种。原始信息收集是对来源于客观世界信息的直接收集。原始信息主要通过实地调查收集。二次信息收集是指对被加工处理以后的信息的收集。二次信息是各种文件和数据库中存储的信息。目前,在信息收集的比例中,二次信息所占比重呈越来越大的趋势。这主要是因为人类社会对信息加工处理工作日益重视的结果。

信息收集的方法很多,比如实地观察法、统计资料法、利用计算机网络收集信息的方法等,究竟采用什么样的收集方法要根据信息收集的目的、要求、内容、信息源的特征等不同情况而定。在实际工作中,应结合组织自身的条件,采用适当的方法获取信息。比如,在原始信息调查收集中,可采用普查、重点调查、典型调查和抽样调查等方法,也可采用现场调查、访问调查和问卷调查等方式。又如,已加工信息资料主要来自两个方面:一是来源于企业外部现成的信息资料;二是来源于企业内部各部门已提供的各种数据和信息。因此,对于已加工信息资料的收集,应从企业内外两个方面去考虑。另外,由于互联网的迅速发展与广泛应用,信息的来源十分广阔。如何从网上大量数据源中获取所需的信息,是对信息收集工作的新挑战。

8.2.3 信息表达

信息收集的最后一个问题是信息的表达。

信息表达要遵循以下三项原则:准确、简洁明了、便于存储和传输。

信息表达不外三种形式:一种是文字表述;另一种是数字表达;再一种是图像表达。

要表达好信息,就必须做好信息转换。信息转换是伴随信息采集而产生的一种信息实践活动。信息转换也叫信息的预处理,是将采集到的原始数据通过一定手段转换成适合于计算机和人识别和处理的形式,使之代码化。

信息代码就是一个或一组有序的、易于计算机和人识别与处理的符号。使用代码可以使数据的输入、输出和处理变得更方便。一个代码只对应一个对象,代码成为识别对象的唯一标识。它可以是字符、数字、某些特殊符号或它们的组合。字符型代码是用一个或多个字母表示的代码。这种代码的优点是便于记忆;缺点是不便于机器处理,特别是编码对象多、更改频繁时,常会出现重复和冲突。数字型代码是用一个或多个阿拉伯数字表示的代码。这种代码结构简单,使用方便,也便于排序。这种代码的缺点是对象特征的描述不直观。混合型代码是由数字、字母、专用符号组成的代码。这种代码基本上兼有两种代码的优点。但这种代码组成形式复杂,计算机输入不便,录入效率低,错误率高。可见,三种类型的代码各有所长、各有所短。

编码就是将信息的名称、内容、形式和有关特征,按预先规定进行代码处理。编码是否合理,是决定信息是否具有生命力的一个重要因素。编码问题的关键在于分类,有了一个科学的、合理的分类系统,要建立编码就很容易了。信息分类是根据信息内容的属性或特征,将信息按一定的原则和方法进行区分和归类,并建立起一定的分类系统和排列顺序,以便管理和使用。简单地说,信息分类就是将具有某种共同属性或特征的信息归并在一起,把不具有上述共性的信息区分开来的过程。在信息收集工作中,必须按照统一的规范对各种数据进行科学的、合理的分类和编码,以保证信息处理和传输的准确与效率。信息编码作为信息资源管理的一个重要组成部分,在管理信息系统建设中发挥着重大的作用。

8.2.4 信息加工概述

收集信息或采集信息是为了有利于利用,从采集到利用之间还有信息加工这一工作环节。信息加工是信息管理过程中不可缺少的环节,而且是最为关键的环节。没有这一步,采集的信息再多都是无用的。

信息加工重要的是在原始信息的基础上,生产出价值含量高、方便用户利用的新信息,这一过程将使信息增值。只有在对信息进行适当处理的基础上,才能产生一种新的、用以指导决策的策略信息或知识。未经过加工的原始信息对组织决策的贡献是微弱的,信息只有经过加工,才能发掘其使用价值。

信息加工就是对收集来的信息进行去伪存真、去粗取精、由表及里、由此及彼的加工过程。信息加工是指把收集来的原始信息进行处理使之成为二次信息的活动。一般要善于用创造性的思维,对信息内容进行定性和定量分析,从中找出本质的规律性的东西。信息加工如果只局限于情况介绍,数据罗列,那么,这种信息加工则是徒劳无益的。

信息加工的结果是再生信息的出现,是人类智慧的结晶。经过加工的信息,更能揭示信息的本质和规律,给人们以新的认识和启迪。在信息加工过程中,要实事求是地对信息进行加工整理。切忌主观臆断,把不同时间、不同空间、不同性质的信息硬性拼凑,造成信息失真;切忌人为地加以夸大、缩小或在加工中使客观事物变样。

信息加工首先要明白信息加工的目标,要解决什么样的问题,也就是通常所说的需求分析。需求分析考虑的问题包括:

(1) 问题研究。解决此问题需要哪些信息,使用什么样的方法,采用什么样的形式来表达处理结果等。

(2) 人机分工。哪些工作由机器处理比较方便,哪些工作留给人做更合适。

(3) 评价标准。对加工结果进行解释,并确定如何来衡量信息加工的结果。

信息的加工没有一个固定的模式,不同的要求和不同类型的原始信息,加工的方式也各不相同。一般来说,信息加工的主要内容包括信息的筛选和判别,信息的分类和排序,信息的分析和研究等(见图 8-1)。

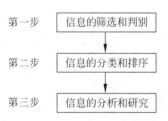

图 8-1　信息加工的步骤

(1) 在大量的原始信息中,不可避免地存在着一些假信息、伪信息,只有通过认真地筛选和判别,才能防止和避免鱼目混珠、真假混杂。

(2) 我们收集来的信息是一种初始的、零乱的、孤立的信息,只有把这种信息进行分类和排序,才能存储、检索、传递和使用。

(3) 对分类排序后的信息进行分析比较、研究计算,可以创造出新的信息,使信息更具有使用价值。

概括而言,如果说信息的筛选、审核是信息资料的粗加工,信息资源的分类、排序是信息的细加工的话,那么,信息资源的研究则是信息资料的精加工。

信息加工和数据处理本来就没有严格的区分。广义地说,凡是涉及数据的收集、存储、加工和传输的每一个过程均称之为数据处理。而我们这里说的信息加工是狭义的数据处理。

从数据产生信息这个过程有时比较简单,有时可能很复杂。但是不管如何,这种从数据产生信息的过程,都可以分解为以下一些操作:

(1) 对收集到的数据进行检验。数据检验就是检验一下所记录的数据是否正确。可用人工检验,也可用计算机检验。

(2) 数据分类是将数据按使用目的加以分类,使之具有一定的意义。数据排序是按事先确定的次序,将数据排列起来,以便于管理。

(3) 数据汇总包括在数字上加以累计,或在逻辑关系上加以简化。也就是说,数据计算包括数学的计算和逻辑的运算。

在信息加工中,按处理功能的深浅可把加工分为预处理加工、业务处理加工和决策处理加工。第1类是对信息简单整理,加工出的是预信息。第2类是对信息进行分析,综合出辅助决策的信息。第3类是对信息进行统计推断,可以产生决策信息。

数据加工以后成为预信息或统计信息,统计信息再经过加工才成为对决策有用的信息。这种转换均需要时间,因而不可避免地产生时间延迟,这也是信息的一个重要特征——滞后性,在使用中必须注意到这一点。信息的滞后性与信息的时效性是有矛盾的,信息工作者要认识信息的滞后性,尽量减少以消除滞后性对时效性的制约和影响。

8.2.5 信息加工的方式

随着计算机应用领域的扩大及信息处理技术与通信技术的发展与结合,信息加工处理方式多种多样。根据对信息的不同需求和目的,可采用多种不同的信息加工处理方式。

根据加工处理的响应时间的不同,信息加工处理的方式大体又可分为两种类型:一种是将送过来的数据立即进行处理,即时作出响应的"实时处理型"。一般实时处理系统只允许处理已确定的工作,只限于面向常规的作业业务,这是为了保证响应的即时性。另一种是将送过来的数据存起来达到一定数量或时间后,再集中处理的"批处理型"。这种处理方式适用于如果不搜集一定数量的必要数据,就没有什么处理意义和效果,或者没有必要急于得到处理结果的统计分析业务。这两种类型各用在不同的场合,这是应该引起我们注意的。从发展来看,计算机从批处理形式向联机处理形式发展。也就是说,以事后处理为中心的使用形式向实时处理的使用形式发展。

根据系统与用户之间距离远近的不同,信息处理方式可划分为远程处理方式和局域处理方式。远程处理是指用户不必去信息中心,而通过通信线路使用远处的计算机进行处理的方式。实际上远程处理是一种远距离的联机批处理方式。因为除了终端和通信控制器以外,它和批处理方式完全一样。与远程处理相反,局域处理是指放置计算机的地方使用计算机的方式。事实上,只有在区分远程处理和局域处理的场合,才较多地使用这个概念。即在计算机网络中分布在各处的计算机各自进行处理的方式就叫作局域处理。

若从企事业单位的管理和计算机配置来看,信息加工处理的方式可分为集中式形式和分布式形式。集中式是将计算机放在单位机关等指定地方,由中心计算机集中承担处理功能和处理量;分布式是以统一的规划为基础,将适当规模的计算机系统安装在单位机关及其下属单位,分别承担处理功能和处理量。选择集中式还是分布式的时候,要考虑企业的各种内部、外部条件。

8.2.6 计算机信息加工和数学模型方法

传统的信息加工主要是通过人脑进行,随后相继出现了手工设备和计算机。也就是说,进行信息加工一般有手工加工和计算机加工两种方式。采用手工管理方式进行信息加工,不仅烦琐、容易出错,而且其加工过程需要很长一段时间,已经远远不能满足管理决策的需要。计算机、人工智能等技术的不断发展和应用,大大缩短了信息加工时间,满足了管理者的决策需求,同时人们也从烦琐的手工管理方式中摆脱出来。

计算机加工就是利用计算机进行数据处理,而且在处理过程中,又大量采用各种数学模型。这些模型的算法往往是相当复杂的,常常包含着大量的迭代和循环。不过现在已有许多可供选择的软件包。其中,可能要用到一些标准的软件包,如统计软件包、预测软件包、数学规划软件包、模拟软件包等。

从前在管理工作中,多数是靠管理者的经验来加工信息,需要的少数运算也只局限于简单的算术运算和简单的统计加工。近年来,数理统计中的许多方法、运筹学中的许多方法随着管理现代化的进展,已进入了经济管理领域。尤其近代统计学方法与信息处理的关系日益密切,作为信息处理的一个基本工具,统计学方法将发挥越来越重要的作用。比如,为研究数据之间的关系寻求其发展变化的规律性,就要运用相关和回归分析。又如,根据过去连续的历史信息资料,研究其长期趋势,推测、分析未来事物的发展方向和变动程度,就要运用趋势推断法,等等。

使用模型法提炼信息,可以辅助管理人员正确选择管理行动或做出决策。例如,通过预测模型估计未来可能出现的内部或外部条件的变化,通过优化模型帮助管理人员选择最好的决策方案,通过模拟仿真使管理人员预见某些管理措施可能带来的后果等。但是,正确地使用模型并非易事,因为模型的建立不能或很少能考虑经验等一类难以量化的因素,而且要对实际问题作一定的抽象和简化,这可能使模型的描述离实际相差太远;使用模型的人往往不能掌握建模者的思想,对模型并不理解。所以,要使模型能充分发挥作用,建模时必须有用户参加;模型建立后,要培训使用人员理解模型,学会使用模型;最好能分阶段地发展模型,成熟一个发展一个,使用户比较容易接受。

现在许多大的计算机数据处理系统一般备有三个库,即数据库、模型库和方法库。方法库中备有许多标准的算法,而模型库中存放了针对不同问题的模型,数据库中备有要用的数据。这样应用起来就十分方便。可以说,模型库是核心,数据库为它提供必要的信息,而方法库为它提供相应的方法。对于这三个库在信息系统中的作用,应该予以足够的重视。

关于数据库在下面会有讨论,这里指出模型与方法二者是既有联系又有区别。模型是指在管理学的理论和实践的基础上提出的,反映了在管理工作中各种因素间的定量或定性的相互关系,它是描述本领域中的具体规律的。方法则是指一定的数学计算方法,例如运筹学或数理统计的计算方法,它是独立于管理学之外的。因此,模型可以使用各种方法,同一方法也可以为多个模型所使用。从应用的角度看,模型是实质性的内容,而方法则是工具。

另外,简单介绍一下信息处理的机器学习方法。机器学习是人工智能的一个重要分支,其主要任务是从模拟人类的学习行为出发,研究客观世界和获取各种知识与技能的一些基本方法,并借助计算机科学与技术原理建立各种学习模型,从根本上提高计算机智能和学习能力。比如,神经网络是建立在可以自学习的数学模型的基础之上的。它可以对大量复杂的数据进行分析,并可以完成对人脑或其他计算机来说极为复杂的模式抽取及趋势分析。由于它能够模拟人类大脑的模式,根据经验,也就是通过对许多例子的学习,来帮助人们分辨事物,因此神经网络也被称为有学习能力的智能系统。机器学习在获取知识过程中所使用的推理方法,主要是归纳法和演绎法。归纳法的特点在于产生的知识是当前知识库中所没有的,而演绎法则是用知识库中已有的知识来形成新的知识。总之,机器学习为信息处理提供了一系列有效、实用的理论和方法。

8.3 信息存储与检索

8.3.1 信息存储概述

信息是个抽象的东西,它必须寄附在某种载体上才能表现出来。信息寄附在载体上的过程,就是信息的存储过程。信息的存储是继信息收集、加工之后,信息管理的又一重要组成部分。

信息存储是将信息保存起来,以备将来应用。信息资料的存储可以有效地延长信息资料的寿命,供人们长时间地使用,提高信息的使用效益。有的信息一时用不上,但日后可能用得上,而且信息的历史性特点也要求将信息予以保存,以便从同一事物不同历史阶段的信息中分析、挖掘该事物的发展规律,供管理决策时使用;还有的信息,不仅让自己和少数人知道,而且在适当时候可以传播出去,让更多的人知道,以供社会共享。这样重复使用,可提高信息的利用率。无论是收集的原始信息,还是经过加工获得的信息,为了能够长期保存或为更多人共享,都必须借助于一定的介质存储。没有信息的存储,就谈不上信息资源,信息资源的利用也就无从谈起了。

存储是为了今后随时应用,能及时提供给用户必要的信息,这就要求存储必须按检索的要求进行。也就是说在储存信息时,应充分考虑到检索的方便性和高效性,做到存放条理化、分类合理化、检索清楚、取用方便。这样,信息资料的储存就能够及时和有效地为经营管理决策提供依据,发挥应有的作用。相反,各种信息资料杂乱无章,随意堆放,一旦需要使用,就像大海捞针,抓不到头绪,费时、费力。

信息存储应包括物理存储和逻辑组织两个方面。也就是说,信息存储不仅强调存储的设备,更强调存储的思路。即我们应该考虑以下问题:为什么要存储这些信息,这些信息存储多长时间,以什么方式存储这些信息,存储在什么介质上,将来有什么用处或对决策可能产生的效果是什么等。最简单的,也要首先根据管理需求确定需要存储的信息,要注意并不是存储的信息越多越好。如果考虑存储介质采用计算机存储器的话,则要考虑运用信息库技术。

信息存储必须考虑两方面的因素:一是存储介质的空间容量问题。信息存储的根本问题就是如何通过有效的信息组织高效率地利用有限的存储空间。二是存储信息的利用问题。信息存储的最终目的是为了人们异时利用提供方便。因此,信息存储的关键点就是设法在节约存储空间和提高信息利用率之间寻找平衡点。

关于信息的存储方式,要考虑是集中存放还是分散存放。对于公用的信息,在有能力提供共享设备的支持下应集中存放,集中存放可以减少冗余。而在非公用的数据和没有设备的情况下,分散存储是合理的,这样方便信息的直接使用者。实际使用的方式是既有集中,也有分散,新的信息要分散,老的信息要集中。确定合理的集中与分散的关系是信息存储研究的重要内容。究竟哪一种存放方式比较好,要视企业的具体情况和计算机处理能力的情况而定。但是存放方式一经选定就不应轻易变动,以免管理人员无所适从。

8.3.2 信息库

信息的存储过程,也就是建立信息库的过程。信息存储后,形成信息库,人们就可以依据存储的规律,从信息库里随时检索到所需要的信息,从而为决策服务。如果没有信息库,信息的交流和流通将受到严重限制,信息就不可能为人类所共享。

信息库按存储手段划分,可分为人工信息库和机器信息库。人工信息库是一种传统的信息库。机器信息库是一种新兴的信息库,是指按各种要求,用手工进行分类后,采用计算机对信息进行加工、存储、检索的信息库。较之人工信息库,机器信息库具有库存量大、检索方便等优点。伴随着科学技术的进步,机器信息库将逐步取代人工信息库。

具体地说,信息存储经历了手工信息存储、文件方式的信息存储、数据库方式的信息存储和数据仓库方式的信息存储。在计算机未发明之前的手工信息存储方式是人类历史长河中的一种重要形式,在现在和将来仍会发挥重要的作用。文件方式的信息存储是计算机存储信息的基础方法。当然,文件中数据存储有多种形式。为了便于更好地对信息进行组织和管理,实现对大量数据的有效查询、修改等操作,可建立数据库进行信息存储。至于数据仓库方式的信息存储是从决策角度出发进行的信息组织,使得信息能够更方便地被高层决策者所利用。

现在,信息库也就是我们常说的数据库。数据库技术主要解决的是对于给定的一组数据如何构造一个适用于它们的数据库模式,即数据库的逻辑结构。这种逻辑结构一般用关系数据库来描述。在关系数据库中,一个关系既可以用来描述实体及其属性,又可以用来描述实体之间的联系。物理实现数据库模式,则要视具体所使用的数据库管理系统而定。使用数据库管理系统来专门管理数据,可实现数据与程序的真正独立性,并且最大限度地降低了数据的冗余度,充分做到了数据为多个用户共享。

数据库的体系结构分成三级:外部级、概念级、内部级。外部级是与用户相连接的一级,表达了用户所理解的实体、实体属性和实体之间的联系。概念级是一种对数据库组织的全局逻辑观点,它是数据库管理员所看到的实体、实体属性和实体之间的联系,是数据库数据内容和结构方式的完整表示。内部级是最接近存储设备的一级,是数据库的数据内容如何在存储介质上存放的存储结构的描述。数据库的二级之间存在着两种映射:一种是把用户级数据库与概念级数据库联系起来;另一种是把概念级数据库与物理数据库联系起来(见图8-2)。

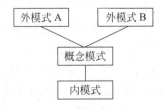

图 8-2 数据库系统的体系结构

数据库的设计可以说是一个从现实世界向计算机世界转换的过程。要建立一个数据库,需要经历两个设计阶段:概念设计和物理设计。数据库的概念设计就是从企业的角度形成数据库的抽象模型。可用 E—R 图表示现实世界的实体和联系。E—R 图是建立数据模型的基础,从 E—R 图出发则可导出计算机系统上安装的 DBMS 所能接受的数据模型。而数据库的物理设计是描述数据库在直接存取的存储设备中是如何安排的。要结合具体的 DBMS 的功能,进行数据的存储组织和存放位置的设计。也就是主要指对数据库在物理设备上的存储结构和存取方法的设计。

我们的重点是掌握由 E—R 图转换为关系式数据模型,即把 E—R 图转换为一个个关系框架,使之相互联系,构成一个整体化了的数据模型。E—R 图中包括:实体、联系和属性三种基本图素。E—R 图直观易懂,能比较准确地反映现实世界的信息联系。关系式数据库模型是采用二维表格形式的数据模型。这样的二维表格也称为"关系表"。关系模型将数据库中所有数据用多个简单的二维表来表示。

一个数据库设计的好坏直接影响到日后数据库的使用。一个设计得好的数据库,不仅可以为用户提供所需要的全部信息,而且还可以提供快速、准确、安全、可靠的服务,数据库的管理也会相对简单一些;相反,一个设计得不好的数据库,可能需要经常进行修改、调整,不仅使数据库管理很复杂,更重要的是数据库不能为用户提供可靠的服务。在数据库设计的过程中,需要进行企业分析,也就是从整个组织出发进行信息需求分析,而不是从个别的应用领域出发进行信息需求分析。

当前数据库管理系统可以划分为两类。一类是基于微型计算机的小型数据库管理系统,它具有数据库管理的基本功能,易于开发和使用,可以解决对数据量不大,且功能要求较简单的数据库应用。另一类是大型的数据库管理系统,其功能齐全、安全保障性好,能支持大数据量的数据库系统的开发,还提供了数据库系统应用的开发工具。在今后的任何计算机应用开发中都离不开对数据库技术的了解,先掌握微型计算机数据库的应用,再了解大型数据库的技术和应用,是较好的掌握数据库的途径。

数据库是信息系统的基础。数据库应用系统通常是指以数据库为基础的信息系统。所以严格说来,数据库设计是数据库应用系统设计的一部分。在实际使用中,这两个概念往往不是分得那么清楚。但在某些需要区分的场合,不难从其上下文的含义中,对两者加以区别。

8.3.3 信息维护

信息是源源不断地产生和连续不断地流通的。随着时间的流逝,有些信息会老化,失去作用,所以存储的信息要不断地进行更新和剔除,才能保持信息的时效性。

存储什么信息、存储多久都与信息的应用目标有关。保留过多的冗余信息或将失去价值的信息存储过久,都会增加信息检索的难度,给信息充分、高效的应用带来负面的影响。也就是说,只有正确地舍弃信息才能正确地使用信息。

在今天信息爆炸性增长的时代,那种存得越多越好的概念是不对的。即使将来存储技术高度发展的时代,存储越多越好也是不对的。过时或无用信息不再是信息资源,而是信息垃圾。保持信息处于合用状态是必要的。

狭义上讲,信息维护包括经常更新存储器中的数据,使数据均保持合用状态;广义上讲,信息的维护应包括全部或所有数据管理工作。信息维护的主要目的在于保证信息的准确、及时、安全和保密。信息的维护是信息管理的重要一环。尤其在当前我国有重使用轻维护这种倾向,信息维护的重要性更须强调。

而经过存储形成的信息库,便于利用信息库管理系统对信息进行更新和剔除。具体包括对原文件中的记录或数据项进行修改、增加、删除及存储的调整等。一是新增加的信息,具有一定的存储价值,储存到信息库中;二是对不符合实际的原有信息资料进行修正、充实;三是对确实已经过时、无用的信息,予以淘汰、剔除。

另外,数据复制是为了数据处理的需要,或是安全的目的,将数据从一个载体复制到另一个载体上,或在同一个载体上,从一个地方复制到另一个地方。在数据管理中,复制后备文件是经常需要的。但同时应该注意信息的一致性。信息的一致性主要是指维护分布在不同地点的同一信息的内容在任何时候都应该是一致的。

值得一提的是信息的安全性。信息的安全性是指保护信息,防止信息被非法使用。由于信息是重要的资源,并且日益为人们所重视,而目前信息被盗的事件也越来越多,防止信息失窃是信息维护的重要问题。信息的安全保护的基本目的是,防止信息的破坏和窜改。安全保护的方法可以分为物理限制、利用操作系统功能的限制以及基于数据库管理系统功能的限制的方法。例如,可以采用对数据进行加密、设置口令、检查用户权限等手段实现信息的安全性。在进行安全保护时,首先明确需要进行保护的对象和保护要求。然后针对具体对象和具体要求采取保护措施。另外,要加强保密教育,增强保密意识,建立保密制度,健全保密措施,达到将需要保密的信息封闭在规定的范围内的目的。

针对数据库而言,由于数据库中可以存放大量的数据,并为许多用户共享,而每个用户又有各种不同的职责和权限。若对数据库用户不加以限制,使他们得到的不只是一些他们所需要的、与他们的权限相适应的数据,而是整个数据库的数据,则会对某些重要的数据构成威胁。一个数据库的安全受到威胁,主要是指未经授权的读、写和修改数据库中的数据,或者破坏这些存储在数据库中的信息。数据库的安全是指保护数据库以防止恶意破坏和非法存取所造成的数据直接或间接的泄露、更改或破坏。数据库安全运行的保护机制有两个层次,即操作系统和数据库管理系统。操作系统从外部为数据库提供安全运行的环境,而数据库管理系统则从内部强化数据库的安全操作功能。

8.3.4 信息检索概述

信息的检索也是信息管理的一项重要内容。所谓信息检索是指对信息的查找和调取工作。它和信息的存储是事物的两个方面。如果我们把信息的存储看作是信息库的"输入"和"存放",那么,信息的检索则可视之为信息库的"输出"和"使用"。我们进行信息的存储,建立信息库,其目的就是方便检索和提供使用。存储是为了检索,检索则依赖于存储。不存储,检索就无从谈起;不检索,存储也毫无意义。

信息检索是根据用户的特定需求从大量的信息集合中获取所需信息的过程。信息检索有广义与狭义之分。广义的信息检索应包括两个方面:一是信息按一定的方式组织存储起来,即信息的存储;二是根据信息用户的需要找出有关信息,即信息的检索。而狭义的信息检索仅指后者。信息检索的全称是信息存储与检索,对信息用户而言,后者更为重要。信息检索的本质是信息用户的需求和信息集合的比较和选择,即匹配的过程。

信息检索是查找信息的方法和手段，它能使人们在浩如烟海的信息海洋中迅速地、准确地、全面地查找所需的信息。这是由储存信息通向使用信息的必经环节。可以说信息检索对于人们的学习、工作和生活等各方面都是非常有用的。信息检索有利于充分利用信息资源，避免重复劳动；信息检索有利于缩短获取信息的时间，提高工作效率；信息检索有利于决策者进行科学决策，增加决策的正确性。

信息的类型是多种多样的，而人们检索信息的角度、深度和广度更是复杂多样的。无论作为一种方法还是一种技术，信息检索都表现该过程始于用户的信息提问而终于检索结果的输出。

信息检索工作正式开始之前，必须对信息需求者提出的问题进行一番分析，要摸清信息需求者的真正需要，明确查找的目的和要求，做到心中有数，避免盲目性。需求分析是整个信息检索的出发点，也是整个信息检索工作效率高低和成败的关键。

信息检索过程可理解为信息检索方法和技术的具体实现。信息检索的基本程序包括确定信息检索的深度和广度、选择检索工具、选定检索的途径、抉择检索的方法、确定检索的策略、评价检索的结果以及其他后续工作等。

信息检索过程是由检索者控制的直接满足用户信息需求的过程。为了充分合理地利用现有的物力，尽量缩短检索时间和提高检索效率，最大限度地实现预定目标，检索一般需要制定检索策略或检索计划，通常要涉及检索目标、检索的范围与重点、信息源的选择、检索方法的确定、检索过程的组织和检索时间的安排等内容。简单地说，信息检索过程可理解为信息检索方法和技术的具体实现。信息检索的基本程序包括确定信息检索的深度和广度、选择检索工具、选定检索的途径、抉择检索的方法、确定检索的策略、评价检索的结果以及其他后续工作等。

信息检索依据检索的方式也可以划分为两大类，即手工检索和机器检索。这里有个发展过程：一开始，只有手工检索方式；后来，开始采用机器检索方式；再往后，手工检索的比重逐步下降，机器检索的比重逐步提高。机器检索在检索的原理上与手工检索是一致的，仅仅在存储与检索的手段上与手工检索有区别。机器信息检索系统很快被迅猛发展的计算机信息检索系统取代。

信息检索技术近几十年来发展非常迅速，从手工检索到计算机检索，以至于今天的互联网上检索。随着计算机的普及，计算机网络技术的应用，以及人们对信息的需求，信息检索在我国应该得到重视。当代普通的大学生一般都需要学习信息检索技术，作为信息管理专业的大学生更应该掌握好信息检索这一技能。

8.3.5 计算机信息检索

计算机检索有四种形式：一是单机检索，二是脱机检索，三是联机检索，四是网络检索。

脱机信息检索系统是利用单台计算机的输入输出装置进行检索的系统。它是一种批处理的方式，不提供浏览机会，不能直接、及时地修改检索策略。随着计算机网络技术的普及和应用，联机信息检索已成为决策者获得信息的重要途径。

联机信息检索一般是指信息用户利用终端设备，通过通信网络与世界各地的信息检索系统联机，进行人机对话，从检索系统的数据库中查找出用户所需信息的全过程。一般来说,联机检索系统包括机、库、网络和终端四大部分。检索终端是用户进行检索的工具,也是用户与服务系统进行人机对话的设备。通信网络是连接用户与中央服务器的通信网络,国际上现在所用的是数据通信线路。中央处理器也即中央服务系统,是联机检索系统的核心部分。它按一定的程序负责数据的存储、处理、检索以及整个系统的正常运作。数据库是检索系统存储信息资源的装置。

联机信息检索系统是一台主机带多个终端的检索系统。它是建立在联机处理方式上的检索。在这种工作模式中,所有的处理能力集中在主机一端,包括数据库管理系统、访问数据库的各种应用软件、用户终端之间发送和接受数据的通信程序等。联机信息检索系统不仅可以边检索边修改策略,而且检索速度快,不受地理位置限制。

另外,光盘信息检索系统是随着光盘技术的应用出现的检索系统。它摆脱了联机检索时主机的约束,不受通信条件的限制。光盘检索具有使用方便、信息容量大、检索功能强、经济实惠等特点,是最接近用户且使用十分广泛的计算机检索方式。当然,光盘检索也有一些不尽如人意之处,如数据更新周期较长;检索软件不统一,造成用户使用上的不便;光盘数据库价格昂贵,如果使用率不高,检索成本或许比联机检索还高等。

目前光盘检索的应用中单机版和网络版并存,但光盘检索的网络化是光盘检索系统的发展趋势,它将光盘技术与通信技术相结合,实现光盘数据库同时为多用户共享,缩短信息传递的时空距离。

进入20世纪90年代以来,随着计算机技术和通信技术的高速发展及其不断融合,互联网逐步成为一项全球性信息资源共享的通信设施,并由供少数研究人员使用的深奥系统发展成为普通大众获取信息的方式。网络化信息检索系统同联机信息检索系统的主机和用户终端的主从关系不同。客户机和服务器是同等关系。互联网上信息检索可以同时使用多个主机甚至所有主机的某种资源,而且用户不必知道这些资源的具体位置和地址。

概括地说,计算机信息检索系统已从单机检索系统逐步发展到今天的网络信息检索系统。单机信息检索系统是信息检索系统中最简单的一种。光盘信息检索系统是单机信息检索系统的一种,它解决了单机检索系统数据存储量少的缺点。联机信息检索系统一般是商业服务系统,对社会提供收费服务,是目前应用较为广泛的一种计算机信息检索系统。互联网网上信息检索上存在着大量的信息,用户在使用网上信息时,许多信息是免费的,但需要支付网络通信费。联机检索、光盘检索和互联网检索三大类检索系统各有千秋,但是随着互联网的普及,互联网检索在这三大类检索系统中已经崭露头角,占领了重要地位。

8.3.6 互联网信息检索

互联网信息资源检索是通过网络共享信息资源的主要方式。如今的网上检索工具界面友好、功能强大、简单易用,用户无须培训,就能从事网上信息的检索。互联网上的信息服务资源一般配置在相应的服务器上,用户通过客户机访问服务器上所需要的资源,获得相应服务。Web信息检索已成为互联网上信息检索的主流,人们所说的互联网信息检索主要是指基于Web的信息检索。Web从用户看由三个部分组成,即浏览器(Web Browser)、服务器(Web Server)和通信协议(通过它将服务器和浏览器连上互联网)。Web浏览器让用户在自己的计算机上检索、查询、采掘、获取Web上的各种资源。Web服务器(主要功能是放置网站)负责向浏览器提供所需的服务,监听浏览器发出的请求,并向浏览器传递所需要的信息。

下面主要介绍其核心技术——WWW。

万维网(WWW 或 Web)服务器是当前互联网上最为流行的信息检索与信息服务程序,它能把互联网上各种类型的信息(如文本、声音、静止图像、动态影像等)综合集成起来提供给用户。WWW 通过交互式的查询方式,提供简单的信息查询接口和直观统一的用户界面,受到了广大用户的欢迎。由于其诸多便于商业应用的功能和特征,大大促进了互联网的商业应用,甚至成为互联网应用的象征和典型。

WWW 信息服务的主要特点是便于多媒体信息的发布和网络用户的查询。在互联网上,信息发布一般总是以网站为基础的,每个网站都有自己的主页,用以体现网站的主题。从某种意义上说,主页是网站的标签。任何想通过互联网发布信息的机构或个人,必须建立自己的主页,即介绍其信息服务功能及引导用户查询浏览的图文界面,并通过主页将用户引导到其他的页面去浏览查询。WWW 就是通过这种相互链接的图文画面(简称网页)向用户提供信息服务的。每个机构或个人提供的全部信息服务都是以网页的形式体现的,展示信息的所有网页及其链接关系形成了该机构或个人的网络站点(简称网站)。互联网上的所有信息服务站点都有一个唯一的网络地址(简称网址),用户就是通过特定的网址获得相应的信息服务的。

WWW 最具特色的是将文本、图像、声音等多媒体信息结合起来的超媒体信息检索。通过超媒体网页之间的超级链接,可以在同一网页的不同内容之间,同一主机的不同网页之间,不同站点之间,不同机器之间根据信息的关联性建立直接的链接,使用户方便地按照自己的思路或兴趣在不同的信息和站点之间进行遨游。除了信息检索和 WWW 服务外,网络用户还可以进行多方面的实时或非实时的交互式服务功能。

概括地说,WWW 将位于全世界互联网上不同地点的相关数据信息有机地编织在一起,通过浏览器提供一种友好的界面信息查询接口,用户仅需提出查询要求,而到什么地方查询及如何查询则由 WWW 自动完成。

8.4 信息传递与反馈

8.4.1 信息传递概述

信息传递是指通过信息的发送、传递、接受,跨越空间和时间把信息从一方传到另一方的过程。信息在空间上的传播就是通常所说的通信,其作用是使不同地域的信息得以交换;信息在时间上的传递就是把信息记录下来,存储一段时间,在需要时再加以利用。这里主要强调的是前者。信息传递是信息工作的中间环节,即信息的流通环节。信息只有从信息源传递到使用者那里,才能起到应有的作用。因此,它具有十分重要的地位。

没有信息的传递,信息的使用价值将会丧失殆尽;没有信息的传递,甚至整个人类的所有信息活动都将会停滞下来。由于现代科学技术以及各国经济的飞速发展,世界范围的信息数量急剧增长,信息传递已越来越成为信息是否能得到有效利用的重要因素。

信息能否及时传递,取决于信息的传输渠道。只有建立了合理的信息传输渠道,形成信息传输网络,才能保证信息流顺畅流通,发挥信息在组织中的作用。

信息的检索是信息传递的前提,只有获取到检索的信息后才能进行信息的传递。信息检索的质量高低直接决定着信息传递质量的高低。

信息能否及时传递,取决于信息的传输渠道。只有建立了合理的信息传输渠道,形成信息传输网络,才能保证信息流顺畅流通,发挥信息在组织中的作用。

信息传递的时效性要求信息的传递者根据实际需要选择合适的信息传递工具。一般要求选择速度快、安全系统高的传递工具。

接收使用信息是信息传递的最后一环。使接收者得到信息,这是信息传递的根本目的。信息的使用者接收到正确的信息以后,就可以直接使用这些信息了。

信息传递要遵循快速、低耗、量大、质高原则。

（1）快速原则要求以最快的速度把信息发生源传递到信息接收地。

（2）低耗原则要求以最低的费用把信息从信息发生源传递到信息接收地。

（3）量大原则要求信息载荷的数量要大。

（4）质高原则要求信息传递的质量要高。

数量多、速度快、质量好、费用省这四个方面是相互联系、互相制约的矛盾统一体。

在实际传递信息的过程中,往往出于多种原因,影响信息的传递效果。为了提高信息传递的有效性,就要解决好以下几个问题：

（1）减少噪声；

（2）防止失真；

（3）克服障碍。

在信息传递过程中,要想克服信息传递的障碍,减少噪声,防止信息发生变异,提高信息传递的效果,应该从信源入手,努力提高发出信息的质量；从信道入手,正确选择信道,提高信息传递中的物质技术设备水平；从信宿入手,努力提高信息接收人员的素质。

信息的传递方式是指信息发送者与接收者之间进行信息交流的具体形式。

按信息传递方向,可分为单向传递和双向传递。单向传递是指信息从发出者出发,单方面传送给接收者。单向传递具有可以尽快地把信息传递给众多的接收者的优点,但也容易造成传、受双方脱节。双向传递是信息发出者与接收者共同参与信息传递,双向交流信息。双向传递的优点是信息传递双方都居于主动地位,但也存在着受时空范围制约的缺点。

按信息的传递范围可将信息传递方式分为内部传递、外部传递和两人传递三种模式。内部传递是一种封闭式的传递方式,通常是在一个组织机构内部进行的信息传递,可以在上下级之间、平级之间、部门之间等进行；而外部传递则是一种开放式的传递方式,是一个组织机构与其他组织机构之间、组织机构与社会之间所进行的较为广泛的信息传递。两人传递是一种保密性较强的传递方式,是在两个人之间相互传递信息。

按照信息传递的环节,可分为直接传递和间接传递。前者是指不通过中间传递环节,由信息发出者直接传递给使用者的传递方式。后者是通过少量转送者来完成信息发送者与接收者之间的信息交流的传递方式。

按信息传递的媒介特征,可分为人员传递和非人员传递。前者是通过人员通道把信息传递给目标接收者。后者是指不直接通过人员,而是通过其他媒体,将信息传递给接收者的一种传递方式。

信息传递实际上也就是通信。广义的通信定义是指运用特定的方法通过某种媒介或传输线路将信息从一地传递到另一地的过程。按此定义,它是指一切信息的传递过程,包括人与人之间不借助于电信号所构成的人工通信系统。而通常人们所说的通信是狭义的,是指借助于专业电信部门所进行的信息传递活动。它不包括人与人之间的直接通信,而仅指人与机器或机器与机器之间的通信。

在当今全球化的信息社会中,人们要求以电子方式进行通信。未来的信息服务已越来越多地应用电子通信技术。电子通信系统是利用电信号来传递信息的通信系统,目前它已发展成为覆盖全国乃至全球的电信网络,构成了现代社会的"神经系统"。事实上,由于电信系统具有许多独特的优点,如传输的速度快、损耗小、电信号易于控制和处理,它已逐渐发展成现代通信中的主体。要充分利用企业内的自备通信系统,或租用外界公用的通信系统,去获得更多的内外信息资源,并使信息资源得到更好的共享。

而现在常说的数据通信系统实际上是电信系统的一种,它是以传送数据为业务的通信系统。它是计算机与现代通信技术相结合的产物。计算机与通信线路和设备结合,可实现人与计算机、计算机与计算机之间的通信。数据通信系统是计算机网络的重要组成部分。具体是指以计算机为中心,用通信线与数据终端设备连接起来执行数据通信的系统。

数据可以分为模拟数据和数字数据,模拟数据取连续值,数字数据取离散值。信道可分为有线信道和无线信道。有线传输介质主要包括双绞线、同轴电缆和光纤;无线传输介质包括微波、红外线和激光。数据从源结点传送到宿结点,需要经过若干中间结点的转接,来构成数据通路,而实现这种数据通路的技术称为数据交换技术。数据通信系统的技术指标主要从数据的传输数量和传输质量来衡量。传输数量是指传输数据的速度,相应的指标是数据传输率。传输质量是指信息传输的可靠性,一般用出错率来衡量。

8.4.2 信息网络

这里先引出信息网络的概念和意义。由于单个信息系统的输入、存储和输出能力总是有限的,用户的信息需求却总是全面和近乎无限的,所以单个信息系统必须同其他信息系统进行协调与合作,而现代通信技术的发展又提供了这种现实可行性,因此,真正的信息网络就逐渐形成了。

信息网络是两个或两个以上的信息系统通过现代通信技术手段连接在一起的集成化系统,它的出现改变了长达数千年的信息资源分散管理的格局,从而使资源共享不再是一种理想。信息网络的出现也改变了作为其细胞的信息系统或管理信息系统,网络环境中的信息系统不再采用大而全的模式,其设计、建立和运行只求满足特定用户的主要需求,更多的用户需求则通过信息网络内信息系统之间的互通有无来满足。

我们关注的信息网络现实中就是计算机网络。计算机网络是现代计算机技术与通信技术密切结合的产物,是随着对信息共享和信息传递的要求而发展起来的。凡将地理位置不同且具有独立功能的多个计算机系统,通过通信设备和线路将其连接起来,由功能完善的网络软件实现网络资源共享者称为计算机网络。可见,计算机网络主要由四部分构成:计算机系统、通信设备、传输线路和网络协议软件。计算机系统称为网络中的节点和站点。通信设备是计算机系统和传输线路之间的接口。对于传输线路,局域网的信号传输一般需要铺设专用线路;广域网多采用公用信号传输系统。网络协议软件是为了保证网上数据的正常传输而制定的通信双方共同遵守的规则。

计算机网络是一个极为复杂的系统,为简化其设计通常采用结构化的设计方法。结构化方法有很多,一种非常有效的方法是把计算机网络按功能划分为若干层,形成层次结构。较高层次建立在较低层次基础上,又为其更高层次提供必要的服务功能。每一层实现部分通信功能,通信是分层次的。网络体系结构是指整个网络系统的逻辑结构和功能分配。按照层次的观点,把层和协议的集合称为计算机网络的体系结构。目前,网络体系结构被普遍用来描述网络的组织、构造和功能。网络体系结构研究的内容包括:如何分层;每一层应具有什么样的功能;各层之间的关系或接口;各对等层之间应遵循什么样的协议等。国际标准化组织制定的计算机通信体系结构的模型如图8-3所示。

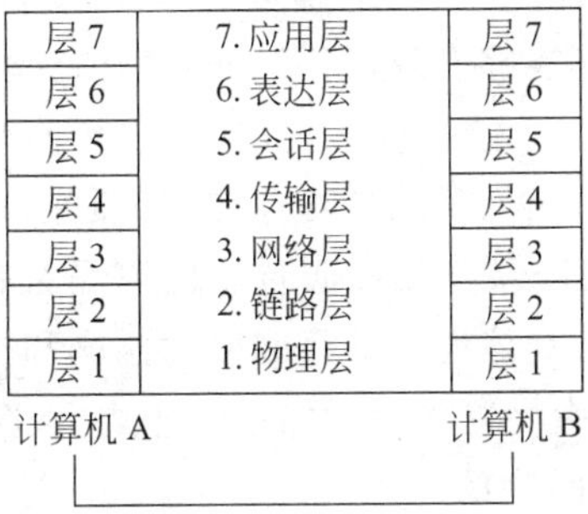

层7	7.应用层	层7
层6	6.表达层	层6
层5	5.会话层	层5
层4	4.传输层	层4
层3	3.网络层	层3
层2	2.链路层	层2
层1	1.物理层	层1

计算机A　　　　　　　　　　计算机B

图8-3　网络的层次结构模型

网络拓扑是从结构的角度来研究网络体系的。它将网络上的工作站点视为一个节点,通信信道视为一条线,整个网络系统变为一张平面图,用图论的方法进行研究。最常见的网络拓扑结构有:总线型、星型和环型。另外,树型是目前局域网普遍采用的一种拓扑结构。目前,广域网一般采用网状拓扑结构。实际应用中,通常是它们的混合形式,而非单一的拓扑结构。

还有一些分类,如按通信介质分为有线网和无线网;按使用范围分为公用网和专用网;按网络控制方式分为集中式和分布式等。

需要说明的一点是:网络设计并不是去设计出一个网络,而是根据实际业务的需要去考虑如何配置和选用一个网络产品。企业信息系统的网络结构是指采用什么样的计算机,以什么样的方式将这些计算机连接起来,这不仅关系到如何选购通信设备、计算机、输入输出设备等,还关系到如何配置这些设备,选用什么样的系统软件和应用软件等以求得与企业的业务流程的最佳配合。常见的有终端—主机结构、客户/服务器结构以及浏览器/服务器结构。

网络建设中可能出现的问题,虽有随机性,不太好预测,但通过对已有实践的总结,大致可以归纳为以下几个方面:一是当设备采用不同的产品和标准时,设备之间的匹配问题较多;二是网络拓扑结构设计不合理,造成数据传输出现严重的瓶颈问题;三是结构布线和施工不善等会造成线路不同或随机出现不通,致使网络不能正常运行;四是网络操作系统选择不当,使得有些必要的应用软件无法运行。

从管理角度来看通信网络,不应仅仅将其当作一种电子通信的方法,而是要把它看作一种竞争武器,作为组织的一种联络手段,作为一种重要的技术投资。对通信网络给予足够重视以后,企业应充分认识到网络的潜在效益,并考虑如何在组织中规划及建设一个合适的网络系统。如果不进行管理上的全面规划,通信网络不一定会带来效益。具体规划的进行可以通过这样几步来完成:第一,对企业的通信功能要求进行分析;对所需要传输的数据进行分析。第二,了解企业的发展计划,分析通信技术对计划的影响。第三,标识目前通信的关键应用领域,以及潜在的可能带来很大影响的应用领域。

8.4.3 网络管理

随着计算机网络的迅猛发展,网络管理的重要性也越来越得到人们的理解。为了今后能够系统深入地对网络管理继续进行讨论,需要对其下一个定义。网络管理是指对网络的运行状态进行检测和控制,使其能够有效、可靠、安全、经济地提供服务。从这个定义可以看出,网络管理包含两个任务:一是对网络的运行状态进行监测;二是对网络的运行状态进行控制。通过监测了解当前状态是否正常,是否存在"瓶颈"问题和潜在的危机;通过控制对网络状态进行合理调节,提高性能,保证服务质量。监测是控制的前提;控制是监测的结果。从这个定义可以看出,网络管理具体地说就是网络的监测和控制。

OSI 将网络管理功能划分为配置管理、性能管理、故障管理、安全管理和计费管理五个领域。配置管理的作用是管理网络的建立、扩充和提供。性能管理的作用是维护网络服务质量和网络运营效率。故障管理的作用是迅速发现和纠正网络故障,动态维护网络的有效性。安全管理的作用是提供信息的保密、认证和完整性保护机制,使网络中的服务、数据和系统免受侵扰和破坏。计费管理的作用是正确地计算和收取用户使用网络服务的费用,进行网络资源利用率的统计和网络成本效益核算。这五个功能领域覆盖了网络管理所需要的主要功能,为网络管理系统功能分析、设计和实现提供了基本概念。

特别是,由于互联网的出现,网络安全问题变得越来越突出且越来越重要。一个安全的网络要能够保证信息的保密性、完整性和真实性。保密性不仅涉及信息存放,更重要的在于信息的传输;信息的完整性是指通过网络对信息进行删改,以及对信息进行传递时,要保证相关信息不能残缺不全或被人有意篡改;信息的真实性主要是指对通信双方的身份进行认证和鉴别,以防止对系统的非法访问、对信息的破坏以及通信双方对信息的真实性发生争议。

网络安全管理有两层含义:保证网络用户和网络资源不被非法使用;确保网络管理系统本身不被未经授权者访问。网络安全管理是网络安全、高效、稳定运行的必要手段。通常,衡量网络安全的指标有三个:保密性、可控制性和抗攻击性。保密性指网络中有保密要求的信息只能在允许的情况下向已授权的人员开放;可控制性指网络中信息不因人为或非人为的因素而改变信息原有的内容、形式与流向;抗攻击性指网络资源在非正常条件下具有继续运行的能力。

网络安全功能主要包括对象认证、访问控制、数据保密和数据可审查。认证就是识别和证实。识别是辨明一个对象身份的过程,证实是证明该对象的身份就是其声明身份的过程。

只有识别与证实过程都正确后,系统才允许用户访问系统资源。访问控制是确定谁能访问系统、能访问系统哪些资源,以及在何种程度上使用这些资源。访问控制既要防止非法用户使用系统,又要防止合法用户对系统资源的非法访问。访问控制主要包括授权、确定访问权限和实施访问控制三个内容。数据保密是指对网络数据的存储、传输进行保护,确保信息不暴露给未授权的用户。检测指是否对信息进行了非法处理,并对出现的安全问题提供调查的依据和手段。

近年来,区块链技术的横空出世,为信息安全领域打开了一道崭新的大门,为解决信息安全问题,带来了一道明媚的霞光。区块链实际上是一种新型去中心化协议,能安全地存储比特币交易或其他数据,信息不可伪造和篡改,可以自动执行智能合约,无须任何中间化机构的审核。可以说,区块链具有"去中心化""不可逆机制""透明化时间邮戳"三大体系特征,也正是这三大特征使区块链网络成为具备价值和多方共识的机制。

8.4.4 信息反馈

信息反馈是特定的信息传递的最后一道环节,同时也是下次信息传递的起始环节;既是对前次信息传递是否有效及有效程度的检验,也是为下次信息有效传递提供依据和条件。所以,信息反馈是实现信息有效传递十分重要的一步。

信息传递的目的,是发送者要看到接受者采取发送者所希望的正确行动,如果这个目的达不到,则说明信息不灵,发生了故障。为了查核和纠正可能产生的某些偏差,就要借助于反馈,即接受者把所传到或所理解的信息再反馈到发送者那里,以供发送者查核。发送者据此再发出信息,以肯定原有的信息传递成功,或指出已发出的某些偏差并加以纠正。如此往复而引起发送者、接受者之间的一系列信息流。

提高对信息反馈的认识,要做好两个方面的工作:

一是信息发出者的工作。要明确发出信息不是信息工作的结束,而是开始。

二是信息接收者的工作。只有接收者的配合,才能使信息反馈工作顺利进行。

信息的反馈是一个循环往复的过程,包括信息输出,作用结果返送回来,再输出三个阶段。如果用原因和结果来解释反馈过程,那么可以把反馈过程看成是系统的输出端的结果反过来作用于输入端的原因。

信息是管理的纽带,管理过程实际上就是信息沟通的过程。反馈信息既是上一管理过程的终结,又是下一管理过程的开始。它可以使信息管理者了解信息利用的效果,了解管理过程的长处和缺陷,以便对原来的信息管理方案做出相应的修订,继承和发扬长处,克服和避免缺陷,把管理工作做好。

在企业经营管理活动过程中,管理人员对系统内部各职能部门、各环节进行有计划、有组织、有管理的闭环控制,信息不仅有完整的输出通道(主要表现为自上而下的传递),而且还有完整的反馈回路(主要表现为自下而上的传递),信息总是进行输出、反馈、再输出的往复循环,形成信息流。可见,管理系统只有通过信息反馈实现信息流程的再循环,才能不断提高信息的价值,达到管理的最终目的。

如果把组织作为系统来看,整个管理过程中,两个关键的活动是计划与控制。计划是为今后活动或运行进行的安排,控制是对组织的现行活动或现行系统的运行的控制。计划和控制都需要信息。计划信息叫前馈信息,控制信息则为反馈信息。前馈信息是预测的或期望的信息,用以作为制定计划的依据。用前馈信息来规划组织的未来活动,可称之为前馈控制。反馈信息是反映组织内现行活动的状态的信息。用反馈信息来控制组织的现行活动,即可称之为反馈控制。一个组织或系统在其存在期内,经常需用前馈与反馈控制,以维持其生存与发展。而且,前馈控制与反馈控制总是反复进行着。

实质上,计划也是一种控制,即对未来活动的控制。同样,前馈也是一种反馈,即超前的反馈。从控制论观点来看,管理就是利用信息的反馈来进行控制。信息产生后,经过加工、传递后被广泛使用,最后通过有效的反馈对信息的真正效用作出最终的评价。

在经营管理活动中,信息反馈的功能主要表现在两个方面:一是调整决策;二是进行控制。在决策执行过程中,发现由于当初赖以决策的客观条件发生重大变化或者是主观情况有重大变化,将危及决策目标的实施时,就要对目标或决策进行一种根本性的修正,这就是调整决策的过程。当企业领导层作出决策后,为了保证有效地执行决策,这就要检查决策的执行情况,不断地与原决策方案进行比较,发现偏差就要采取矫正措施,以保证原决策顺利执行,这就是控制过程的体现。

8.4.5 信息反馈与控制

管理的关键在于控制。控制的问题说到底就是信息使用的问题。衡量信息管理有效性的关键不在于信息收集、加工、存储、传输等环节,而在于信息输出的实效、精度与数量等能否充分满足管理的要求。探讨信息、反馈与控制的关系对于我们很好地使用信息是大有帮助的。

第一,信息、反馈与控制的关系是相当密切的。

(1) 控制依赖于信息,没有信息就没有控制。

(2) 控制离不开反馈,没有反馈就无法控制。

第二,信息反馈控制的要求包括以下三个方面:

(1) 反馈信息真实准确。反馈信息是管理者用于管理控制的依据,如果出现不真实、不准确的反馈信息,势必会造成控制决策的错误。

(2) 信息传递迅速及时。如果反馈信息传递得迟缓,就会延缓反馈控制的实施,使管理工作中的问题得不到迅速及时的纠正,给工作造成损失。

(3) 控制措施适当有效。控制措施是由管理者做出的,反馈信息本身并不会表示出应该如何进行控制。所以适当有效的控制措施是做好信息反馈工作的根本。

第三,在控制过程中,信息的作用常常通过前馈和反馈两种方式来体现。所谓前馈是指在系统目前状态的基础上,预先规定在未来某一时刻系统应处的状态,在达到这一时刻时,根据现实状态与预定状态的偏差采取调节措施。所谓反馈是指为了保持自身的某种状态,把测得的系统状态的信息作为输入信息,去决定采取何种调节措施。从控制的类型看,前馈用于改变系统的状态,而反馈则用于维持系统的状态。

第四,要实现控制的目的,必须不断解决"系统的偏差与反馈控制措施"之间的矛盾。反馈控制措施的实施,可能产生两种不同的效果。正反馈是系统偏差不断扩大的过程,而负反馈则是不断消除系统偏差的过程。负反馈的机制是使系统的输出始终趋向于它的目标,而正反馈的机制则是使系统的输出偏离它的目标。我们不仅应该重视负反馈,同时也应该注意不能忽视正反馈。

第五,信息反馈控制系统是一个开放式的循环系统。对某一种信息的反馈控制,也可理解为对另一种信息的前馈控制。换言之,简单的反馈控制系统衡量一次运行过程的信息产生、流通、使用的情况,而高级的反馈系统所衡量的是两次以上运行过程的信息产生、流通、使用的情况。

由于实时控制(又称现场控制)对信息的即时性要求相当严格,而且由于分析偏差产生的原因,制定纠正偏差的方案并实施这一方案都是要消耗很长时间的,因而,实时控制除了在最简单的和最特殊的情况下,否则不可能实施。我们必须注意时滞这一控制系统普遍存在的现象。时滞也称为时间延迟,从测量信息、传递信息、找出偏差、采取纠正措施到使系统恢复到预定状态,这一过程中的每一个环节都需要时间,这些时间加在一起就构成了系统的时滞。时滞对一个系统的控制影响是很大的。

时滞也说明,仅仅用系统的输出信息的反馈,并通过衡量这一输出与既定目标之间的偏差作为控制手段是不够的。要使控制有效,就必须采取一种面向未来的控制方法。前馈可克服因时滞所带来的缺陷,它是控制原因,而不是控制结果。简单的反馈是控制结果,而不是控制原因,它是在偏差已经发生时,才采取措施来实施控制的,而此时损失已经造成。控制要做到及时性,就必须依靠现代化的信息管理系统,随时传递信息,随时掌握工作进度,如此才能尽早发现偏差,进而及时采取措施进行控制。

概括起来,信息过程是人们认识世界的思维活动,控制过程是人们改造世界的实践活动,而反馈是实现再认识、再实践的中间环节,它把认识世界和改造世界的活动进一步联系起来。从一定意义上说,管理过程就是利用信息进行控制的过程。

8.4.6 信息的使用

控制的问题说到底就是信息使用的问题。衡量信息管理有效性的关键不在于信息收集、加工、存储、传输等环节,而在于信息输出的实效、精度与数量等能否充分满足管理的要求。作为本章的末尾,我们需要再强调一下,信息管理的最终目的是信息的使用。它是信息管理活动的目的,同时也是检验信息工作成效的主要途径。

信息使用的重要意义主要体现在以下三个方面:
(1) 有利于实现信息的价值;
(2) 有利于实现信息的增值和共享;
(3) 有利于提高组织决策的成功率。

从企业的角度来看,信息的使用是指企业将信息应用于企业的经营管理,为企业带来经济效益和社会效益的过程。信息的使用不仅是企业开展经营活动的基本途径,而且增强了企业与社会经济活动的联系。

信息的使用包括两个方面:一是技术问题;二是如何实现价值转换的问题。

技术方面主要解决的是如何高速度、高质量地把信息提供到使用者手边。现在的技术已经发展得相当先进,但远未达到普遍使用的程度。我们尚须加倍学习,以便掌握运用现代信息技术。

相比之下,信息价值转换的问题差得更远。信息的价值和使用价值是在信息应用过程中实现的。只有通过对信息的有效利用,使信息作为生产力的综合因素渗透到经营活动中,才能给企业带来效益,才能最终实现信息的价值和使用价值。

信息价值转换是信息使用概念的深化。信息使用的深度大体上可分为三个阶段,即提高效率阶段、及时转化价值阶段和寻找机会阶段。

(1) 提高效率阶段:这时使用信息技术的主要目的是提高效率,是手工作业机械化。这个阶段可以说信息主要用于业务操作。

(2) 及时转化价值阶段:这时已认识到管理的艺术在于驾驭信息,已经认识到信息的价值要通过转化才能实现。这个阶段可以说信息主要用于管理控制。

(3) 寻找机会阶段:每个企业均在信息的汪洋大海中游来游去,机会全凭企业驾驭信息去发现,许多企业丢掉了眼前闪过的机会而失败。这个阶段可以说信息主要用于战略决策。

在前面几节中讨论了信息收集、加工、存储和传递等基本环节,但人们的最终目的是要利用信息来解决实际问题。在具体使用信息的过程中,我们应注意以下问题:

(1) 确认信息的价值。由于虚假信息的存在,在利用信息之前,决策者应对其实际价值加以确认,以排除错误信息带来的负面影响。这同时要求决策者具有一定的洞察力和丰富的经验。

(2) 及时性。及时利用信息,是使之发挥价值的重要保证。一旦过时或被竞争对手获知,原有的机会便丧失掉,给组织经营带来的损失可想而知。

(3) 有效性。实现信息有效利用的前提是信息价值和及时地加以利用。而恰当地运用则是实现有效性的关键所在,也就是说不应滥用信息资源。

总之,信息时代要想很好地使用信息,更好地实现信息的价值,管理工作还要大大加强,管理的内容要比以前更宽。

习 题

1. 名词解释

结构化问题、半结构化问题、非结构化问题、信息服务、信息咨询、信息转换、信息编码、信息加工、数据处理、信息库、信息维护、信息网络、网络管理、计算机信息检索、网上信息检索、信息反馈、信息使用

2. 填空

(1) 开展信息服务,有三个基本因素:信息_____、信息_____和信息_____。

(2) 按服务所提供信息的加工深度区分可分为_____信息服务、_____信息服务和_____信息服务。

(3) 按信息收集层次划分,有_____信息收集法和_____信息收集法两种。

(4) 信息收集方式可以是_____采集,也可以通过联机方式形成_____。

(5) 在信息加工中,按处理功能的深浅可把加工分为_____加工、_____加工和_____加工。

(6) 根据加工处理的响应时间的不同,信息加工处理的方式大体又可分为两种类型:一

种是_____型;另一种是_____型。

(7) 关于信息的存储方式,要考虑是_____存放还是_____存放。

(8) 计算机检索有三种形式:一是_____检索;二是_____检索;三是_____检索。

(9) 数据通信系统的技术指标主要从数据的传输_____和传输_____来衡量。

(10) 网络的安全功能主要包括_____、_____、_____和_____。

(11) 在控制过程中,信息的作用常常通过_____和_____两种方式来体现。

(12) 在经营管理活动中,反馈控制的功能主要表现在两个方面:一是_____;二是_____。

3. 论述题

(1) 论述信息收集的重要性。
(2) 论述信息收集的基本原则。
(3) 论述数据处理和信息加工的区别和联系。
(4) 论述信息加工的主要步骤。
(5) 论述数据库的设计阶段。
(6) 论述信息维护的重要性。
(7) 论述信息检索与信息存储的关系。
(8) 论述互联网上信息检索的核心技术——WWW。
(9) 论述信息传递的基本原则。
(10) 论述计算机网络体系结构的概念和意义。
(11) 论述信息、反馈和控制的关系。
(12) 论述信息使用的两个问题。

课堂讨论和弹性作业

1. 从全局的角度谈谈信息管理过程的全貌。
2. 你觉得信息管理工作具体做什么?你对哪一个工作环节有兴趣?
3. 就信息管理某一个具体工作环节,结合实际开展实质性的调研。
4. 分析指定的典型企业信息管理全面工作案例。

第9章 信息管理系统

信息管理是目的,信息系统是手段。建立信息系统是现代信息管理的迫切需要和时代先进管理水平的体现。本章首先指出信息系统在国际上即指管理信息系统,然后介绍了信息系统的应用模式、信息系统开发与管理的基本知识。最后,还介绍了信息系统的最新进展。需要说明的是,考虑到一般学校还单独开设"管理信息系统"和"信息系统分析与设计"课程,所以本章内容仅从总体角度去论述,有些内容可以略读或选读。

9.1 信息系统概述

9.1.1 信息系统的概念和发展

信息系统就是以与信息活动有关的各元素构成的有机整体。信息系统是为搜集、加工、存储、检索、传递、反馈和提供信息服务而建立的人工系统。信息系统的基本功能是完成信息生命周期中各个阶段的信息处理任务。

从对信息的处理过程来看,信息系统是不断地输入和输出信息的开放式系统。它可以看成是由三个基本的行为部件构成,它们是输入、处理和输出。

(1) 输入:捕获或收集来自企业内部或外部环境的原始数据。

(2) 处理:将原始输入的数据转换成更具有意义、更有用的形式。

(3) 输出:将经过处理的信息传递给有关人员或用于生产活动中。

概括地说,信息系统是一种接受数据资源作为输入并将其加工成信息产品作为输出的系统。

有许多人认为有了计算机才有信息系统,或者说没有计算机就没有信息系统,显然,这种观点是不对的。从概念上说,任何一个组织都有信息系统的存在,它可以是建立在手工基础上的。早期的信息系统有几千年的历史,这些信息系统我们称之为基于人的信息系统,简称人基信息系统。

现代信息系统概念多指狭义的基于计算机、通信技术等现代化信息技术手段且服务于管理领域的信息系统,即管理信息系统。严格来说,信息系统比管理信息系统有更宽的概念范围,用于管理方面的信息系统就是管理信息系统。而国外一般谈信息系统就是指管理信息系统,两者恰似同义语。近年来一个比较普遍的趋势也是用信息系统代替管理信息系统。而且,近期的一些理解更偏向管理,而不是偏向计算机。但在国内,由于一些电子技术专业从信息技术的角度出发抢先用了信息系统这个名词,使得国内外对信息系统的理解略有不同。

从概念上讲,组织中的信息系统可以不依赖电子计算机而存在,但事实上正是计算机所具有的功能才使信息系统得以实现。而且,正是计算机信息系统的形成与发展最终导致了信息资源管理思想的产生。我们重点讨论的是以计算机为基础的信息系统。

一个基于计算机的信息系统应包括下列系统要素：输入——来自于组织内部或社会环境中的数据和信息被送入系统之中；处理——信息处理系统利用计算机硬件（设备与媒体）、软件（程序与规程）和人员（信息专家与用户）把数据和信息转换为各种信息产品；输出——作业信息系统完成事务处理，办公自动化系统完成办公室通信，管理信息系统生成管理报告，决策支持系统提供管理决策支持；存储——将数据、信息和分析与决策模型储存起来，以便检索与处理；控制——使用信息资源管理职能监督并调节信息系统的性能，以便获得最佳效益与效率。

戴维斯曾指出：现在人们所关心的不是计算机是否要用于信息系统，而是各种处理工作究竟应该计算机化到何种程度。随着现代信息技术的广泛应用，很多传统的信息管理机构的计算机应用水平达到了新的高度，但不能因为强调计算机化的信息系统而忽视大量存在的以人工为基础的信息系统，更何况计算机化的信息系统的建设很多方面都需要人工信息系统的配合。由于信息系统的人机结合的特点，在系统建设时要充分考虑社会和人的因素，考虑人员素质、管理体制、社会条件所形成的制约和限制对系统建设的影响。

虽然计算机信息系统利用计算机技术把原始数据加工处理成为有意义的信息，但从某种意义上讲，计算机与信息系统之间仍有着明显的区别。计算机只提供了现代管理信息系统的技术功能，但信息系统的许多工作，诸如输入数据或使用系统的输出结果等还需要作为用户的人来完成。也就是说，计算机仅仅是信息系统中的一个部分。用户和计算机共同构成了一个组合系统。如果一个系统光有计算机，而不能和人配合进行运作，这样的系统无疑是失败的。计算机系统必须为人服务，能够辅助管理人员进行决策。所以，准确地说，信息系统是以计算机为基础的人—机系统。

另外，由于一个组织中的信息处理往往是分布式的，把分布在不同地理位置的信息按其本来面目由分布在不同位置的计算机进行处理，并通过计算机网络把分布式信息集成起来，是目前信息系统运行的主要方式。因此，计算机网络是信息系统运行的基础。更完整地说，信息系统由计算机、计算机网络、系统软件、数据库系统、信息系统应用软件以及开发、维护和使用系统的人员共同组成。

尤其是在20世纪末，一方面，信息技术突飞猛进地发展，特别是网络技术的发展和"信息高速公路"的建设，使计算机化了的信息系统快速地朝网络化方向迈进；另一方面，世界经济也发生了巨大变化，具体表现为市场全球化、需求多样化、竞争激烈化等，企业对内通过企业内联网进行业务流程重组，对外通过企业外联网和国际互联网进行供应链管理和电子商务。这个阶段网络对信息系统的重要性不言而喻，所以有人干脆将这一阶段称为基于网络的信息系统，简称网基信息系统。

现代信息系统概念多指狭义的基于计算机、通信技术等现代化信息技术手段且服务于管理领域的信息系统，即管理信息系统。严格来说，信息系统比管理信息系统有更宽的概念范围，用于管理方面的信息系统就是管理信息系统。而国外一般谈信息系统就是指管理信息系统，两者恰似同义语。近年来一个比较普遍的趋势也是用信息系统代替管理信息系统。而且，近期的一些理解更偏向管理，而不是偏向计算机。但在国内，由于一些电子技术专业从信息技术的角度出发抢先用了信息系统这个名词，使得国内外对信息系统的理解略有不同。

在信息系统界,美国学者从技术和经营管理两个角度对信息系统下的定义被推崇备至。他们认为,从技术角度看,信息系统是收集、处理、储存和传递来自组织外部环境和内部经营的信息,通过输入、处理、输出、反馈等基本活动以支持组织决策和经营管理的一组相互关联的组成部分。从经营管理角度看,信息系统是组织和管理上针对环境带来的挑战而做出的基于信息技术的解决方案。这说明,信息系统不只是一个技术系统,而且还是一个管理系统、社会系统。信息系统是一种组织和管理的手段,它建立在信息技术基础之上,用以应付商业环境带来的挑战。

信息系统本身有客观存在的规律性,它必然从初级阶段逐步过渡到高级阶段,逐步走向成熟。美国哈佛大学教授诺兰根据大量历史资料与对实际发展状况的考察,提出信息系统的发展大体上经过六个阶段,它们分别是:

(1) 初装:安装第一台计算机作为标志。这个阶段人们对计算机还很不了解。系统的初步应用使人们尝到了计算机的甜头,带动了计算机在企业中的应用。

(2) 扩展:由于第一台计算机取得应用效果,决定增加计算机,使应用扩展。在这一阶段,应用集中在解决业务中的局部问题,数据处理能力有了提高。

(3) 控制:扩展的结果使机器越来越多,许多低水平信息系统重复开发。由于缺乏标准化、信息不能共享,使用上造成混乱等现象,于是对信息系统的增长开始控制。

(4) 整体化:随着应用经验逐步丰富,应用项目不断积累,客观上也要求实现"集成"。控制的结果是从全局出发,由分散到一体化。这是一个非常重要的阶段。

(5) 数据管理:一体化的结果,有一个统一的标准化的数据库,各子系统之间形成了一个有机的整体,互相共享数据。并且,信息系统的功能更加完善,对管理活动的支持更加全面。

(6) 信息管理:数据处理趋于成熟,信息成为资源,此时各部门在共享信息的基础上支持组织的目标,信息系统将产生巨大的经济与社会效益,需要真正实现信息资源的管理。

诺兰认为,这种阶段的划分对任何组织任何类型的信息系统均适用,这是一个客观的发展规律。要想跳跃某个阶段或几个阶段是很难的。前三个阶段可以称为计算机时代的信息系统;而后三个时代则可称为信息时代的信息系统(见图 9-1)。

图 9-1 信息系统的六个阶段

随着现代信息技术的引入和应用的深入,许多组织的信息系统已经发展到转折点,面临着要从计算机(数据处理)时代转入信息(信息管理)时代的挑战。成功地实现这一转变关键就是要把重点或重心从技术转向管理。

诺兰模型代表了典型的美国式研究风格,重视经验研究。它总结的是 1978 年以前美国信息系统发展的进程,带有明显的地区局限性和时代局限性,尤其在技术发展上,与今天的实际情况已大相径庭。但诺兰模型是第一个有世界影响的信息系统进展模型,有许多值得借鉴的内容。

西诺特参照"诺兰信息系统管理模型"提出了一个新的信息系统管理模型,主要考虑到信息随时代变迁的变量。他用四个阶段的推移来描述计算机所处理的信息。从计算机处理原始数据的"数据"阶段开始,逐步过渡到用计算机加工数据,并将它们存储到数据库的"信息"阶段;接着,经过诺兰所说的"技术性断点",到达把信息当作经营资源的"信息资源"阶段;最后到达把信息作为带来组织竞争的有力武器,即"信息武器"阶段。当前,发达国家都接受了西诺特对诺兰信息系统管理模型的改善,将信息资源管理作为企业的头等大事来抓。

我国学者李慧文和邱瑞华提出了以术语的变化作为划分计算机信息系统发展过程的标志,他们划分出了四个阶段:一是20世纪50年代,计算机信息系统部门称作"计算中心",主要强调的是计算机,重点放在设备上。二是20世纪60年代,流行的是"数据处理"或"电子数据处理",强调的是功能,同时引入了"系统"一词。系统是由人员、设备、软件等要素构成。三是20世纪70年代,出现了"信息系统"一词,后来又加上了"管理"一词,形成了"管理信息系统",它有着更为确切的含义。四是20世纪80年代,出现了"办公自动化",说明计算机信息系统处理的信息范围与形式更为广泛。最引人注目的是出现了"信息资源管理"术语,使管理信息系统达到了这样一个阶段,即在竞争上,信息成了有用、有价值的资源。

9.1.2 管理信息系统的概念和要素

管理信息系统一词最早出现在1970年,瓦尔特·肯尼万给它下了一个定义:"以书面或口头的形式,在合适的时间向经理、职员以及外界人员提供过去的、现在的、预测未来的有关企业内部及其环境的信息,以帮助他们进行决策。"很明显,这个定义是出自管理的,而不是出自计算机的。它强调了用信息支持决策,但没有强调应用模型。

直到20世纪80年代,管理信息系统的创始人高登·戴维斯才给出管理信息系统一个较完整的定义:"它是一个利用计算机硬件和软件,手工作业,分析、计划、控制和决策模型,以及数据库的用户——机器系统。它能提供信息,支持企业或组织的运行、管理和决策功能。"这一定义说明了管理信息系统的目标在于高、中、低三个层次(决策层、管理层和运行层)上支持管理活动。

复旦大学薛华成教授明确指出,管理信息系统面向管理,它不只是计算机的应用,计算机只是一种工具。根据当今世界的发展和变化,他重新描述了管理信息系统的定义:管理信息系统是以人为主导,利用计算机硬件、软件、网络通信设备以及其他办公设备,进行信息的收集、传输、加工、储存、更新和维护,以企业战略竞优,提高效益和效率为目的,支持企业高层决策、中层控制、基层运作的集成化的人机系统。这个定义说明了管理信息系统绝不仅仅是一个技术系统,而是把人包括在内的人机系统。

管理信息系统是一个人机系统,这意味着管理信息系统的工作必须由人和机器协同来执行。人员包括高层决策人员、中层职能人员和基层业务人员。机器包含计算机硬件及软件、各种办公机械及通信设备。因此,把什么工作交给人做比较合适,什么工作交给计算机做比较合适,人和机器如何联系,如何构成它们的最佳配合,从而充分发挥人和机器的特长是管理信息系统的核心问题。

全面地看，人、硬件、软件和数据是管理信息系统的四种基本资源。人指系统开发人员和系统使用人员，系统开发人员包括系统分析人员、系统设计人员、程序员、网络施工人员、设备安装人员、测试人员等；系统使用人员包括系统维护人员、操作员和利用系统获取信息及辅助决策的管理人员。硬件主要指运行信息系统的网络硬件环境，包括服务器、交换机、工作站、外围设备和连接线路等。软件指信息系统运行和开发必须的系统软件和支持软件，如操作系统、数据库管理系统、开发工具等，此外还包括构成信息系统的一些成熟的商品化应用软件。这里要强调的是，系统建设的最基本的、最重要的一步就是收集和整理作为系统输入的数据。常常会出现计算机系统投入运行后等待数据输入的情况，形成数据库设计完成后仅有试验数据存入的局面。

（1）管理信息系统是一项系统工程，不是只靠一些计算机开发人员就可以完成的，必须要有企业管理人员，尤其是企业领导的积极参与。

（2）计算机技术（包括硬件和软件）是管理信息系统得以实施的主要技术。只有计算机进入企业实际应用，管理信息系统才能显示其功能。

（3）第四种因素——数据也不能忽视。如果输入数据不及时，计算机再快，也不能做"无米之炊"；如果输入的数据不准确，计算机再聪明，也算不出正确的结果。

应该注意到的是，新一代管理信息系统是基于网络环境下的信息处理系统，计算机网络是管理信息系统的基础。起初管理信息系统是一种以计算机为主体、信息处理为中心的综合性系统。20世纪80年代后，由于计算机局域网和广域网的出现，数据库技术日渐成熟，软件工程方法日趋改进，使管理信息系统成为计算机信息系统中应用最普遍的一类系统。

总的来说，根据ISO的定义和现代信息技术的发展，可以将管理信息系统定义为：一个由计算机技术、网络通信技术、信息处理技术、管理科学和人组成的综合性系统，它能为组织机构的运行、管理和决策提供所需的信息支持。简要地说，可以认为管理信息系统是运用系统理论和方法，以电子计算机和现代通信技术为信息处理手段和传输工具，能为企业管理决策提供信息服务的人机系统。

9.1.3 管理信息系统学

管理信息系统研究离不开信息技术，因此往往被人们认为是一门技术性的学科。事实上，对管理信息系统来说，更重要的是对信息的研究，而且是对管理信息的研究，这包括许多非技术性的内容。

当然，作为一个实用性的领域，管理信息系统和信息技术紧密相关，管理信息系统与信息技术究竟是如何关联的？我们必须要有一种全局的观点来认识，这样对管理信息系统的学习和研究才有一个立足点。

一方面，管理信息系统是信息技术应用的结果，没有信息技术的支持，就无从谈起管理信息系统。信息技术的进步促进了信息系统研究和应用的发展。另一方面，管理信息系统是用于一个组织的信息系统，组织的目标、组织的环境、组织的结构、组织的行为、组织的文化以及与信息系统的关系等，都是令人寻味的课题。

归根结底，信息技术是用来为管理服务的工具。管理信息系统是用来解决组织所面临的问题的系统。工作的中心仍然应该是为管理提供信息服务，而不是技术本身。因此，"为使用计算机而建立的系统"、"为信息化而建立的系统"都偏离了其宗旨。

管理信息系统并不是一个"纯"的学术领域。管理信息系统是一门边缘学科,它是管理理论、信息技术和系统科学的混合体。

当管理理论和信息技术相互独立的时候,它们解决的是各自领域的问题,组织管理可以不用信息技术支持,而信息技术也可以不用在管理方面,这时它们的关系是分离的。但是当人们用系统科学的观点,将管理理论与信息技术有机地结合起来以后,就产生了管理信息系统这一新的学科。

有的人认为,管理信息系统属于技术学科,将其放在计算机系;有的人认为,管理信息系统属于社会科学,将其设在管理学院。笔者认为,管理信息系统属于系统科学的范畴较为妥当。因为管理信息系统是涉及社会因素和技术因素的人—机工程,是一个庞大的系统工程,必须用系统工程的理论和方法来建设和管理。

在管理信息系统的发展过程中,计算机科学与技术有着十分重要的作用,从学科的诞生到发展都和计算机科学与技术的发展分不开,但管理信息系统学科又区别于信息技术本身的计算机、通信、电子等学科。管理信息系统与计算机科学的确有关系,但是管理信息系统作为一个学术领域则是管理科学的延伸,而不是计算机科学的延伸。

电子计算机现在已越来越成为管理的重要工具,是现代管理的主要技术手段。但是现在不少人在认识和实践上有个误区,把计算机技术作为管理信息系统的关键。虽然计算机、软件技术是管理信息系统的基础,但是任何一个管理信息系统都是一个具体行业特定企业的信息系统,没有对企业管理流程的充分理解,没有丰富的管理知识是不可能做出一个适用系统的。

现代科学管理就是把管理过程数量化,用计算机解决问题,以达到系统的目的。这是现代化管理的标志。复旦大学薛华成教授指出,管理信息系统的三大要素是系统的观点、数学的方法和计算机的应用。管理信息系统首先是一个系统;其次是一个信息系统;最后是一个用于管理方面的信息系统。清华大学侯炳辉教授曾概括指出,管理信息系统的三大组成部分是:组织管理理论、信息技术、系统工程方法。这些都对建立有中国特色的管理信息系统学科体系和发展方向大有帮助。

管理信息系统是一门实践性很强的学科,一些理论、方法和技术都是在实际研制过程中产生和发展的。从国外一些发达国家看,管理信息系统的最早开发与使用是在20世纪50年代初,当时主要以单项业务子系统为主,其特点是单纯以减轻人的重复劳动,提高处理效率为目标。从70年代初开始,管理信息系统从处理事务型子系统为主逐步转向处理控制型子系统为主,这时期主要采用的是计算机集中处理。这段时间里,管理信息系统引起了各界的重视,一些典型的、成功的管理信息系统相继出现,例如美国IBM公司的COPICS系统就是在这时期研制的。进入80年代以后,管理信息系统进入成熟阶段,其特点是在大量收集处理信息的基础上引入决策机制,应用数学模型进行优化处理,大量应用以微型机为主的计算机网络,采用数据库达到资源共享的目的。后来,为了使电子计算机能在更大的范围和更深的层次上对管理和决策活动提供支持,人们先后提出或发展了一些新的系统,例如,决策支持系统、办公自动化系统、专家系统和计算机集成制造系统等。事实上,可以把它们看作是管理信息系统的一种补充或新的表现形式。尽管目前对管理信息系统定义的内涵和外延还有很多不同见解,但这并不影响该学科的发展。

综合以上观点,可以认为管理信息系统学科是运用系统理论和数学方法,以电子计算机和现代通信技术为信息处理手段和传输工具,能为企业管理决策提供信息服务的综合性学科。

9.1.4 管理信息系统的技术平台

传统企业信息系统由于其范围的局限,因而有其独特的优点:一是安全性好;二是容易管理。但在竞争日益激烈,市场环境变化迅速的今天,它们固有的缺陷和不足逐渐暴露出来。随着现代信息技术和社会经济的迅速发展,传统的管理信息系统无论是从技术上还是从功能上都已不能很好地满足现代组织信息管理的需要。这就需要利用一些新的信息技术平台,而计算机网络的诞生及其迅速发展为此提供了必不可少的技术支持。尤其是内联网技术出现,促进了网络环境下的组织信息资源管理理论和实践的发展。

内联网是一种新的企业内部信息管理与交换的基础设施。它不仅是企业内部信息发布系统,而且是企业内部业务运转系统。开放是内联网相对于传统企业信息系统的最大特点。内联网的出现标志着企业信息系统实现了从封闭到开放的飞跃。内联网对内将企业内部各自封闭的信息孤岛联成一体,为使用者提供统一的支持信息共享的平台;对外可以方便地接入互联网,使企业轻松地踏上高速公路。从目前的情况来看,传统的管理信息系统变革的方向应该是开发基于内联网的新型的管理信息系统。

关于 MIS 的平台,早期的概念仅指计算机主机及其操作系统组成的基本内核,现在的概念已扩展为软硬件体系结构的系统平台,要求软件平台和硬件平台形成支持 MIS 应用开发与运行监控的一体化的开放系统环境。

客户机/服务器是目前最流行的网络结构,现已逐渐成为 MIS 应用环境中体系结构的首选。随着组织机构的不断扩张和互联网/内联网的广泛应用,分布式的结构模式正在兴起。

客户机/服务器的体系结构,首先在逻辑上将应用工作划分为前端用户界面和后台数据库访问两部分。前者称为客户,后者称为服务器,两者之间相互通信。虽然两者都是连接在网络上,但各自承担并完成各自的功能。客户机向服务器提出对某种信息或数据处理的请求,服务器针对请求来完成处理,将结果作为响应返回给客户机。客户机/服务器结构是一个分布式环境,任一个客户都可以访问网络上所有的服务器,而不必关心它的物理位置。该结构的关键在于把网络环境下的数据库存取和应用程序一分为二,分别由网上数据库服务器和网上客户来执行。客户机/服务器作为一种计算机处理模式,能够有效地解决各种实际应用问题。客户机/服务器模式要求应用程序分成两个或多个独立的部分来书写,它们将分别安装并运行在不同的机器上,但操作起来的感觉就像是一个独立的应用一样。

由于客户机/服务器模式在对应用环境的适应性、数据处理的特点、程序设计的思想等方面的原因,该模式是我们需要关注的方向。客户机/服务器结构很适合一般的 MIS 系统,只要系统的客户端数目不是太多,并且地理分布比较集中,那么该结构在执行 MIS 系统时便已经足够了。不过,客户机/服务器也存在问题。虽然目前许多客户机/服务器软件已商品化,但编写将客户机与服务器之间处理功能分开的软件仍是一件困难的事。当同时访问同一服务器的用户数过多时,该服务器有可能很快死机。于是,内联网成为热门话题。

内联网是一项新技术,它的结构是对客户机/服务器结构的继承和发展。内联网在传统的客户机/服务器结构中,把服务器分解为两个,一个是数据库服务器,另一个是Web(站点)服务器。把原来的两层结构——客户机/服务器,发展为三层结构——客户机(浏览器)/Web服务器/数据库服务器。Web服务器与数据库相连,接受用户的请求,提供实时变化的数据,再返回给客户端的浏览器。具体地说,Web浏览器向Web服务器发送服务请求,并接受Web服务器送回的请求响应;Web服务器可以根据浏览器请求提供静态和动态信息发布功能;数据库管理系统用来实现数据库的定义、管理、维护以及数据通信的任务。

内联网也就是越来越得到普遍应用的B/S(浏览器/服务器)企业网络结构。B/S模式是一种以Web技术为基础的MIS系统平台模式。这种结构在硬件软件环境发生变化时的适应能力比客户机/服务器的两层结构更强。以B/S模式开发的系统维护工作集中在服务器上,客户端不用维护,操作风格比较一致,只要有浏览器的合法用户都可以十分容易地使用。现在,B/S模式应用非常广泛。在企业内部实施办公自动化管理系统、人力资源管理系统、客户关系管理系统、ERP系统等时,考虑到企业的发展对网络应用的总体趋势,都采用B/S结构开发这些产品。

内联网深受企业的关注和青睐,其原因之一就是它与互联网有所不同,它只为一个组织内部专有,对网络的访问完全在企业的控制之下,外部用户不能通过互联网对它进行访问。另外,内联网所有应用系统的性能和可靠性都已经在互联网的实际运行中经受了考验。从这个意义上说,内联网可避免许多硬件投资,最大限度地降低系统的开发和运营成本。

应用内联网技术,为MIS的实现提供了一种新的选择。内联网技术已经渗透到企业的信息资源管理之中。内联网技术可给企业内部管理带来诸多便利,但同时也会带来一些令企业担忧的问题。其中首要的问题就是网络和信息资源的安全性问题。众所周知,信息是企业的无形资产,企业数据是企业赖以生存的生命线,一旦企业的信息和数据出现安全隐患,将会给企业带来无法估量的损失。随着内联网技术的日益普及,出现在网络上的企业、公司数据遭窃或遭破坏现象日趋严重。当然,现在有了防火墙技术。

防火墙就是针对内联网网络特点而建立的对外部入侵者的防范措施。它是指一个由软件系统和硬件设备组合而成的,在内部网(专用网络)和外部网(公用网络)之间的界面上构造的保护屏障。与互联网连接后,内联网通常利用防火墙技术将内部网络与外部网络隔开,可以保护内部信息,防止外部侵入。防火墙具有以下特性:首先,所有从内部向外部或从外部进入内部的信息都必须经过它;其次,只有授权的信息才能通过;最后,系统自身对入侵是免疫的。防火墙是一种允许和禁止业务来往的网络通信安全协议,通常应具有五大基本功能:过滤进出网络的数据;管理进出网络的访问行为;封堵某些禁止的业务;记录通过防火墙的信息内容和活动;对网络攻击的检测和告警。

简单地说,内联网实质上就是进行系统访问的控制,它控制企业网与外部的信息进出,使入侵者不能进入企业网内,而内部人员仍能访问互联网。我们知道,互联网的普及改变了工业时代延续下来的生产和消费模式,使得企业与企业之间、企业与用户之间的交流互动变得越来越频繁与直接。于是越来越多的已经成功应用内联网的企业迫切希望将网络服务延伸到企业外部的客户、伙伴及供应商。但此时企业却发现,所有这些对于企业的生存与发展有着重要意义的业务伙伴无一例外地被内联网安全机制阻挡在"墙外"。为了解决这一矛盾,一个新的概念出现在世人面前,那就是外联网。外联网是以最简单的形式扩展内联网的更安全、更有价值的解决方法。从发展趋势来看,外联网将逐渐成为企业信息资源管理技术框架的主流。

外联网是内联网的延伸和扩展,它不限于企业内部成员,而是可以延伸到企业之外,特别是包括那些想与之建立联系的供应商和客户。外联网可以作为公用的互联网和专用的内联网之间的桥梁。它是一种新的把内联网和互联网融合起来的网络技术,即外联网=内联网+互联网。在网络应用的发展史上,互联网、内联网分别被誉为第一次、第二次冲击波,而外联网则被视为第三次冲击波。互联网是面向非特定用户的开放的服务与商业网络。内联网则利用互联网技术实现企业内部各职能机构的功能整合,是企业内部的互联网。而外联网的出现,是对前二者功能上的补充。它的服务对象既不限于企业内部的机构和工作人员,也不像互联网那样不加区分地对全社会所有成员开放,而是有选择地扩大到与本企业相关联的商家和顾客。所以它较之互联网安全,也较之内联网灵活。

从三者的应用范围来看,内联网主要实现企业内部间信息流的共享,提高企业内部工作效率,增强竞争优势。外联网则根据企业经营需要将信息网络延伸到特定的厂家与客户之间,改善了经营状况和服务质量。互联网则是面向广阔的国内、国际市场,宣传企业形象,争取更多的商机。

外联网是一种观念和模式,并不是一个可以看得见、摸得着的实实在在的网络,而是利用互联网技术,通过互联网或专线连接企业与企业、企业与客户而形成的一个专用网,以分享内联网提供的信息,达到彼此的商业目的。因此,严格地讲,外联网甚至不是一项技术,而是一个电子商务的概念,相对于互联网和内联网来说,它更少涉及技术层面的问题。外联网集互联网和内联网的优点于一身,它所具有的安全性和半开放性为企业间的交流提供了一个良好的商业贸易环境,因此必将在今后两三年内得到进一步的大规模推广与应用。

总的来说,互联网的迅猛发展与广泛应用,为管理信息系统的建设与应用提供了新的机遇。基于WWW或Web(万维网)的信息系统大大扩展了信息系统收集、处理与提供信息服务的深度和广度,给管理信息系统的体系结构和应用范围带来了深刻的变化。以互联网技术为主要支柱的内联网和外联网已经为许多企业信息系统提供了新的运行环境,以互联网技术为基础的电子商务的迅速发展也将推动企业信息化以及整个国民经济的信息化。

9.1.5 管理信息系统的功能结构

管理信息系统的结构是指管理信息系统各个组成部分之间相互关系的综合。由于现在各种管理信息系统的定义基本上都强调利用计算机技术进行信息处理,所以有人提出了管理信息系统的硬件结构和软件结构。管理信息系统的硬件结构主要是指单机设备(配置)和网络设备(方案)。其软件结构是指操作系统软件、数据库管理软件、管理应用软件。

根据信息系统的硬件、软件、数据等信息资源在空间的分布情况,系统的结构又可分为集中式和分布式两大类型。信息资源在空间上集中配置的系统称为集中式系统。由配有相应外围设备的单台计算机为基础的系统,通常称为单机系统,就是典型的集中式系统。而面向终端的多用户系统是将系统的硬件、软件、数据和主要外围设备集中于一套计算机系统之中，分布在不同地点的多个用户通过设在当地的分时终端享用这些资源。利用计算机网络把分布在不同地点的计算机硬件、软件、数据等信息资源联系在一起，服务于一个共同的目标而实现相互通信和资源共享，就形成了信息系统的分布式系统。这时，分布在各地的网络节点上的计算机系统，在网络操作系统的管理下可以共享网络系统上的信息资源。随着计算机网络与通信技术的迅速发展，分布式系统已经成了当前信息系统结构的主流模式。

而我们更关注从管理上看其功能。管理信息系统首先是一个信息系统，应当具备信息系统的基本功能。同时，管理信息系统又具备特有的预测、计划、控制和辅助决策功能。

更一般地说，一个信息系统从使用者的角度看，它总是有一个目标，具有多种功能，且彼此之间又有各种信息联系，构成一个有机的整体。整个信息系统可以分解为一组相互关联的子系统，这些子系统各自有其独立的功能和自身的目标，有它的边界，有它的输入、输出。但彼此联系、配合，共同实现系统的总目标。整个系统的功能就是为了达到这个系统的总目标。

我们知道，信息系统有不同的类型，包括情报检索系统、业务信息系统、管理信息系统、决策支持系统、办公自动化系统等，但在结构和功能上有一些共同之处，可以进行一些一般性讨论。以下是信息系统不可缺少的组成部分和基本功能。

1. 收集信息的子系统

这是信息系统进行业务活动的起点。任何信息系统，如果没有实际的信息，那么它的功能再强，也没有任何实际用处。通常可以把信息的收集工作分为原始信息收集和二次信息收集两种。原始信息收集是指在信息或数据发生的当时当地，从信息或数据所描述的实体上直接把信息或数据取出，并用某种技术手段在某种介质上记录下来。二次信息收集则是指收集那些已经记录在某种介质上，与所描述的实体在时间与空间已分离开的信息或数据。这两种收集是有原则区别的。原始信息收集的关键是准确、完整、及时地把所需要的信息收集起来，记录下来，要做到不错、不漏、不误时。二次信息收集是在不同的信息系统之间进行，从另外的信息系统得到本信息系统所需的关于某种实体的信息。在实际工作中，业务信息系统常涉及原始信息收集，而其他几种信息系统主要涉及二次信息收集。当然，二者的区分是相对的。

2. 存储信息的子系统

计算机术语称为数据库管理子系统。信息系统必须具有某种存储信息的功能，不然它就无法突破时间和空间的限制，发挥提供信息、支持决策的作用。这个子系统的任务是对进入系统的信息和数据进行分类、整理、保管、维护和更新，当需要调用时能迅速及时地满足各种需求。简单地说，信息系统的存储功能就是保证已得到的信息能够不丢失、不走样、不外泄，整理得当，随时可用。在各类信息系统中，存储的要求是不同的。业务信息系统中，要求存储的信息格式比较简单，存储时间比较短。管理信息系统与决策支持系统中的信息格式比较复杂，存储的时间也较长。

3. 加工信息的子系统

除了极少数最简单的信息系统，如简单的小型查询系统外，一般来说，系统总需要对已经收集到的信息进行某种加工,以便得到某些更加符合需要或更加反映本质的信息。加工的种类很多,通常可分为数值运算和非数值数据处理两大类。在各类信息系统中,决策支持系统对信息的要求是最高的,这是由于管理决策常常要用到一些相当复杂的加工方法。管理信息系统也要用到各种类型的算法,但是往往是以比较固定的方式使用的,因此处理起来比较容易。业务信息系统与办公信息系统所使用的加工方法比较简单,但是由于使用频繁,要求加工速度快。

4. 传递信息的子系统

当信息系统具有较大的规模,在地理上有一定分布的时候,信息传递是信息系统必须具备的一项基本功能。系统越大,地理分布越广,这项功能所占的地位就越重要。实际上,信息传递与信息存储常常是密切相连的。它的功能在于完成对系统外的信息交流、系统内的上报和下达等传递工作。信息的传递实质上是数据通信。信息传递问题比较突出的是业务信息系统,办公自动化系统和情报检索系统。管理信息系统和决策支持系统相对而言,信息传递的任务不多,但有可能逐步增加。

5. 提供信息的子系统

信息系统的服务对象是用户。它的功能在于向信息的最终用户提供所需要的各种信息服务。提供信息的手段是信息系统与管理者的接口或界面。它的情况应由双方的情况来定,即需要向使用者提供信息的情况以及使用者自身的情况。从需要向用户提供的信息来看,决策支持系统的复杂程度及灵活性要求是最高的,因此,对话式的用户接口是比较适宜的。业务信息系统和管理信息系统,一般倾向于提供固定的例行信息服务,因此,信息提供方式的简明易用是十分重要的。

以上列举了信息系统的五项基本功能。在具体的信息系统中,它们的实现机制是互不相同的,在设计中考虑的优先次序也因系统而异。但是,任何一个信息系统,都必须设置必要的部分去完成这些功能,任何一个环节的疏漏都将使整个信息系统失调。

为了保证信息系统的各项功能正常地进行,并有效发挥作用,信息系统还必须具有控制功能。通过控制功能的作用,使信息系统的输入、处理、传输、存储、输出等各项功能最佳化,从而使整个信息系统运行最佳化。

信息系统是为管理服务的,当然,对它的评价也应该以管理服务的情况为准则。必须明确,对管理工作的信息需求满足到何种程度,是信息系统评价的基本准则。

按管理的要求来检查我们周围的各级各类信息系统,可以见到大量的满足不了管理要求的情况。目前在各种社会经济组织中,比较普遍存在的信息系统的弊病,可以列举如下几点:

(1) 信息收集得不完整,管理工作所需要的信息没有及时、准确、完整地记载下来,在用的时候找不到。缺少必要的信息,造成决策失误,带来巨大的经济损失,这样的事例在许多部门都可以见到。另一种状况就是信息盲目地重复收集,造成信息的不一致。

(2) 信息的传输速度太慢,以至于失去了信息支持决策的作用。由于技术条件与管理体制问题,在许多单位中,信息的传递速度慢到令人难以容忍的程度,给工作造成许多损失。另外,信息在传递过程中严重失真。这种信息的失真包括无意造成的和有意造成的。

(3) 信息的存储不合理。这里指已经得到的信息由于存储的问题而得不到很好的利用。这里有两种情况，一种是存储地点的不合理；另一种是存储方式不合理。信息存储的不合理已严重影响到信息的使用。

(4) 对收集到的信息没有进行科学加工，或者加工的方法不科学。从基层收集的大批信息，带来了丰富的第一手资料，但是要得到更本质的信息，还要对它进行科学的加工处理。还有，信息加工的方法不够科学，不仅没有发挥辅助决策的作用，反而起了不好的作用。

(5) 信息提供的方式不好。信息必须由人们使用以后，其价值才能发挥出来。因此，如果信息提供的方式不好，那么前面的收集、存储、传递、加工就都成了没有意义的活动。另外，许多信息系统只能满足例行的信息需要，而不能满足随机的信息需要。

以上各种弊病在各级各类信息系统中是普遍存在着的。面临着大量亟须解决的新问题，许多企业、部门的领导都痛感信息不灵的严重危害，明确地指出"信息系统是我国最薄弱的环节"。改善各级各类信息系统确实已经成为一种迫切的社会需要。

上面列举的种种问题是由多方面的原因造成的，许多问题的产生来源于信息管理体制的不合理，技术手段的落后也是产生这些问题的重要原因，这些问题的产生还来源于人们的信息意识不强。所以针对产生弊病的原因，改善工作也应该从这三方面进行。

应用是第一位的，应用了的系统就是成功的系统，没有应用的系统就是失败的系统，这应成为衡量信息系统成败的最主要，甚至是唯一的标准。MIS 是为企业管理服务的，所以管理人员最关心的是 MIS 能做什么，即一般能提供哪些功能。从 MIS 的管理职能来看，主要涉及对企业的人、财、物、信息资源的管理和对产、供、销过程的管理。我们不难导出管理信息系统应具有的基本功能。这些功能主要体现在以下五个方面。

(1) 数据处理功能

数据处理功能是指对各种类型的数据进行收集录入、加工处理、存储检索、传输提供等处理工作，这是管理信息系统首要的任务和基本功能。

(2) 预测功能

预测功能是指运用一定的数学方法和预测模型，利用历史的数据对未来进行预测的工作。这是管理计划和管理决策工作的前提。

(3) 计划功能

计划功能是指对各种具体工作合理地计划和安排。例如生产计划、销售计划等，这是指导各个管理层高效率工作的依据。

(4) 控制功能

控制功能是指通过信息的反馈可以对整个企业生产经营活动的各个部门、各个环节的运行情况进行监测、协调、控制，保证系统的正常运行。

(5) 辅助决策功能

辅助决策功能是指运用运筹学的方法和技术，为合理地配置企业的各项资源，做出最佳决策提供有力的支撑。

总之，建立信息系统的目的是有效地利用通过计算机和管理人员的合作所收集并经过加工和整理的数据。计算机化的信息系统将优化人们的手工管理，而在效率和效能方面都有较大的改进。但是，最大限度地利用所获得的数据和信息，除了应用于管理，最好还应用于决策，这才是管理信息系统建立的初衷也是归宿。以下几节的讨论将不再严格区分信息系统和管理信息系统，我们所谈的信息系统实际上就是指管理信息系统。

9.2 组织中的信息系统

管理信息系统是给管理活动的各个层次、各个部门提供所需信息的系统。可以用横向结构和纵向结构来描述组织管理功能。横向结构把同一管理层次的有关职能部门的数据综合。如企业组织可分为基层、中层、上层三个管理层次，根据各管理层次所需的信息不同，把有关职能所需的数据进行综合。纵向结构对不同管理层次的数据进行综合。对基层作业管理的数据进行综合而提出中层战术管理所需的信息，再从对中层战术管理数据的综合而提出上层战略管理所需的信息，从而使各级管理层次之间信息畅通。

管理信息系统是一个对组织进行全面管理的综合系统。一个管理信息系统支持着组织的各种功能子系统，包括供应、生产、销售、人事、财务，还有涉及各个功能的信息管理，高层管理也可以认为是一种独立的功能。使用每个功能子系统可以完成业务执行、管理控制、战略规划，如图 9-2 所示。

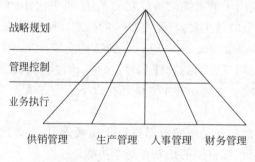

图 9-2 横向与纵向应用

9.2.1 横向子系统

1. 市场销售子系统

市场销售子系统一般包括产品销售和服务。销售的事务处理主要是销售订货、广告推销等。作业控制包括销售人员的雇用和培训，销售的日常调度，销售数量按地区、产品、顾客的定期统计分析。管理控制的主要活动是将销售情况与销售计划比较，分析产生偏差的原因，采取有效措施，保证计划的完成。战略规划方面的活动是研究市场战略和开发新市场。

2. 生产管理子系统

生产管理的职能包括产品设计、生产设备计划、作业计划、生产人员的雇用与培训、质量控制等。典型生产的事务处理有根据成品订单分解为零部件需求及成品单、工时单的统计等。作业控制要求将实际情况与生产计划相比较，找出薄弱环节，分析影响进度的难点。管理控制要求考虑总进度、单位成本、单位工时。战略规划包括选用的一些加工制造方法、自动化方法等。

3. 物资供应子系统

物资供应的职能包括原材料的采购、收货、库存管理和分发。事务处理的对象包括进货要求、购货订单、加工订单、验收报告、存货卡片、运输要求、提货单据等。作业控制的内容包括给出过期购货报告、过期发货报告、库存缺货报告、库存积压报告、存货周转率报告,进行供货商信誉分析、运输单位信誉分析、发货分析,等等。管理控制包括对实际库存水平与计划库存水平的比较,外购物品的价格分析,库存缺货和存货周转率分析。战略规划涉及对新分配策略、对供货商的新政策和策略分析等。

4. 人事管理子系统

人事管理子系统包括人员的录用、培训、考核,人事记录的保存,工资及解雇情况。事务处理包括雇用需求、工作岗位职责、人员培训计划、职工基本情况、工资变动和离职情况。作业控制包括雇用、培训、期满通知、工资调整、发放津贴等。管理控制说明雇用职工数量、招聘费用、技术构成、培训费用、应付工资、劳动生产率等项目的实际与计划的偏差。战略规划涉及招聘、工资、培训、福利等各种策略方案的评价。

5. 财务管理子系统

财务与会计有区别,但二者是相关的。财务的职责是有效地使用流动资金和固定资金,以最有效的方式使企业有适当的资金筹措。会计则是把财务数据分类,编制财务报表、制定预算、进行核算和分析成本。与财会有关的事务处理包括处理分类账、流水账、支票、收账凭证、收账文件等。作业控制需要每日差错报告和例外报告,处理延迟记录及未处理的业务报告等。管理控制包括预算和成本数据的比较分析。战略规划包括制定长远的财务计划、税收会计等。

6. 信息管理子系统

信息管理子系统的职责是保证其他功能有必要的信息资源和服务。其事务处理包括对数据和程序进行校正和变更,处理硬件、软件运行报告。作业控制包括日常任务调度、统计差错率、排除设备故障。管理控制则包括给出计划需要使用的数据、设备性能价格、程序员的情况,比较各项目的实际进度与计划进度,等等。战略规划包括整个信息系统计划、战略、硬件和软件环境等。

7. 高层管理子系统

高层管理部门由总经理及高级管理人员组成。高层管理的事务处理主要是信息查询和决策咨询。作业控制包括会议计划、通信、联系。管理控制是利用其他职能部门提供的综合信息来评价这些部门是否按计划进行工作。战略规划涉及企业的发展方向以及资源规划之类的活动。

可以看出,这类信息系统概括起来主要包括营销信息系统、制造信息系统、财务信息系统、人力资源管理信息系统。一般情况下，MIS以职能信息系统的形式出现在各个应用领域。职能信息系统是为了满足职能领域的用户信息需求而产生的MIS子集。

在实际工作中，由于时间、人力、技术、经费等方面的限制，一个组织开发的信息系统可能涉及某几个子系统，很难开发这样一个完整的系统，即使开发出来，这样的系统维护也是很困难的。不过有了这样一个框架，我们对管理信息系统就有了一个全面的清晰的认识。

9.2.2 纵向子系统

上面介绍了按企业各个职能部门建立职能子系统，也可以基于管理层次，分别建立战略规划子系统、管理控制子系统、业务执行子系统。从工作量来讲，业务执行的工作量最大，越往上工作量越小，战略规划工作量最小。

1. 业务执行子系统

业务执行子系统的任务是确保基层的生产经营活动正常、有效地进行。通常使用预定的处理过程和决策规则。

2. 管理控制子系统

管理控制子系统的任务是为企业各职能部门管理人员提供用于衡量企业经济效益、控制企业生产经营活动、制定企业资源分配方案等活动所需要的信息。它从业务执行子系统中取出信息进行汇总及其他处理。

3. 战略规划子系统

战略规划子系统的主要任务是为企业战略规划的制定和调整提供辅助决策。该子系统所需要的信息一般都是经过业务执行子系统或管理控制子系统加工处理的，以及来自企业外部的。同时，该子系统所采用的数据处理通常很难用简单的过程或规则来实现，在很大程度上仍取决于管理者所长期积累的丰富经验。

在现代管理信息系统的组成中，业务执行、管理控制、战略规划三个层次是同时并存的，相互融合为一体的。处于下层的业务执行子系统、管理控制子系统分别为上层提供支持，而最高层的战略规划子系统的计划和命令通过管理控制层传到业务执行层完成具体的执行。

上面提到的三层子系统也基本对应于前面我们提到的事务处理系统、管理信息系统、决策支持系统。关于这三者的关联讨论对于我们把握信息系统的整体框架也是有帮助的。

事务处理系统的主要目的是支持企业内各种基础业务活动。这些系统不需要综合或复杂的处理，但需要大量的数据输入和输出。企业的详细业务数据主要来自事务处理系统。它也为管理信息系统和决策支持系统提供基础数据。所有事务处理系统均完成一系列共同的基本数据处理过程，包括数据搜集、数据编辑、数据修改、数据操作、数据存储和输出文档。事务处理系统是处理日常的、重复的、普通的企业事务的技术，但对企业组织的日常运营而言是至关重要的。一个现代化企业如果没有事务处理系统，其运转将是很困难的。

管理信息系统的主要目的是为企业各个业务领域的管理者提供信息支援。具体地说，它是负责向中层管理者提供事先定义好的、具有固定格式的业务报表的信息系统。管理信息系统通常为管理者提供定期总结报告、异常报告、专题报告和其他一些信息,有时候也为管理者提供对组织当前表现和历史记录的联机查询,为管理层的计划、控制和决策制定职能服务。它主要用来针对结构化的问题,将相关的各种事务处理系统连接在一起,起着将事务处理数据库中的详细业务数据转换成管理者所需的综合管理信息的作用。

决策支持系统的主要目的是帮助企业的高级管理者解决在经营决策时面临的特殊问题。它是一个高度灵活的交互式计算机信息系统。它主要用来针对半结构化问题。与管理信息系统不同,决策支持系统不是基于面向业务操作的数据库,而是基于面向决策分析的数据仓库。它的作用是对数据和信息进行深层次的开发利用。

概括起来,从信息使用的角度来看,事务处理系统是用计算机代替人工处理信息,从而大大地提高效率。管理信息系统进行企业运营的控制,从而及时地实现价值转化。决策支持系统能支持作出正确的决策,从而抓住机遇。

9.3 信息系统开发

9.3.1 信息系统的开发概述

信息系统是一个复杂的人机系统。信息系统的开发是一项大的系统工程性质的工作。不仅工作量大、技术要求高、开发时间长,而且投资巨大,对整个组织的改革与发展也会产生很大的影响。所以,必须要以系统工程的观点指导信息系统的建设,按照信息系统开发规范进行,避免一些低水平的封闭式开发,充分体现企业管理的特点和系统开发的内在规律,提高系统开发的有效性和成功率。本书仅介绍信息系统开发的一些基本知识,对于开发的技术细节不在本书讨论的范围之内。

一个组织要开发信息系统,组织中的高层领导是关键。因为信息系统的开发必然要涉及组织中的组织结构的变动,而这种工作在一个组织中,如果没有第一把手的首肯,是不可能做好的。另外,对于信息系统这种组织中的神经中枢系统,其目标必须与组织的战略目标相一致,否则系统建立之后是无法运作的,而组织战略目标与信息系统目标的结合也只有最高领导才能把握。

作为领导人员首先应具有一些信息系统的基本知识,能大概地知道计算机原理和它包括的主要设备;其次,领导人员要有提高企业管理水平的设想,要有运用现代管理科学的设想;再次,领导人员要大致了解信息系统开发步骤和每步的主要工作;最后,领导人员要会用人,会组织队伍。

领导者推动管理信息系统的第一步是建立一个信息系统委员会。该委员会是领导者的主要咨询机构,又是信息系统开发的最高决策机构。一般由企业主要领导负责,各个主要业务部门负责人参加。

在信息系统委员会的领导下要成立系统规划组。系统规划是全面的长期的计划,必须把它摆到重要的战略位置上。信息系统建设计划的第一个任务就是确定信息系统建设的工作范围,即信息系统的用途和对系统的要求。工作范围确定以后,接下来就是确定所需要的资源,包括硬件环境、软件环境和最重要的资源——人员。另外,信息系统建设计划中的一项非常重要的内容就是建设费用预算,预算以成本估算为基础,包括网络环境建设成本、软件购置成本和应用软件开发成本。当然,计划也离不开进度安排,而最终又主要转化为对软件开发工作量的估算。在规划的指导下就可以进行一个个项目的开发(见图9-3)。

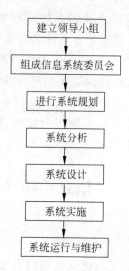

图9-3 信息系统的开发步骤

每个项目的建设可由五个阶段组成,即系统规划、系统分析、系统设计、系统实施和系统运行维护。其中,系统分析、系统设计和系统实施三个阶段是信息系统的建立或者研制过程。

1. 系统规划阶段

系统规划阶段的任务是对企业的环境、目标、现行系统的状况进行初步调查,根据企业目标和发展战略,确定信息系统的发展战略——也就是从总体上把握系统的目标和功能的框架,对建设新系统的需求作出分析和预测,同时考虑建设新系统所受的各种约束,研究建设新系统的必要性和可能性。根据需要与可能,给出拟建系统的备选方案。对这些方案进行可行性研究,写出可行性研究报告。

可行性研究的内容主要集中在技术可行性、经济可行性和管理可行性。可行性研究报告审议通过后,将新系统建设方案及实施计划编写成任务书。

2. 系统分析阶段

系统分析阶段的任务是根据任务书所确定的范围,对现行系统进行详细调查,描述现行系统的业务流程,指出现行系统的局限性和不足之处,进一步确定新系统的基本目标和逻辑功能要求,即提出新系统的逻辑模型。这个阶段是整个系统建设的关键阶段,也是信息系统建设与一般工程项目的重要区别所在。

系统分析阶段的工作成果体现在系统说明书中,这是系统建设的必备文件。用户通过系统说明书可以了解未来系统的功能,判断是不是其所要求的系统;系统说明书一旦讨论通过,就是系统设计的依据,也是将来验收系统的依据。

3. 系统设计阶段

简单地讲,系统分析阶段的任务是回答系统"做什么"的问题,而系统设计阶段要回答的问题是"如何做"。该阶段的任务是根据系统说明书中规定的功能要求,考虑实际条件,具体设计实现逻辑模型的技术方案,也即设计新系统的物理模型。

这个阶段又分为总体设计和详细设计两个阶段。主要包括模块设计、代码设计、输入/输出设计、处理过程设计、数据存储设计等内容。这个阶段的技术文档和工作成果是"系统设计说明书",它是系统实施阶段的指导性文件。

4. 系统实施阶段

系统实施阶段是将设计的系统付诸实施的阶段。或者说就是"实际去干"。其主要任务是以新系统的物理模型,即系统设计说明书为依据,编制可在计算机上执行的程序代码,建立文件和数据库等,测试整个管理信息系统,使系统设计的物理模型付诸实现。

这个阶段的任务具体包括计算机等设备的购置、安装和调试,程序的编写和调试,系统测试,人员培训,数据转换,试运行与转换等。系统实施是按实施计划分阶段完成的,每个阶段应写出实施进度报告。

5. 系统运行维护阶段

系统交付使用以后,研制工作即告结束。但是信息系统不同于其他产品,它不是"一劳永逸"的最终产品。系统投入运行后,需要经常进行维护和评价,记录系统运行情况,根据一定的要求对系统进行必要的修改,评价系统的工作质量和经济效益。

最后,系统鉴定可以在系统转换结束后进行,若时间允许的话,最好能在系统稳定运行一段时间后(例如半年)再进行,以便有较多的时间对系统的运行情况和使用效果进行观察。

表 9-1 较详细地描述了信息系统开发的全过程。

总之,信息系统的开发需要一个较长的周期。严格区分信息系统开发工作的阶段,每个阶段必须明确任务,提供相应的文档资料。这些都是信息系统开发过程中所必须遵循的原则。

表 9-1 信息系统开发的全过程

阶 段	主 要 内 容	主 要 文 档
总体规划	对现行系统初步调查 提出总体方案 可行性分析	可行性报告
系统分析	对现行系统详细调查 分析用户的需求 数据分析和功能分析 建立新系统的逻辑模型	系统分析说明书

续表

阶　　段	主　要　内　容	主　要　文　档
系统设计	模块设计 输入输出设计 代码设计 数据库设计 网络设计 处理过程设计 建立新系统的物理模型	系统设计说明书
系统实施	硬件安装和编程调试 系统测试 用户培训 系统转换	操作手册 使用说明书
运行维护	运行 维护 评价	系统运行维护记录 系统评价报告

9.3.2　信息系统开发人员的组织

由于企业信息系统本身的复杂性，它的开发需要一支由各种专业技能人员组成的开发人员队伍。也就是说，信息系统的开发首先要做好人员的组织工作。

在计算机发展的早期年代，信息系统的作用还十分有限，那时的信息系统部门主要是由程序员组成，他们是一些经过专门训练的、负责编写计算机软件指令的专业技术人员。而现今在大多数信息系统部门中，系统分析员的比例正在大幅度增长。系统分析员承担着信息系统部门与组织中其他部门之间的桥梁作用，他们的主要工作就是把组织中的管理问题及需求转变为信息需求和系统需求。

完整地说，开发过程所需要的人员有：用户、系统分析员、数据库管理员、网络工程师、程序员和操作员等，这支队伍是庞大的。他们在系统开发过程中所处的地位和作用是不同的。值得一提的是，这些信息专职人员必须协同工作(如图9-4)。

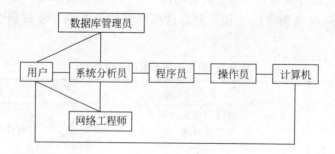

图9-4　各类人员协同工作关系

(1) 用户：他们是信息系统建设的参与者和最终使用者，他们懂得具体的管理需求和信息需求。系统开发的成功与否取决于是否符合用户的需要。用户是否满意是衡量系统开发质量的首要标准。

为一个用户所接受,在实际工作中真正服务于用户的成功管理信息系统,离不开用户的参与。在开发中要做好广大用户的培训工作,提高他们的参与意识,提高他们使用新系统的积极性。只有系统开发人员与用户真诚合作,才是系统成功的关键。

(2)系统分析员:系统分析员是实际系统开发的业务领导者与组织者。系统分析员负责分析用户的业务需求和设计计算机解决方案。根据国外书籍介绍,系统分析员主要承担系统分析工作;系统设计员主要承担系统设计工作。但是,有时这两项任务是由同一个人承担,只是在不同阶段的立场有所改变。系统分析员应该具备丰富的相关业务领域知识,负责确定具体的业务需求,并正确地传达给系统设计员和其他开发人员。系统设计员不仅要具备相关领域业务知识,理解具体的业务需求,而且要具备丰富的计算机硬件和软件知识,设计如何实现系统分析中提出的业务需求。

系统分析员的主要职责是起着用户和系统开发其他人员之间的桥梁和接口作用,是系统开发的核心人物。一个成功的系统分析员需要有做人和技术两方面工作的才能。系统分析员的知识水平和工作能力决定了系统的质量。缺乏称职的系统分析员是目前制约信息系统开发的重要因素之一。

(3)数据库管理员:数据库管理员协同用户和系统分析员创建含有信息系统所需数据和信息的数据库。数据库建立后,数据库管理员还要经常性的管理和维护数据库。

(4)网络工程师:网络工程师同系统分析员和用户一道建立将各种计算机资源连接在一起的数据通信网络。网络工程师须同时具备计算机领域和通信领域的专业技能。

(5)程序员:程序员根据系统分析员设计的系统模块具体编写和实现计算机程序,计算机程序能使计算机将数据转换成有用的信息。

(6)操作员:操作员负责操作计算机系统。一般由各业务管理部门抽调一批熟悉业务管理的人员组成,负责各个子系统的日常操作。

信息系统的开发必须在上述各类人员的共同努力下才能完成,因此要做好这些开发人员组织与协调工作。组织与协调工作可以通过一个项目领导小组来实现。

有充分理由要求这个领导小组的组长要由企业或组织的高层领导来担任,小组的成员由企业或组织中各项管理专家以及懂得系统开发方法并有组织协调能力的系统开发专家组成。由这个小组组织各类开发人员从事系统开发工作,并负责协调用户之间、用户与开发人员之间、开发人员之间的各种关系。

一般地,信息系统是由信息系统的分析人员、设计人员、编程人员以及其他方面的信息技术专家开发的。这些信息系统的技术专家习惯上将信息系统称为"我的系统"。但是,信息系统是由用户使用的。从信息系统技术专家的角度和从信息系统用户的角度看信息系统,往往存在着很大的差别。即使开发信息系统的技术专家工作非常努力,但是实际结果却是信息系统的用户对开发出来的信息系统不甚满意。

造成这种现象的原因主要是信息系统的技术专家往往不太了解用户的需求,对用户的需求有不同的理解,开发出来的信息系统虽然从技术上不存在问题,但是这种信息系统往往不能满足用户的需求。另外,用户不太了解信息技术的特点,往往对信息系统的开发寄予过高的希望,理所当然地认为信息系统的开发一定会符合用户的所有要求,信息系统的应用肯定可以解决管理上的所有问题。

解决这种问题的方法是加强技术专家和信息系统用户之间的沟通和了解,让信息技术专家和信息系统用户都参与到信息系统的开发过程中。这样,一方面,技术专家可以随时了解用户的需求,不断地修改自己的系统;另一方面,用户也对信息技术的特点了解得更多,对如何使用信息系统辅助管理工作有更深层次的认识。

信息系统的开发是专业技术人员和业务管理人员相互渗透、相互配合的过程。但是传统上,人们以为信息系统是技术人员的事,甚至只是从事计算机工作人员的事,与管理人员无关。实际上,经验已经一再告诉我们:信息系统建设不仅是系统开发人员的工作,而且是从单位领导到全体业务人员都应当关注的问题。要使全体开发人员分工负责、协同配合,以完成这一艰巨而复杂的工作。

所以,开发信息系统,应该调动两个积极性:计算机应用部门的积极性和需求信息的管理用户的积极性。也应该注意两个结合:计算机技术和有关管理业务相结合;计算机技术人员和有关管理人员相结合。

补充说明一点,在信息系统教育方面,也应该注意提高学生的分析问题、解决问题的能力。一个信息系统开发成功的关键在于首先要搞清楚系统"做什么",其次才能考虑"如何做"。有人认为,"只需熟练掌握几门计算机语言,就可以成为一个优秀的信息系统开发人员"。这种观点是极其错误的。编程固然是信息系统开发的一个重要步骤,但由于计算机技术的发展,特别是编程工具越来越丰富,功能越来越强大,编程工作相对以前而言要容易得多。以往的教训告诉我们:过分强调编程,而忽视系统分析和系统开发必然要走向失败。

进一步补充说明一点,在信息系统的教育方面,我们也应该特别注意对学生进行与他人相互配合、密切合作能力的培养。因为任何一个信息系统的开发总是一个集体共同创造的结果,不可能单独由某一个人来完成。

9.3.3 信息系统开发方式

20世纪80年代中期,我国的信息系统开发主要采用用户自主开发方式以及与大学、科研单位合作开发的方式。进入20世纪90年代以来,由于软件开发公司的兴起和国外软件公司进入中国市场,委托开发、购买现成软件等成为常见的开发方式。

企业可以自行开发、选购现有的产品或是完全承包给外部公司,各种开发方式各有其优点和不足,企业必须根据自身的情况和将来经营的目标进行权衡,应根据资源情况、技术力量、外部环境等因素做出选择。

软件包不可能满足一个组织的全部需求,相对来说,它更适用于所有组织中比较通用的一些需求。有些使用软件包有经验的企业已经意识到,最好的软件包也不过最多满足组织需求的70%。全部采用外购现成商品化软件的方式仅适用于小型单位和单个系统。

合作开发是由用户企业与其他专业性的、有实力的技术开发单位协作,共同完成开发任务。一般是由用户企业负责开发投资,开发小组由双方联合组成。这样可以利用企业业务优势与合作方信息技术优势彼此互补的有利条件,开发出适宜性较强、技术水平较高的应用系统。

现在,已有越来越多的企业将系统开发项目完整地承包出去,由专业性公司或科研机构进行开发,企业直接拿"成品"。此种方式获得成功的关键是要选择称职的委托单位。另外,委托开发在开发过程中必须配备精通业务的人员以及本企业的计算机人员参加,为系统今后的运行和维护做好准备。

对于生产规模较大,本身技术力量较雄厚的企业,多采用自行开发方式。自行开发可以得到较为适合本企业实际应用的系统,并能在开发的过程当中,培养和锻炼自身的信息管理队伍。最终用户运用专门的第四代语言进行自行开发是完全可行的。据不少组织报道,使用第四代语言,其系统应用开发的效率明显提高。

目前,软件开发正向专业化发展,出现了不少专门从事软件编制和系统开发的专业公司。企业由于自身资源的限制,可以利用外部专门提供信息系统建立和维护的公司,来实现信息系统的开发。当组织在考虑信息系统开发时,主要有三种形式的外源化可供选择。第一种是购买现成的应用软件包,许多组织选择购买现成的、具有共同业务职能的自动化应用软件包;第二种是购买一种现成的应用软件包,并且要求软件制造商进行某些修改,因为有些组织可能发现现成的应用软件包只能满足他们的某些要求;第三种是以资源外包的方式开发一个完整的新系统,而不使用现成的应用软件包。因为外部源既有益处,又有不足,所以并不能适用于所有企业。如果企业同一家外部源供应者有互信的工作联系,那样就比较理想。

为了避免重复工作量,提高系统开发的经济效益,除了要按软件工程的思想和方法去开发软件,也可在自行开发基础上购买部分适合于本系统使用的应用软件或购买现成软件,然后再进行二次开发。

无论以何种方式,经由何种途径进行开发,都要懂得只有管理的人员参与,才能开发出真正可用的系统。而且,要注意在信息系统的整个开发过程中培养和锻炼企业的信息技术队伍,这对于系统投入正常运行和日后的升级换代有极大好处。而且,吸取其他企业或组织中类似的管理信息系统的开发经验和失败教训,就能在本企业系统开发中少走弯路,这是管理信息系统开发成功的重要保证。

在开发信息系统的过程中,常见的一个问题是用户缺乏有关开发过程如何运作的知识,到开发结束时,不但未达到预想的效果,反而花费了巨额的资金,造成了重大的损失。

每一个开发商都会介绍自己公司的技术实力,但这并不意味着他们能保质、保量地满足用户的要求。历史的经验说明,开发信息系统不只是需要先进的技术,更需要开发商懂得企业的业务和管理。如果深刻理解了企业业务,即使用过时一些的技术也能开发出适合用户需要的系统;反之,则完全不能发挥技术的作用。

以目前较常见的委托开发方式为例,一项开发工作最好由用户单位、开发商、中介机构或咨询机构三方人员来共同完成。在这样一个开发工程中,开发方一般由项目领导、系统分析师、系统设计师、程序员等组成。首先主要是由系统分析师调查了解企业的情况,了解企业目标,现行企业系统的问题,企业的信息战略,然后才是如何用信息技术解决这些问题。也就是说,首先是管理上的问题,然后才是信息技术的问题。系统开发的最大错误就是没弄清问题就动手去做。

对于独立开发方式,开发人员与系统最终用户属于一个单位,不存在原则上的冲突,一般可得到适合本单位的满意系统。然而,对于其他开发方式,由于出现了两个利益主体,一方主要表现为系统开发方(由系统开发人员组成);另一方主要表现为系统用户方(由业务支持人员组成)。表面上双方是一对委托人—代理人的关系,实质上在这两方之间存在的是一个合同关系,可以采取监理的策略,以确保信息系统建设的成功。

实行监理制是国际上确保工程项目质量和进度的一种通行惯例。随着信息系统建设理论的发展,监理的思想已经渗透到信息系统建设中。所谓监理就是聘请用户方(甲方)和开发方(乙方)的第三方(丙方)。监理制度是为了降低信息系统建设的各种风险而提出的。监理方不仅对乙方有约束,对甲方也有约束。作为"第三方",成立信息系统监理公司,实行监理制度,势在必行。

9.3.4 信息系统开发方法

迄今为止,并没有一种对任何系统开发都行之有效的方法。20世纪60年代,由于人们开发系统并没有固定的方法可依,每个程序员都按照自己的方式写代码,而且也没有什么说明性的文档,这就使得系统的程序很难被其他人读懂,后期的维护也很困难,于是人们开始注意研究信息系统开发的方法和工具。70年代,系统开发的结构化方法出现了。它把系统的开发过程分成若干阶段,并且规定在每一阶段完成固定的工作,利用完整的开发文档记录整个开发工作,极大地改善了开发过程的管理。80年代初,友好的语言和自动化编程工具的出现,使得开发方法又取得了进步,一种新的系统开发方法——原型法产生了。原型法是一种全新的开发方法,对确定有效的用户需求十分有利。可以说,目前的开发方法主要有结构化方法和原型法。每种开发方法具有自身的特点和适用范围,在选择开发方法时,要立足于企业的实际情况和所处的环境。

结构化方法又称生命周期法,是一种传统的信息系统开发方法,也是最成熟、应用最广泛的一种工程化方法。结构化方法用于开发信息需求比较明确的大、中型系统。结构化方法的主要思想是将开发过程视为一个生命周期,也就是相互连接的几个阶段——系统规划、系统分析、系统设计、系统实施和系统维护。每个阶段有明确的任务,要产生相应的文档。上一个阶段的文档就是下一个阶段工作的依据。它使用结构化、模块化方法,自顶向下地对系统进行分析和设计,最后利用自底向上、逐步实现的方式完成系统实施。当系统开发出来以后,并不意味着整个系统生命周期的结束,而是意味着根据组织的需要对系统的修改和重建的开始。

原型方法作为一种信息系统的开发方法,从原理到流程都是十分简单的。开发周期短、应变能力强是它的主要特点。原型法是一种基于模拟的实用的开发方法,适用于中小型信息系统的开发。特别是当需求不能完全确定时,原型法显得更为实用。原型法的基本思想是假定系统的使用者是缺乏计算机技术知识背景的,因此开发者和使用者在讨论系统时存在着许多障碍。在这种情况下,开发者和用户合作无疑是非常困难的。一个解决方法就是开发者基于和用户的交谈,得到对于系统的基本认识后,采用高效率的开发工具,构筑一个能够反映系统特色的原型系统。然后在此基础上,和用户进行进一步的讨论,得出他们对于系统的真正的需求,直到开发者确信已经完全掌握了用户的需求时,才进行正式的开发。

除了结构化方法和原型法之外,还有面向对象方法等。面向对象方法是80年代中期提出来的,许多概念、方法还在发展完善的过程中,但是人们普遍认为它是信息系统开发方法未来的发展趋势。面向对象方法与我们前面所介绍的两种方法有很大的不同,前面两种方法基本上可以被称为是面向数据或面向过程的。面向对象方法把数据和操作结合在一起作为一个对象,通过对象的定义、操纵来实现系统。面向对象的开发方法,起源于面向对象的程序设计,但这并不意味着它仅限于程序设计语言,经过发展和演化,它已经成为一种系统开发方法。面向对象方法的开发过程大体可分为面向对象系统分析、面向对象系统设计、面向对象系统实现、面向对象系统测试四个部分。这里不作详细介绍。

三种开发方法对使用者的要求也不相同,结构化方法离计算机人员近一些,原型法贴近于用户,面向对象方法介于两者之间。在实际开发过程中,通常将两种方法结合起来,取长补短,互为补充。比如由于生命周期法适用于系统需求明确、规模较大、结构较复杂的系统,快速原型法适用于系统需求模糊、规模较小、结构较简单的系统,最好的做法是:先采用生命周期法制定总体规划,进行系统分析、设计,再采用快速原型法进行局部的子系统设计和实施。

传统的管理信息系统开发方法尽管十分重要,但过于僵化、刻板。实际上,在采用这些方法时,人们经常忽视了两个重要的问题:一是在系统的开发过程或系统的生命周期过程中,信息环境和用户的需求是不断变化的。而采用上述方法来开发管理信息系统往往是受限制的,因为它要求在开发过程中或开发完成之后,系统用户的信息需求要能保持一个相对稳定时期。但结果常常是系统还没有开发完毕,用户需求就发生变化了,从而导致管理信息系统的开发失败。二是在系统的开发过程中,或是在系统的生命周期中,信息技术也是处在不断变化之中的。因此,系统的开发必须具有前瞻性,只有这样才能使系统在开发周期完成之后,能够跟上技术发展的步伐。然而,许多管理信息系统在实际开发过程中并未遵循标准化的原则,从而导致系统开发成功之时或不久之后即遭淘汰。

传统的管理信息系统在建立过程中,一直强调要合理地改造已有的手工系统,但实际上所有的管理信息系统都不同程度地模拟了手工系统中的数据处理过程。由于传统的管理信息系统是按照单项业务系统开发的,并且不同的系统开发方法遵守开发规范的程度有所不同,这就使得系统之间存在着很强的先天封闭性——每一个系统均只涉及本业务方面的信息,管理信息系统的作用一直局限于事务处理的范畴。由于传统的管理信息系统是一种封闭式的单项系统,不同的系统之间无法进行信息交流。它只能按开发时确定的思路和流程来处理信息,因而刚性太强,弹性不足,这就严重限制了信息资源开发的深度和利用的广度,同时也给使用者带来很大的不便。此外,其软件开发经常是基于某一种操作系统,采用特定的程序设计语言进行低层开发,因而周期较长;系统的生命周期短,移植升级困难;系统的维护和修改不便,严重依赖于开发商。

要彻底地克服传统管理信息系统的缺陷,就需要建立新一代或现代管理信息系统。过去的管理信息系统多为使用某一家软件公司生产的产品,或使用某个专用的软件系统,但随着系统的复杂化、大型化、网络化,这种传统的系统模式已经不能满足需要。现在,越来越多的情况是:以适合用户的需要为原则,使用多个厂家的产品,进行系统集成。

系统集成是近年来引起人们重视的一个新概念。系统集成还没有统一的定义,在不同的项目中,系统集成的要求和工作范围也有很大的差别。系统集成是为了达到系统目标,将可利用的资源有效地组织起来的过程和结果。在信息系统领域,系统集成就是根据应用的需要,将硬件平台、网络设备、系统软件、工具软件及应用软件等组织成能够满足一定功能、具有优良性能的信息系统的过程。

系统集成在概念上绝不只是联通,而是有效的组织。系统集成要达到系统的目标,这个目标总是要达到 $1+1\gg2$ 的效果。系统集成可以分为硬件集成、软件集成和信息集成。硬件集成解决系统之间硬件的连通;软件集成实现不同软件系统之间的数据和信息交换;信息集成或数据集成实现不同系统之间数据和信息的共享。

系统集成技术是近年来引起系统开发人员及用户普遍重视的一个新概念。系统集成为什么当前显得时髦,关键在于它的重要性。如果没有系统集成,各部件的效益均无法发挥。我国现在大多数企业的信息系统没有发挥应有的效益,这都是因为集成不好所致。系统集成公司通常并不局限于精通一种技术,而应当具有比较广泛的知识,可以为构筑企业管理信息系统提出综合性的解决方案。

现在的许多公司把自己的信息系统项目整体外包给系统集成商,而系统集成商把企业需求分解成一些独立的子需求,购买市场上的现有软件进行集成,生成企业需要的信息系统。这种方法的前提是要有许多成熟的软件可供利用,就目前情况来看,国内的一些财务软件,像用友财务软件、金蝶财务软件等,为这种大系统集成提供了必不可少的元素。

总之,管理信息系统的发展方向开始从"开发"转向"集成"。信息系统开发也从用户直接和厂商进行的"双方"交易转变为由独立的"第三方"系统集成商来承担的工作。系统开发者不再是简单地使用某种工具来开发一个管理信息系统,而是使用综合的信息技术,分析用户的需求,从许多可用的备选方案中选出若干个合理的解决方案,最终高效率地集成起所需要的系统。

9.3.5 信息系统的开发策略与规范

现代企业的管理工作,信息量大,涉及面广,一般可以根据决策层次、管理职能和信息处理方式,分成若干个相互关联的子系统,以便系统的整体开发。

1. 信息系统的开发策略

目前,有不少企业开发了一些单项数据处理项目。这种开发工作往往是一个个项目孤立地进行开发的,他们各自用一台微机,各有自己的程序和数据,项目之间互不联系。一个企业,如果这样的项目开发得多,互不通气,系统无法连接,数据无法共享,当项目之间必须进行连接时,不得不做很大的修改,甚至推翻以前的工作重新开始。尤其是关于数据问题,同样的数据,在同一企业的不同部门的数据不统一,有的部门用了大量的时间,收集了大量的数据,做了大量的工作,结果发现其他的部门也正在做着同样的工作,重复收集和处理着相同的数据。其根本原因是:信息系统中的一个子系统是整个系统的一个组成部分,因而,它必然有不少信息是供全系统共享。而孤立地开发一个个子系统,无法顾全整个系统的信息共享。

著名的计算机和信息科学家马丁曾经比喻说,建一艘战舰,不可能在没有总体设计的情况下,就着手各个零部件的设计和制造。而一项完整的信息系统工程,其复杂程度丝毫不亚于建造一艘战舰。然而,在过去,由于历史的原因,绝大多数企业的信息系统的设计和实施都是在缺少总体规划的情况下进行的,在这种情况下,各子系统的独立实施的结果是难以组成协调的大系统的。而当这种协调是必要的时候,则需要对这些子系统加以转换,而转换的代价是昂贵的。

因此,开发信息系统有必要从战略上进行规划,在系统总目标之下,设置各个子系统。开发子系统时,必须先搞清楚系统与该子系统的关系,子系统与子系统之间的相互关系,也就是某个子系统与其他子系统之间的信息输入、输出关系。另外,MIS是一个数据库系统,企业中大多数数据都需要做统一的管理,以期提高数据共享程度、减少冗余、有效地使用数据、提高系统的开发效率。当然,这并不意味着系统中所有的数据都必须实现共享,根据实际情况的需要,各个职能子系统可以保有自己的专用数据。

具体开发策略的选择往往和开发人员的经验、水平和习惯有较大关系。通常有如下几种开发策略:

(1) 自上而下的开发策略

从企业的高层管理着手,首先考虑企业的总目标,然后确定需要哪些功能去保证目标的完成,从而划分相应的业务子系统,并进行各子系统的具体分析与设计。应用系统的开发是在总体规划指导下的子系统开发。该策略的整体性和逻辑性较强。缺点是对于一个规模较大的系统来说,可能会因工作量太大而影响具体细节的考虑,并且开发费用也较大。

(2) 自下而上的开发策略

从企业各个基层业务子系统的日常业务处理开始进行分析和设计。完成下层子系统的分析和设计后,再进行上一层子系统的分析和设计,将各自的功能和数据综合加以考虑。该策略可根据较少的资源边实施边见效,容易开发。但由于在具体子系统的实施时不能很好地考虑系统总目标和总功能,缺乏整体性和协调性,可能导致功能和数据的重复、矛盾。

(3) 综合开发策略

由于自上而下的方法适宜于系统的总体规划,而自下而上的方法适宜于系统分析、设计阶段、因而,最好的策略是将它们结合起来使用,以便发挥各自的优点。在总体规划阶段,应用自上而下的策略确定系统目标和总体方案,在系统开发的以后各阶段中,就可以在上述系统目标和总体方案指导下,利用自下而上策略对一个个业务子系统进行分析、设计和实现。

一般来说,新的信息系统都是在原有系统的基础上发展起来的,完全从零开始建立一个全新的信息系统的情况是很少的。即使遇到这种情况,信息工作者也可以通过对类似的现行信息系统的调查来获得所需的情况。

2. 信息系统的开发规范

另外,为使系统开发过程更加合理,很多国家都制定了相应的系统开发规范。《计算机软件开发规范》就是这样一个参考规范。该规范将系统开发分为8个阶段,即可行性研究与计划、需求分析、总体设计、详细设计、实现、集成测试、确认测试及使用与维护。使用分阶段的方法是人类解决复杂问题的惯用策略,即把复杂问题进行分解,分别解决相对简单的子问题。各阶段的具体工作如下:

(1) 可行性研究与计划。在项目开发之前应根据客户可能提供的时间和资源进行可行性研究。通过科学的研究和投资效益分析,发现开发过程中存在的问题,从而避免可能的人力、物力和财力的浪费。然后,在此基础上作出开发方案的选择。

(2) 需求分析。需求分析是系统开发的一项重要任务。需求是用户对目标软件系统在功能、行为、性能、设计约束等方面的要求。在需求分析工作中,系统分析人员对用户需求进行调查和分析,确定现有环境的特征,正确定义目标软件的特性。

(3) 总体设计。其任务是根据需求规格说明建立目标系统的总体结构,提出系统结构图;定义各功能模块的接口、设计全局数据库或数据结构、制定组装测试计划等。

(4) 详细设计。详细设计是对总体设计中产生的功能模块进行过程描述;设计功能模块的内部细节,包括算法和数据结构,从而为编写源代码提供必要的说明和准备。

(5) 实现。系统实现的任务是将详细设计的结果转化为用具体的程序设计语言所书写的程序。同时,系统实现对编写的源程序进行程序单元测试,即模块测试。

(6) 集成测试。集成测试根据各功能模块的说明及制定的集成测试计划,将经过单元测试的模块逐步组装并进行测试。

(7) 确认测试。又称验收测试,其任务是根据需求说明书中定义的全部功能和性能要求以及测试计划,测试整个系统是否达到了要求,并提交最终的用户手册和操作手册。

(8) 使用与维护。系统经过确认测试后,就进入了使用和维护阶段。使用和维护工作一直伴随着系统,直到系统被废弃不用。

9.3.6 信息系统项目管理

需要指出的是:信息系统的建设是一类项目的建设过程,可以用项目管理的思想和方法来指导信息系统的建设。

项目管理是保证整个项目顺利、高效地完成的一种过程管理技术。因为项目管理的目的就是要在指定时间和有限资源的条件下,按质保量地完成给定的任务。具体地讲,项目管理就是为实现项目目标,有效地组织和利用各种资源,严格地控制项目进度,以满足用户及有关方面需求的管理工作的总称。项目管理包括任务划分、计划安排、经费管理、审计与控制、风险管理等内容。

信息系统建设项目除具备一般项目的特点之外,还有其独特之处。比如,从信息系统建设的实践来看,尽管已经进行了系统规划和需求分析,确定了系统的工作范围,然而随着建设过程的进行,必然会出现系统环境的变化和用户潜在需求的不断激发,从而导致项目本身的任务、进度和费用等均需进行调整和修改,这种调整和修改通常会在项目中反复多次地出现。可见信息系统的项目管理既非常重要,又有一定的难度。

将项目管理的思想、原理和方法应用于信息系统建设项目会提高信息系统的成功率。这里需要指出的是,并非有了项目管理措施,信息系统项目就一定能成功。但是,项目管理是使信息系统项目能得以成功的有效途径。

信息系统建设项目管理分为立项与可行性论证阶段和项目实施管理阶段。在建议书修改完成并提交主管部门批准后,项目就被列入计划,也就是项目立项。可行性研究是在项目开发前期对拟议中的项目进行全面的、综合的调查研究,其目的是要判断项目可行与否。从项目前期的管理决策角度看,项目的可行性研究是最重要的工作。可行性一般要讨论下列问题:项目开发的可能性与必要性;项目开发技术上的可行性;项目开发经济上的可行性;

项目开发管理上的可行性;最后结论。在可行性研究报告被批准之后,信息系统建设项目才算进入实质性阶段,进行具体实施。项目实施管理的目的是通过计划、检查、控制等一系列措施,使开发人员能够按项目的目标有计划地进行工作,以便成功地完成项目。信息系统的开发是在用户和各类开发人员的共同努力下完成的,如何正确处理各类人员之间的关系,使得开发工作能够按时、保质、在经费许可的范围内完成,则是项目管理实施的重要内容。项目实施管理贯穿于系统分析、系统设计、系统实施、系统运行与维护的整个开发过程。项目实施管理的主要内容包括:开发管理、测试管理、运行管理和项目后的评价管理。

为保证信息系统开发工作的顺利开始,首先要建立一个项目管理组这样的组织机构。一般来说,可以根据项目经费的多少和系统的大小来确定相应的项目管理组。项目管理组由项目经理来领导,项目管理组的负责人应该由专职人员担任。信息系统项目经理的基本职责是领导信息系统项目的计划、组织和控制等工作,以实现项目的总体目标。项目组根据工作需要可设若干小组,小组的数目和每个小组的任务可根据项目规模、复杂程度和周期长短来确定。具体地说,组建项目管理组后,要对项目的成员、成本、进度和质量进行管理,包括协调各类开发人员和各级用户之间的关系,做好文档的管理工作,控制系统的开发进度,负责项目的经费管理等。

信息系统项目中通常需要用户方与开发方的共同协作。他们在系统开发过程中各自扮演着不同的角色。

(1) 项目管理者:信息系统项目的组织者,负有信息系统项目的计划、系统的阶段验收、及对系统整体进度的监控、经费的使用、与开发方的项目管理人员工作的协调、用户方的使用人员的组织与培训等职责。

(2) 用户方的业务人员:信息系统需求的提出者,也是信息系统的最终用户。他们是对应用系统开发成功与否的最终评判者。

(3) 用户方的决策层:信息系统开发的最终决策机构。决策层要对信息系统开发项目的上马、经费的预算以及系统所要达到的总目标等做出决策。

(4) 开发方的项目管理人员:负责项目的计划、开发人员的组织与调度、开发进度的检查,以及与用户方项目管理人员工作的协调。

(5) 开发方的软件编程人员:根据用户方的需求,按照项目的计划及进度进行系统开发。

按系统的观点进行项目的分解对项目管理是十分有效的。进行任务划分是实施项目管理的第一步。任务划分包括的内容有:任务设置;资金划分;任务计划时间表;协同过程与保证完成任务的条件。如按系统开发项目的结构和功能进行划分,可将整个开发系统分为硬件系统、系统软件、应用软件系统。硬件系统可分为服务器、工作站、计算机网络环境等;系统软件可划分为网络操作系统软件、数据库管理系统、开发工具等;对于应用软件可将其划分为输入、显示、查询、打印、处理等功能。总之,项目划分是实现项目管理科学化的基础。

项目进度计划和控制是一个复杂的工作。网络分析中的计划评审技术(PERT),为项目管理提供了一种先进有效的方法。它不仅简单明了,使用方便,而且比较严密地反映了计划中各项工作之间的关系,表明了影响计划进度的关键工作。该方法有一系列优点,特别适用于生产技术复杂,工作项目繁多,且联系紧密的一些跨部门的工作计划。为此,我们可以借助于它来进行信息系统的项目管理。一些项目管理软件(如常用的 MS-PROJECT2000 等)已提供了很好的项目管理工具和实现技术,它们将帮助项目经理、项目团队成员进行有效的项目管理控制和良好的沟通。

经费管理是信息系统开发项目管理的关键因素,项目经理可以运用经济杠杆来控制整个开发工作。经费的有效运用可以起到事半功倍的效果,反之,也许花了许多资金,开发工作却毫无进展。在项目管理中,赋予任务负责人一定职责的同时,还要赋予他经费支配权,同时还要对其进行适当的控制。

项目执行状况的跟踪也是整个项目管理的重要部分。它对于整个系统开发能否在资源预算的范围内按照任务时间表来完成相应的任务起着关键的作用。对于系统开发中出现的变化情况,项目经理要及时与用户和主管部门联系,取得他们的理解和支持,及时针对变化情况采取相应的对策。

需要指出的是,信息系统在项目实施过程中,尽管经过前期的可行性研究以及一系列管理控制措施,但其效果一般来说还不能过早地确定,它与风险联系着,可能达不到预期的效果,如费用可能比计划的高,实现时间可能比预期的长,而且硬件和软件的性能可能比预期的低,等等。所以,风险管理也是项目管理的重要内容。

另外,一些项目管理软件(如常用的 MS-PROJECT 2000 等)已提供了很好的项目管理工具和实现技术,它们将帮助项目经理、项目团队成员进行有效的项目管理控制和良好的沟通。

一般来说,项目目标的成功实现主要受四个因素的制约:项目的规模与范围、项目投资、项目进度、用户满意程度。对于信息系统项目而言,一项研究成果表明,影响信息系统项目成功的关键因素最重要的有 10 条,它们是:

(1) 清楚、明确地界定目标和任务;
(2) 高层管理者的支持;
(3) 有能力的项目经理;
(4) 具有团队精神的项目队伍;
(5) 充足的资源;
(6) 用户的参与;
(7) 良好的沟通;
(8) 对用户的积极反应;
(9) 适当的监控和反馈;
(10) 正确的技术。

从信息系统项目的实践来看,上述结论具有很大的普遍性,必须高度重视。

9.3.7 信息系统建设应该关注的一些问题

我国企业计算机管理信息系统建设虽然在 20 世纪 80 年代初就已经开始起步,但发展极不平衡。经过多年的努力,一些企业建成了管理信息系统,但从总体上说,是硬件设备安装得多,软件应用得少;专门开发多,可推广的少。在应用方面,是简单的单项应用多,而能支持管理和决策的应用少。通过鉴定的多,能坚持应用的少。也就是说,大部分企业目前仍处于低水平开发和应用阶段。其中具体的和主要的问题是：

(1) 系统建设与组织发展的目标和战略不匹配；

(2) 已建成的系统解决问题的有效性低；

(3) 不能适应环境变化和组织变革的需要；

(4) 组织结构陈旧、管理体制落后，主要业务流程效率与效益低下；

(5) 系统使用人员的素质较低；

(6) 系统开发环境落后，技术方案不合理；

(7) 系统开发以及运行维护的标准、规范混乱；

(8) 资源短缺、投入较少，而对系统的期望又过高。

在20世纪90年代初，有人估计我国企业MIS建设成功与失败之比是1：8。不管这一估计是否准确，但无论是学术界还是企业界都普遍承认我国MIS建设成功的远远少于失败的，我国MIS的建设尚难以尽如人意。当然，大家对这种状况的出现也并不觉得奇怪，对于我们这样一个经济、技术基础较差的发展中国家来说，企业在走向现代化管理、发展计算机管理信息系统的过程中，出现这种状况是很自然的，也是可以理解的。重要的是要正视这种现实，认真总结交流实践经验，包括成功和失败的两方面的经验，不断提高认识，从实际出发，努力改进我们的工作。

应该看到，改革开放以来，随着经济体制的改革和市场经济的发展，企业的运行机制有了很大变化，企业的生产更多地依赖于市场的竞争，信息成为企业的一个重要资源，企业信息系统的建设已成为企业走向现代化的重要标志，企业信息系统对于企业的运作以及在市场中的竞争具有重要作用。在当前形势下，信息化是企业发展的必由之路，而企业MIS的建设则是一个循序渐进的发展过程。

从信息系统具体实践上看，随着信息技术的迅速发展，实际运行的信息系统越来越多，对社会和经济的影响日益深入。可是信息系统建设的道路却历尽坎坷。许多系统的效益远不如当初的承诺，甚至半途而废，使建设单位背上了沉重包袱的情况时有发生。人们为信息系统建设的效率和成功率担忧。将信息系统建设与一般技术工程相比较，我们可以看到，信息系统建设的困难不仅来自技术方面，还来自企业内外环境。可是，在相当长的一段时间里，人们把信息系统看作是计算机技术在某个组织的应用，认为信息系统开发是一个技术过程。信息系统建设的实践，使人们越来越重视社会人文因素对信息系统建设的影响。信息系统不只是单纯的计算机系统，而是辅助企业管理的人机系统。我们不仅要把信息系统看作是一个能对管理者提供帮助的基于计算机的人机系统，而且要把它看作一个社会技术系统，将信息系统放在组织与社会这个背景下去考察，并把考察的重点，从科学理论转向社会实践，从技术方法转向使用这些技术的组织与人，从系统本身转向系统与组织、环境的交互作用。总的来说，从事计算机在管理领域应用的研究和开发人员，在总结过去的经验教训过程中，也在不断探讨如何找到一条正确的途径来提高应用效果。这里不仅涉及技术问题，还有管理本身的问题，涉及许多人的行为因素，所以要有全面的观点，把技术问题和人为因素结合起来考虑。要利用现代系统工程的观点和方法来处理系统的开发与运用问题。

下面从信息系统开发前、开发过程中以及建成后三方面指出应该注意的一些问题。

1. 开发前的准备工作

要使MIS在企业管理中真正发挥作用,必须具备一定的基础条件,搞好系统开发前的准备工作。

第一,企业真正具有信息化的需求愿望。企业信息化尤其是开发MIS,投资巨大,技术高新,涉及管理体制、机构和人的传统观念、利益机制等社会因素,难度较大。只有出于当前工作和未来战略性发展的迫切需要,企业才能克服一切困难,实现和利用企业信息化系统,否则很难达到预期效果,甚至失败。符合客观实际的需要是信息系统开发成功的重要依据。

第二,领导的重视与支持。企业主要领导在管理信息系统的开发中具有不可替代的重要作用。组织战略目标与信息系统目标的结合只有最高领导才能把握。一个要求信息化的企业领导,不仅要有开发、应用信息系统的勇气和决心,还应有远大的目光,即他真切地感到必须实现信息化,才能满足企业发展的需要,从而为企业的信息化带来动力。领导是否参与是确保系统开发能否成功的关键因素。

第三,要以良好的科学管理为基础。MIS是在科学管理的基础上发展起来的,只有在合理的管理体制、完善的规章制度和科学的管理方法的基础上,才能将规范化、标准化的信息输入计算机加以管理,系统才能充分发挥其作用。它要求企业的管理者具有信息化意识和素质,要求企业的管理机构合理稳定,要求企业的管理制度成熟完善,要求企业的管理数据科学完备。可见,信息系统开发能够得以成功的前提条件是组织机构有较高的管理水平。

第四,就是专业队伍的建设和管理人员的再培训。企业信息化是充分利用高新技术的过程,从项目立项、开发到投入使用以及以后的维护,技术总在变化、升级和更新,信息系统也就不得不升级和更新。企业想购买一个一劳永逸的MIS是不现实的。企业必须有自己的专业技术力量,并对管理人员进行再培训。解决技术力量不足问题是企业建设管理信息系统不可忽视的环节。

第五,就是必要的资金投入和资源条件。开发MIS需要巨大的资金投入,包括建设和改建机房费、计算机软、硬件的购置费、编程费、调试费,以及人员的培训费等。企业应该在MIS开发项目的投资上给予必要的保证。许多企业规划资金只考虑硬件设备,不考虑软件开发;只考虑系统开发,不考虑运行维护。这些问题必须引起重视。必须对系统开发的费用做全面的预算,保证系统开发工作的顺利进行。

2. 开发过程中的质量管理

从某种意义上说,信息系统也是一个产品,而质量是产品的生命。信息系统项目建设的目的是在一定的时间和一定的费用下完成一定的任务,并且这些任务必须达到一定的质量要求。因而,信息系统项目管理的一个很重要的方面就是信息系统的质量管理。

目前,大多数人都认为,质量应体现在过程中,而不是仅仅表现在产品上。无论是信息系统本身,还是信息系统的开发过程,都应该遵循和保存相应的标准。建立标准来保持信息系统的开发和使用处于一个稳定的状态,不至于因为某一个人员的变化,影响到整个信息系统的开发和使用。

信息系统的质量主要体现在两个方面:一是信息系统的设计必须符合和满足用户要

求。这方面涉及系统分析和设计的质量。系统分析与设计的成果只有符合用户的需求,才能满足用户的功能和性能要求,系统所解决的问题才能确定是用户所需要解决的。二是系统程序要按设计规格所说明的情况正常执行。这是强调系统的程序质量。程序符合设计规格,才能给问题以正确的解答。如果程序不能实现设计的要求,则不能满足用户的要求,给用户提供满意的系统。

项目开发的质量控制是整个信息系统质量保证的关键。从项目开发的生命周期来看,信息系统项目的质量控制包括系统的开发质量与系统运行过程中的质量管理两个方面,因此对于质量的控制管理贯穿于信息系统生命周期的全过程。从质量管理的角度来说,错误发现得越早,就越易修改,所花代价就越小。若在系统分析阶段就修正所需费用为一个单位时,拖到系统设计阶段才修正,则需 4 倍的费用,而到系统运行阶段再修正,则需 30 倍的费用。一些信息系统之所以开发失败,就是因为在整个开发过程中产生的一些影响开发质量的问题,没有及时发现、及时解决,这些问题一直隐含在系统开发过程之中,直到开发完毕投入试运行或运行时才被发现,这时已经消耗一部分资金和人的劳动,时间也已流逝,损失已经不可避免。

另外,在项目管理中,采用第三方审计不失为进行质量控制的一个良策。系统审计师们从信息系统的生命周期开始就介入项目,能够以第三方独立的立场,考察项目建设过程中已经出现的和可能出现的问题,及时更正提醒,保证系统的可靠、安全和有效。

在信息系统中人们更关心的是软件的质量和数据的质量以及系统整体的可靠性。信息系统测试是保证系统质量和可靠性的关键步骤,是对系统开发过程中的系统分析、设计和实施的最后复查。尽管在系统开发周期的各个阶段均采取了严格的技术审查,但依然难免遗留下差错,如果没有在投入运行前被发现并纠正,问题迟早在运行中暴露出来,到那时要纠正错误将要付出更大的代价。系统测试占用的时间、花费的人力和成本占软件开发的很大比例。统计资料表明,系统测试的工作量往往占系统开发总工作量的 40% 以上。

很自然,大家会认为测试的目的是为了说明软件是没有问题的。这种认识不仅不正确,而且是十分有害的。恰恰相反,为了开发出高质量、高可靠性的系统,我们把查出了新错误的测试看作是成功的测试,没有发现错误的测试则被认为是失败的测试。也就是说,测试的目的是发现并解决系统中的错误。实际测试时,具体地可把测试工作分为模块(程序)测试、分调(子系统测试)和总调(总系统测试)。在测试完成后,应该编写一份详细的系统说明书文件交给用户。该文件既是用户使用和维护信息系统的指导文件,也是验收信息系统和鉴定该系统时必需的技术资料。

3. 建成后的系统评价

一个信息系统建成后,信息系统的评价工作也应该引起重视。

信息系统的评价分为广义和狭义两种。广义的信息系统评价是指从系统开发的一开始到结束的每一个阶段都需要进行评价。如果按评价的时间与信息系统所处阶段之间的关系划分,则可将广义信息系统评价分为事前评价(又称立项评价)、事中评价(中期评价)、事后评价(结项评价)三种类型。狭义的信息系统评价则是指在系统建成并投入运行之后所进行的全面、综合的评价。我们这里所指的是狭义的信息系统评价。

一个信息系统投入运行以后,是否达到预定的目标?是否具有期望的性能?如何分析其工作质量?如何对其所带来的效益和花费的成本的投入产出比进行分析?系统还存在哪些不足?这些都是我们所要解决的问题。通过此评价,用户可以了解系统的质量和效果,检查系统是否符合预期的目标和要求,开发人员可以总结开发工作的经验、教训,这对今后的工作是十分有益的。

不少人将信息系统的评价用软件的评价代替。而事实上,软件只是信息系统的组成部分之一,并非全部。目前看来,对软件质量评价的研究多,对信息系统评价的研究少。而相对于软件来说,信息系统的耗资大,影响面广,理应受到更多的重视。

信息系统的评价是一项难度较大的工作,它属于多目标评价问题,目前大部分的系统评价还处于非结构化的阶段,只能就部分评价内容列出可度量的指标,不少内容还只能用定性方法做出叙述性的评价。评价的复杂性来源于信息系统的复杂性。信息系统的成败不仅和其本身的质量有关,也和组织的管理水平,尤其是使用信息系统的人员素质有很大的关系。

由于评价目的不同,评价的内容也不同。作为投资者来说,最关心投资效益;作为用户来说,主要关心新系统是否在功能上满足要求;而作为开发者,则希望通过系统评价明白他们的工作成果。完整地说,任何一个实际应用的工程项目的目标都具有技术和经济两个方面的考虑:要么在一定的经济条件限制下,获得尽可能多的系统功能和尽可能高的系统性能;要么是在满足一定功能和性能要求的条件下,以尽可能少的费用来实现。信息系统也应从技术和经济两方面进行评价,即进行技术评价和经济效益评价。

系统评价结束后应形成正式书面文件即系统评价报告。该报告既是对新系统开发工作的总结,也是今后进行系统维护的依据。如果审计结果是系统基本适用但需要作一些改进,则要做好系统的维护工作,一旦审计结果确认系统已经不能够满足各项管理需求和决策需求,不能适应企业或组织未来的发展,则说明信息系统已经走完了它的生命周期,必须提出新的开发需求,开始另外一个新系统的生命周期,整个开发过程又回到系统开发的最初阶段。

9.4 信息系统运行维护与管理

当信息系统建立起来后,就要投入日常的运行。为保证信息系统的有效运行,应加强对信息系统的管理和维护,使信息系统真正发挥为管理者提供信息的作用。系统的管理和维护是系统投入正常运行之后一项长期而又艰巨的工作。一个信息系统,即使开发得再好,如果没有好的管理和维护,最终也是会失败的。只有坚持高水平的管理和优质的维护,才能使系统始终处于良好的运行状态,最大限度地发挥信息系统的效益。

9.4.1 信息系统的运行

国内外大量事实证明,没有科学的运行管理,管理信息系统不但不能有效地发挥作用,而且自己也会陷于混乱和崩溃。信息系统的运行管理工作是对信息系统的运行进行控制,记录其运行状态,进行必要的修改与扩充,以便使信息系统真正符合管理决策的需要,为管理决策者服务。

信息系统的运行管理工作主要包括日常运行的管理、运行情况的记录以及对系统的运行情况进行检查与评价。

(1) 信息系统投入运行使用后，日常运行的管理工作是相当繁重的。信息系统的管理不只是对机器的管理，对机器的管理只是整个管理工作的一部分，更重要的是对人员、数据及软件的管理。那种认为系统投入使用后，只需有人管机器的想法是不对的，虽然设备管理也非常重要。

(2) 在完成各项日常管理工作的同时，应该对系统的工作情况进行详细的记录。系统的运行情况如何，对系统管理、评价是十分重要而且十分宝贵的资料。主管人员应该从系统运行的一开始就注意积累系统运行情况的详细资料。各种工作人员都应该担负起记载运行信息的责任。

(3) 信息系统运行过程中还要定期对系统的运行情况进行审核与评价。它不仅对系统当前的性能进行总结与评价，而且为系统的改进和扩展提供依据。这项工作主要在高层领导的直接领导下，由系统分析员或专门的审计人员会同各类开发人员和业务部门经理共同参与进行。

应该注意的是，收集数据是信息系统运行的基本工作内容之一。没有数据，信息系统便是无米之炊。没有准确、及时的数据，系统加工能力再强，也不能获得有用的信息。数据的收集包括数据采集、数据校验和数据录入三方面的工作。另外，例行的信息处理和信息服务，是按照系统研制中规定的各项规程，由软件操作人员定期或不定期地运行某些程序，如数据更新、统计分析、报表生成、数据的复制与保存、与外界的数据交流等。还有，系统运行情况的记录是系统评价和维修的重要依据。既要记录发生故障的情况，也要记录正常运行的情况。而人们往往重视前一种情况，而忽视了后一种情况。以上这些工作做好了，信息系统就能够如预期的目标那样，为管理工作提供所需的信息。反之，这些工作做不好，系统就不能如预期的那样发挥作用，而且系统本身也会崩溃而无法使用。

有效地组织好系统运行对提高管理信息系统的运行效率、发挥信息系统的效用是十分重要的。系统运行组织的建立是与信息系统在企业中的地位分不开的。目前我国各企业、各组织中负责系统运行的大多是信息中心、计算中心、信息处等信息管理职能部门。随着人们对信息作用的认识提高，信息系统在企业中的地位也在逐步提高。从信息系统在企业中的地位来看，目前信息系统的运行机构有以下两种形式：与其他职能部门平行或在各职能部门之上。前者系统运行中有关的协调和决策等工作将受到影响，后者在系统运行过程中便于和各有关职能部门相互协调和支持决策。但最好是将上述两种方式结合在一起，各尽其职。

在信息系统的运行管理工作中，首先是人员的管理；其次才是设备、软件、数据的管理。由于信息系统本身的特点（运用先进的技术为管理工作服务），其工作中必然要涉及多方面的、具有不同知识水平及技术背景的人员。这些人员在系统中各起一定的作用，他们互相配合、共同实现系统的功能。这些人员能否发挥各自的作用，他们之间能否互相配合、协调一致，是系统成败的关键之一。没有好的人员管理，分工协作不能有效进行，这样人机系统的整体优化将是一句空话。在这种情况下，整个系统的运行就会出现混乱。对人员的管理要明确地规定其任务及职责，对于每个岗位的工作要有定期的检查及评价，要在工作中对工作人员进行培训,以使他们的工作能力不断提高,工作质量不断改善,从而提高整个系统的效率。

最后,为保证系统运行期正常工作,还要建立、健全信息系统管理体制。从制度建设上看,信息系统的运行管理制度主要有以下几个方面:机房管理制度,数据及软件管理制度,运行日志记录制度,档案管理制度等。

9.4.2 信息系统的维护

系统维护是系统生存的重要条件。一般信息系统的使用寿命,短则4~5年,长则达到10年以上。在系统的整个使用寿命中,都将伴随着系统维护工作的进行。近30年来,系统维护的成本一直呈增加趋势。20世纪70年代维护费用与开发费用之比为35%~40%,80年代增加到40%~60%,90年代又增加到70%~80%,甚至更多。从人力资源的分布看,现在世界上90%的软件人员在从事系统的维护工作,开发新系统的人员仅占10%。这些统计数据均说明系统维护任务是繁重的。

有人还做过调查统计,信息系统的效果没有达到预期目标,50%左右是在开发完成之后,对系统运行维护工作没有充分认识和引起足够重视,运行维护资金没有落实或在财务计划中根本没有考虑这项支出,没有建立有利于运行维护的机制和环境,造成维护工作无法开展,运行中的问题不能及时解决。这也从另一方面说明了系统运行维护困难的原因。

任何一个管理信息系统,在它存在的整个生命周期中,应当不断地改进。没有一成不变的系统,没有一成不变的程序,也没有一成不变的数据。由于企业要发展,环境在变化,因此对管理活动来说,也会不断产生新的要求,随之而来要对管理信息系统加以修改。系统在实际运行中也会产生错误,即使是精心设计、精心实施、经过调试验收的系统。这也是不可避免的,同样需要修改,这些都属于系统维护的范围。另外,信息技术的迅速发展也为信息系统的升级提供了有力的手段,促使信息系统的升级换代。

无论如何,依据信息系统需要维护的原因不同,系统维护工作可以分为四种类型:

(1) 更正性维护。这是指由于发现系统中的错误而引起的维护。其工作内容包括诊断问题与改正错误。

(2) 适应性维护。这是指为了适应外界环境的变化或管理需求的变化而增加或修改系统部分功能的维护工作。

(3) 完善性维护。这是为扩充功能和改善性能而进行的修改。这类维护工作占维护工作的绝大部分。

(4) 预防性维护。这是为未来的修改与调整奠定更好的基础的主动性的维护。其中也包括系统的安全问题。

系统维护的目的是要保证管理信息系统正常而可靠地运行,并能使系统不断得到改善和提高,以充分发挥作用。因此,系统维护的任务就是要有计划、有组织地对系统进行必要的改动,以保证系统中的各个要素随着环境的变化始终处于最新的、正确的工作状态。

系统维护是面向系统中的各种构成因素的。系统维护具体包括硬件设备的维护、应用软件的维护和数据的维护。相应地,信息管理部门内部人员大致可以分为四大类:一类是硬件系统维护人员;一类是应用软件开发与维护人员;还有一类是数据库管理与维护人员;

另有一类是网络管理与维护人员。

其中,应用软件的开发与维护是系统维护的重点。应用软件开发与维护人员包括系统分析员、系统设计员、程序员以及操作员等。应用软件开发与维护人员负责接受用户提出的信息需求,开发相应的应用系统,并负责应用软件的运行维护工作。他们在企业或组织中承担双重任务,即一方面要负责开发新的应用信息系统;另一方面要负责维护已有的信息系统,因此在信息管理部门中这类人员所占的比例较大。

开发阶段已经结束或已告一段落,企业内的系统分析员、系统设计员和程序员要么去开发其他系统,要么他们的角色转变为系统维护人员。一般来说,在中小型企业或组织中,信息管理部门中的人员较少,常常是一人兼数职。而在大型企业或组织中的信息管理部门的人员构成比较复杂,分工较细,其人员究竟是多少为好,主要视管理需求和信息系统的规模而定。

从我国目前大多数企业的实际情况来看,系统维护人员包括硬件维护人员和软件维护人员。硬件维护人员由熟悉系统设备构成和具有硬件维修知识的人担当,负责系统设备的维修与保养。软件维护人员由具有较强软件能力和熟悉本程序系统的人担当,负责系统程序和数据的维护。

有不少 IT 人士不愿意从事系统维护工作,其原因源于两点:一是他们认为此类工作无甚创造性,只有新手或做不了开发的人才去做维护;二是维护工作琐碎而复杂,尤其是一些旧系统,牵一发而动全身,修补起来很困难。实际上,系统维护工作是一件看似简单而实际需要较高的技巧、丰富的业务知识和较多的经验积累的工作。

总之,系统维护工作是信息系统运行阶段的重要内容,必须予以充分的重视。维护工作做得越好,信息资源的作用才能够得以充分地发挥,信息系统的寿命也就越长。当然,一个系统终会有生命周期结束的时候,当对系统的修改已不再奏效,就应提出研制新系统的要求,从而开始一个新的系统生命周期。

9.4.3 信息系统的管理

人们常说,"开发 MIS 是三分技术,七分管理",说明了在 MIS 开发阶段,企业相应的管理措施的重要性。而另一句话"MIS 出效益,关键是管理",则说明在 MIS 正常运行之后,企业更要在管理上下功夫,才能发挥 MIS 的功能,达到预期的效益目标。

信息系统的管理是信息资源管理的重要组成部分。信息资源的开发与利用,包括信息的收集、传输、加工、存储等各类活动,利用计算机、通信设备、各类软件、数据,遵循一系列标准、规范、法律制度,需要各类管理与技术人员。上述各种要素根据信息运动的规律和信息资源开发、利用的目的与要求有秩序地结合起来,就成为信息系统。换句话说,信息资源管理概念扩展了信息系统管理的边界范围,它强调把信息看作组织的资源,把计算机信息系统看作对这些资源进行管理的工具,信息系统管理人员的任务便是利用计算机信息系统来管理这些资源。换句话说,信息资源管理概念扩展了信息系统管理的边界范围,它强调把信息看作组织的资源,把计算机信息系统看作对这些资源进行管理的工具,信息系统管理人员的任务便是利用计算机信息系统来管理这些资源。

关于信息系统的管理,实际上也就是对有关资源的管理。这里概括为以下五点:

（1）人员的管理：确定各类专业人员需求计划，对人员进行合理组织和使用，包括进行人员培训。

（2）数据的管理：管理数据必须实行"三化"，这就是规范化、标准化和统一化。

（3）软件资源的管理：明确软件需求和软件来源，合理使用软件，重视软件的日常维护。

（4）硬件资源的管理：熟悉系统运行环境和硬件设备配置，制定硬件使用制度，重视硬件维护保养。

（5）资金的管理：严格执行投资概算，包括硬件软件投资、系统开发费、运行和维护费，做到资金适应平衡，定期编制资金使用报表。

信息系统的管理工作不能与机器本身的管理工作等同起来。计算机应用系统的任务是为管理工作服务，它的管理工作是以向一个组织提供必要的信息为目标的，是以能够满足管理人员的信息需求为标准的，而机器本身的管理工作只是这一工作的一小部分，只是提供了硬件的保证，真正做到向管理人员提供信息还需做许多软件、数据等工作。因此，信息系统应该有专人负责管理。这里说的专人，不应该是只管理硬件设备的硬件人员，应该是了解系统功能和目标的、与管理人员直接接触的信息管理人员。

管理信息系统是一个人机系统，它的正常运行需要很多人参加，将有许多人承担系统所需的人工输入信息工作以及计算机操作处理工作。系统越大、涉及的人员就会越多，分工就会越细。系统主管人员的责任是组织各方面人员协调一致地完成系统所担负的信息处理任务，掌握系统的全局，掌握系统改善和扩充的方向，他应该和组织或企业的领导保持经常的接触，不断了解领导和管理人员对信息的要求，以及他们对信息系统工作的评价，并由此考虑系统的改进与扩充；数据收集人员的责任是及时地、准确地、完整地收集各类数据，并通过一定的途径把它们送到专职工作人员手中；数据校验人员的责任是保证到录入员手中的数据从逻辑上讲是正确的，即保证进入信息系统的数据能正确地反映客观事实；数据录入人员的任务是把数据迅速与准确地送入计算机；硬件和软件操作人员的任务是按照系统规定的工作规程进行日常的运行与维护管理；程序员的任务是在系统主管人员的组织之下，完成系统的修改和扩充，为满足使用者的临时要求编写所需要的程序。

但这些人通常来自现行系统，他们熟悉或精通原来的人工处理过程，但缺乏计算机处理的有关知识，为了保证新系统的顺利使用，必须提早培训有关人员。需要进行培训的人员主要有以下三类：

（1）业务管理人员。大量的事实说明，许多管理信息系统不能正常发挥预期作用，其原因之一就是没有注意对有关业务管理人员的培训，因而没有得到他们的理解和支持。

（2）系统操作人员。系统操作人员是管理信息系统的直接使用者。统计资料表明，管理信息系统在运行期间发生的故障，大多数是由于使用方法错误而造成的。所以，系统操作员的培训应该是人员培训工作的重点。

（3）系统维护人员。对于系统维护人员来说，要求具有一定的计算机硬件、软件知识，并对新系统的开发和维护知识有较深刻的理解。

总之，系统主管人员应该鼓励并组织各类人员进行知识更新和技术学习。从长远来看，这种工作将使系统具有不断发展、不断完善的巨大潜力。

对于信息系统来说，最重要的资源是数据，一切硬件、软件及其他资源，都是为了保证数据的及时、完整及准确,整个系统的效率或对外的形象都依赖于它保存的数据,无论多么先进的硬件设备,无论多么完善的加工功能,如果没有及时、完整、准确的数据,都不能发挥实际的效益。我们的许多系统,正是在这一点上重视不够,形成了"进去的是垃圾,出来的还是垃圾"的局面,这种情况不但使系统无法使用,而且使用户对系统丧失信心,给计算机应用的推广造成了很不好的影响。

而保证数据的及时、准确和完整,并不只是计算机本身的问题,而是与具体业务紧密联系的。特别是在数据由手工处理方式转变到计算机处理的过程中,要把好这道关。数据输入方式和设备的选择,一般要根据数据产生的地点、时间、周期、数量以及数据特征来考虑。目前,数据输入的常用方式有键盘输入、光电输入、网络数据传送输入和磁盘输入等多种形式。伴随输入方式所用到的常见设备,主要有键盘、磁盘、扫描仪、多媒体输入设备等。在微机系统环境下,通常以键盘和磁盘为主,因其实用、方便、成本低。

实践说明,在数据输入过程中,要保证所输入的数据绝对不出错,是难以做到的。对操作人员来说,除了要求工作态度端正和严格管理之外,有必要借助一些数据校验方法,来帮助人们发现错误,从而保证输入数据的正确性。比如人工目测的方法、二次输入校验法、代码位校验法等。其中,代码位校验法通常是在原有代码的基础上,附加校验码。校验码是根据事先规定好的算法构成的,将它附加到代码本体上以后,便与代码融合在一起,成为代码的一个组成部分。当代码输入计算机之后,系统将会按照规定好的算法验证,从而检测代码的正确性。但它以增加代码的长度为代价,特别是当代码数量很大时,每个校验码都要计算,工作量很大,且对于代码的记忆、存储及处理等都不方便。

另外,在保证基本数据的完整、及时和准确的前提下,系统应完成例行的信息处理及信息服务工作。这些工作一般来说都是按照一定的规程,定期或不定期地运行某些事先编好了的程序,由软件操作人员来完成的。这些工作的规程,应该是在系统研制中已经详细规定好了的,操作人员也应经过严格的培训,清楚地了解各项操作规则,了解各种情况的处理方法。这些工作是在系统已有的各种资源的基础上,直接向领导、管理人员及其他使用者提供信息服务。

需要注意的是,文档管理也是一个不可忽视的内容。在软件工程里,文档和程序加在一起合称为软件。文档与程序的区别在于前者是人可读的,后者主要是机器用来执行的。文档的含义在信息系统学科领域里比软件工程学科领域更宽泛。

信息系统的建设过程在很大程度上是应用软件的开发过程。文档是软件的一部分,更是信息系统的一部分。没有文档的信息系统,不成其为完整的信息系统。文档是信息系统建设的生命线,没有文档就没有信息系统。没有良好的用户需求和总体规划文档,系统分析和设计就失去了可靠的依据;没有良好的系统分析与设计文档资料,开发过程不可能以有次序、可管理的方式进行,从而造成严重的低效甚至失败;没有良好的开发实施,文档也会给系统运行和维护带来困难,降低信息系统的生命周期。

按照文档服务目的的不同,可以分为用户文档、开发文档与管理文档。用户文档主要是为用户服务的,如用户手册、操作文档等;开发文档主要是为开发人员服务的,如系统分析说明书、系统设计说明书等;管理文档主要是为项目管理人员服务的,如可行性研究报告、项目开发计划等。

信息系统的文档,是系统建设过程的"痕迹",是系统维护人员的指南。系统的文档不是事先一次性形成的,它是在系统开发、运行与维护过程中不断地按阶段依次推进编写、修改、完善与积累而形成的。规范的文档意味着系统是按照工程化开发的,意味着信息系统的质量有了形式上的保障。文档的欠缺、文档的随意性和文档的不规范,极有可能导致原来的开发人员流动以后,系统不可以维护、不可以升级,变成一个没有扩展性、没有生命力的系统。

文档的编制必须保证一定的质量。最常见的情况是:在信息系统开发过程中不能按进度计划及时完成文档的编制工作,而是在开发工作接近完成时集中人力和时间专门编写文档。与编程工作相比,许多人对文档编制不感兴趣,采取应付了事的态度,将要求提供的文档赶写出来。这样的做法不可能得到高质量的文档。实际上,要得到高质量的文档并不容易,除了需要从认识上对文档工作给予足够的重视以外,还需要在初稿完成后听取多方意见,并进行相应的修改。从历史的角度来看,信息系统建设时期各个阶段的工作是一个不断产生草稿、反复讨论、修改形成文档的过程,这就要求开发者必须要有一定的文档书写能力。

文档的重要性决定了文档管理的重要性,文档管理是有序地、规范地开发与运行信息系统所必须做好的重要工作。为了建设一个良好的信息系统必须要重视文档的建立工作,同时对这些文档资料要实施有效的管理。由于信息系统建设中的每一个阶段都会不断地产生各种文档,如果没有一套完整的文档管理体制,当出现人员流动等情况时,就无法使信息系统建设持续进行下去。一般可设文档管理人员,专门负责系统所有文档和资料的保管、整理和维护。文档管理的主要内容有以下几个方面:文档要标准化、规范化;维护文档的一致性;保持文档的可追踪性;文档管理的制度化;文档管理手段的现代化。

还应该指出的是,信息系统在未来发展的一个重要趋势是越来越多地依赖于网络技术。四通八达的通信网络为人们随时随地进入系统并处理业务问题提供了极大的方便,同时也给有些不法之徒利用信息系统进行作案提供了可乘之机。这与在质量管理和可靠性工程中所说的"功能越多,问题出现的可能性也会越多"是出于同样的道理。于是,系统的安全保障问题又成了信息系统开发和管理中的另一个重要的问题。而且,信息系统的安全问题不但表现在信息系统的运行过程中,在信息系统的规划、分析、设计与实现阶段就开始了,信息系统的复杂性使其各个环节都可能存在不安全因素。

一般来说,影响系统安全性的隐患来自三个方面:一是系统开发过程可能带来的隐患;二是技术设备和周围环境可能带来的隐患;三是人为因素可能带来的隐患。信息系统安全是指采取技术和非技术的各种手段,通过对信息系统中的安全设计和运行中的安全管理,使运行在计算机网络中的信息系统有保护,没有危险,即组成信息系统的硬件、软件和数据资源受到妥善的保护,不因自然和人为因素而遭受破坏、更改或者泄露系统中的信息资源,信息系统能连续正常地工作。

建立之后的信息系统的安全保障措施主要应该针对以下三个方面:数据的安全、计算机和网络的安全、灾难性故障发生后系统的恢复。这三个方面的重要性日益突出。我们应该有针对性地采取相应的措施,防止无关人员在未经授权的情况下修改数据,防止硬件设备受到无端损坏,尽量减少灾难性事故对信息系统的影响。

系统授权与数据加密是被广泛应用的技术。系统授权是用户存取权限的定义。为了防止非法用户进入系统,以及合法用户对系统的非法使用,必须根据预先定义好的用户操作权限进行存取控制,以限定用户只能存取有权使用的数据。具体地说,在计算机信息系统中,特定用户只能根据用户的职责范围,使用与自己业务有关的功能模块;非法用户不允许使用系统的任何资源;跨越用户权限范围使用系统中其他模块也是非法的。另外,为了保证在数据正常存储和通信传输过程中不被非法用户窃听或修改,必须对数据进行必要的加密,这样即使别人窃取了数据,也会因为无法识别而放弃使用。所以,在信息系统中应对机密数据采取加密存储和加密传输等安全措施。具体地说,数据加密是由加密和解密两部分组成。加密是指将需要保护的数据(明文)进行转换,使其转换成一种难以识别的数据(密文)。数据加密的逆过程——数据解密,是将密文还原成原来可以理解的明文形式。

信息系统的安全管理是一项复杂的系统工程,它的实现不仅是纯粹的技术方面的问题,而且还需要法律、制度、人的素质诸因素的配合。也就是说,信息资源的安全,通常可以从两个方面加以保证,即技术安全和管理安全。其中,技术安全是一种被动的安全保护措施;而管理安全则是一种相对主动的安全预防措施。我们必须在信息系统的各个环节,比如人、组织、技术这些环节上,采取相应的安全控制措施。

9.4.4 信息系统的建设环境

组织建设信息系统,有必要探讨其信息系统的建设环境。

信息系统和组织之间存在着双向关系。一方面,是组织提出了对信息系统的需求,组织的结构形式决定了信息系统的运行方式;另一方面,信息系统的实施反过来又对组织产生深刻的影响,有时甚至完全改变了原有的组织形式。所以,除了在信息系统的结构和功能设计上,应努力做到信息资源开发利用的充分、合理与有效,在信息系统的开发环境建设上,应注意协调信息系统与组织管理模式的关系。

早期的管理信息系统在其建设与发展中,比较重视现代信息技术的应用,也就是说,着重考虑如何应用现代信息技术满足用户不断增长和变化的信息需求,主要是在给定的组织结构与管理模式下通过应用现代信息技术来提高管理水平。但是,如果组织结构和管理模式不合理,则管理信息系统就无法实现其作用。而且,管理软件成功运行的先决条件是要有与之相适应的管理模式,它将迫使组织从传统管理模式向现代化管理模式过渡。

长期以来,人们在信息管理中存在着这样的误区:信息管理就是建立 MIS,而 MIS 建设又只是一个信息技术的问题。只要采用了先进的信息技术,信息资源的开发利用似乎是十分简单的事情。事实上,信息技术是信息系统的基础,但信息系统的开发绝不仅仅是信息技术的问题。信息系统是服务于组织经营管理的,它不可避免地要受到许多人文和社会因素的制约,特别是受组织管理模式的影响。信息系统要想成为一个企业在竞争中的有力武器,就必须能够适应企业所处的竞争环境。

信息系统建设的目标是提高组织管理的效果。信息系统建设必须紧密围绕组织经营管理的目标来展开工作。信息系统建设与其说是一项信息技术的应用,不如说是一场组织管理上的革命。计算机的发展使其功能越来越强,价格越来越低。随之而来的一个重要问题不是技术,而是组织和管理。如果不从管理问题出发,而只是强调技术因素,信息系统建设就很难取得成功。我们必须明确,虽然信息技术能给予企业多方面的支持和帮助,但管理者们仍需要对自己企业的目标有清楚的认识,并知道如何用信息系统来支持其目标。

信息系统建设只是为组织实现全面信息化搭起了一个大舞台,要唱好提高整体效益这出大戏,还要靠舞台上的演员们,即组织自身。在相当长的一段时间里,人们将信息系统仅仅看作是计算机在某个组织中的应用,认为信息系统的开发是一个技术过程,而且是一个"交钥匙工程"。用户认为系统开发是技术人员的事,与己无关;开发人员则认为用户应当清楚地陈述他们对系统的需求,除此之外用户不得干预,按这种方式去开发系统,往往造成双方的误解。到"交钥匙"时,用户说"你开发出来的系统不是我所要的系统",从而发生纠纷,延误开发时间,造成资源的浪费,或者勉强使用后维护困难而成为短命系统。

过去开发的系统,基本上是模仿人工系统,是信息系统的成功率非常低下的一个重要原因,管理者必须要引起对这一问题的注意和思考。信息技术的应用极大地提高了工作效率,使人们欢欣鼓舞。但是,人们对信息技术的认识和应用还长期停留在业务处理自动化的初级阶段,这阻碍了工业业绩的进一步提高。BPR 认识到信息技术真正的优势不仅在于它能使传统的工作方法更有效率,更在于它能使企业打破传统的工作规范,创建全新的过程模式。BPR 不等于自动化,它关注的是如何利用信息技术实现新目标,如何用新技术做好当前和过去没做好的工作,这就要创造性地应用信息技术。

尽管 BPR 的提出与计算机信息系统的应用并没有直接的关联,但是从信息技术应用的许多案例中我们看到,企业在应用信息系统前,如果不首先进行业务流程重组,是很难达到预期效果的;另外,从 BPR 实施成功的案例中,有很多都是与信息系统的应用分不开的。可以说,在 BPR 从思想到现实的转变中,信息系统作为一个重要手段,起到一个催化剂的作用。也就是说,这两者的关系是相辅相成、相互支持的。因而,在企业信息化的过程中,还应考虑业务流程重组,使企业信息系统发挥出它的潜能。

总之,一个成功的管理信息系统必然推动企业管理的现代化,从而改变企业的面貌。发展管理信息系统可为企业带来管理方式的革新。

9.5 信息系统的新进展

9.5.1 信息系统的前沿——战略信息系统

前面我们论述的管理信息系统基本上是组织内部的信息系统,然而随着计算机网络化的普及,人们不仅注意组织内部的信息处理,同时更多地在考虑:随着信息技术手段日益完善,组织所处的环境正在不断地变化,传统的信息系统结构已渐渐不能适应环境变化的需要,在竞争中容易处于劣势。如何使用信息系统获得战略上的优势现在已成为人们关注的问题焦点。战略信息系统(SIS)就是为企业获得竞争优势这一目的服务的信息系统。

战略信息系统是指运用信息技术来支持或体现企业竞争战略和企业计划,使企业获得或保持竞争优势,或削弱对手的竞争优势的系统。把信息系统看成是组织的辅助性和服务性工具已成为过时的观念,管理者应当充分认识到信息技术的广泛影响和信息系统的深刻含义,以及如何利用信息技术创造有力而持久的竞争优势。而对于信息技术应用的观念转变是战略信息系统与其他信息系统的最重要区别之一。

许多企业都可能或多或少地应用了信息技术,然而却不能从争取企业竞争优势的高度来认识。战略信息系统首先建立在对信息技术的创造性认识的基础上,是从战略高度考察和运用信息系统的直接产物。战略信息系统强调的是信息技术的应用与组织目标和竞争战略的配合与联系。

如果说,数据处理系统是通过利用信息的过程自动化来提高作业效率;管理信息系统是通过满足管理人员的信息需求来提供管理效益;那么,战略信息系统是通过改变经营的特征或行为来提高竞争能力。

从效率——效益——竞争力三个时期之间的关系来看,其要点可以归纳为三点:一是正如好的管理信息系统要靠好的数据处理系统来获取及时、准确的信息一样,战略信息系统也要靠好的数据处理系统或管理信息系统获得合适的信息;二是从本质上看,战略信息系统并不是完全不同的应用——其功能与数据处理系统或管理信息系统功能相同——只是对经营的影响不同而已;三是战略应用也很重视数据处理和管理信息,但由于它们是为较低需求环境而开发的,因此需要重新开发。

SIS 是从企业竞争战略的高度出发,通过充分开发和有效利用信息资源来提高企业竞争实力的信息系统,是企业战略管理和信息系统的整体配合和有机协调。传统观念认为,信息系统就是保证如何向决策者提供及时、有效的信息,因而信息资源的作用也仅局限于决策支持的辅助作用。SIS 与传统信息系统的最大区别就在于对信息资源的认识和应用上。凡是从战略决策需要出发,能够为组织创造竞争优势或抵消对手竞争优势的信息资源开发利用都是 SIS 的活动。

与传统的信息系统相比,SIS 存在以下四个明显特点:

(1) 对企业外部信息足够重视

SIS 采用科学方法及时、准确地获得诸如政治、经济、社会、法律等与企业相关的战略信息。这就要求 SIS 不但从企业内部,而且要从企业外部广泛开发、利用信息资源。这就意味着需要建立包括与互联网相连接的广泛的信息网络。

(2) SIS 是一种战略工具

SIS 要处理大量与企业长远利益密切联系的战略信息,如市场信息,与企业发展方向、产品更新换代、技术改造、竞争领域的拓展等相关的重要信息。因而 SIS 是一种战略工具,其目的主要是适应企业的战略需求。

(3) SIS 与企业战略思维关系密切

SIS 以企业的战略目标为基础,通过对企业本身和企业外部环境的评价,预测未来的发展趋势,从而把握企业发展的战略机会。因此,它的建立和应用,是企业战略管理工作的重要组成部分,是对企业战略决策的有力支持。

(4) SIS 的结构要求适应企业战略规划的各个环节

SIS 的立足点是企业竞争的需要。为适应企业竞争环境的不断变化,在许多场合下,SIS 只是通过网络联结起来的"虚拟信息系统"。其结构和功能是相当灵活多变的,即随企业竞争目标的变化而变化。

SIS 的目标是使人们突破部门、组织、地域以及计算机本身的束缚,真正实现以企业的战略目标和最终用户的需求为中心展开协作,因此,SIS 的结构必须与组织结构、业务流程以及管理模式的发展相适应。

对于不同的企业，其经营的业务性质、所拥有的资源和竞争环境各不相同，所以很难归纳出一个固定的 SIS 模式。况且，随着企业竞争态势日趋复杂多变，SIS 要随时做出调整，以适应企业竞争战略的发展需要。因此，SIS 必须是一个能充分体现出现代企业组织柔性的信息系统。

SIS 以现代信息技术作为技术手段，既为企业各部门之间、企业与供应商或合作者之间的紧密协作提供了与传统的企业信息系统完全不同的信息交流环境，又可根据企业战略目标或竞争环境的变化对企业内外资源进行重新组合，从而使企业组织结构的动态调整成为可能，并且使分布式网络化的虚拟企业成为现实。

SIS 的意义在于充分利用信息技术来构建企业的集成信息系统，使之既能保留企业原有的各种信息系统，又能适应竞争战略的发展需求，从而有效地开发利用企业内外的信息资源，实现企业内部信息共享、外部信息交换和信息系统集成的有机统一，以增强企业的竞争实力。

SIS 对我国企业界来说还是一个新的概念。可以预料，SIS 在我国各类企业的市场竞争战略中将发挥越来越重要的作用。其战略作用概括起来有：支持开发新的产品和服务；支持市场开拓；支持与客户和供应商建立密切的联系；支持降低成本等。

总之，SIS 是信息技术不断进步的产物，也是组织信息管理和信息系统发展到一定阶段的必然产物。SIS 是指在使用信息技术，实现组织的战略目标的信息系统，是能够使企业获得竞争优势或摆脱竞争劣势的有效武器。SIS 已成为企业信息管理的前沿。

9.5.2 信息系统的热点——互联网商务系统

互联网商务系统（IBS）是一种商业业务信息处理系统，企业利用它可以和客户及供应商完成各种商业活动，它依赖于互联网的发展并建立于企业管理信息系统的基础上。

IBS 的基本构成有 IBS 的基础设施（由计算机、网络互联设备、相应的软件平台组成，它们是 IBS 的运行平台）、IBS 的应用系统（该部分是基于以上运行平台的企业商务处理系统）、基于系统的数据库（包含了与企业商务活动有关的产品、资本、销售、生产、人力资源等各种管理活动中所涉及的基本数据）。

为了满足企业在互联网上进行商务活动的需要，IBS 至少应该包含这样几个子系统：

（1）金融、市场行情查询子系统——企业通过国际、国内的金融及市场信息服务商提供的信息专用网络，可以快速、方便地查寻到全球及国内的当前经济形势、市场动向、证券行情等信息。

（2）产品研究开发及生产准备子系统——其功能是为企业的产品研究开发提供市场调研和技术准备，为企业所需要的原材料和半成品寻求广泛的供应商，为企业的产品生产进行国际融资。

（3）原材料采购子系统——企业可以利用本子系统与相隔千里以外的原材料供应商进行原材料采购谈判，从而缩短原材料的采购时间和产品的生命周期，使企业实现无库存生产，降低生产成本。

（4）自动订货子系统——在 IBS 中，必须设置自动订货子系统，用于为客户提供全天候的订货服务，客户只要将其终端上的网络浏览器接入本系统就可以进行订货活动，而不再受气候、时间、距离等因素的影响。

（5）企业形象广告子系统——该子系统通过建立网站，设立网页，进行宣传、交流和服务，目的在于为企业树立全球形象和知名度，树立企业产品品牌的国际知名度，为企业的全球网络营销作前期准备。

（6）产品售后服务子系统——本子系统包含用户技术答复、用户反馈回应、用户交流联络等功能。建立一些客户登记栏目、对产品的建议栏目、在线自动售后服务栏目、产品保养维护栏目等。

（7）产品全球分销子系统——系统用于支持各种经销商，监控其销售情况。可以进行各种经销商的产品销售策略制定和协调，使产品销售能够对市场的反映做出灵敏迅速的应对，达到产品销售最佳业绩。

（8）电子财务结算子系统——该子系统应该能够实现企业各种财务结算的电子化，通过与金融企业、税务机构的网络连接，实现企业原材料采购、商品销售等业务活动中的资金自动收付及结转，以及自动完成税务申报、缴纳等。

（9）人力资源管理子系统——该子系统的主要目的在于实现企业的各种人力资源的管理。其中包括：人员招聘信息的发布、应聘信息接受、保险业务的处理、劳动合同的确认等原来需要手工处理的业务。

通过以上 IBS 各个子系统的功能的介绍可以看出，IBS 是一个庞大、复杂的系统，要完成该系统的建设，从外部条件看，需要国家信息基础设施的配套，需要信息网络传输安全的保证，需要电子金融系统的完善等；从企业的内部条件看，IBS 的建设应该考虑到企业信息系统建设的现状，在原有系统的基础上进行，这样使企业的早期投入不至于浪费，也能够尽早完成企业 IBS 的建设。

IBS 是信息系统发展的一个更高一级的阶段，企业信息系统由只考虑内部数据，以企业为中心，向考虑企业内外数据，以企业为国民经济的一个细胞转变。尽管我国信息基础设施的建设开始得比较晚，但由于发展速度较快，已经使其具备了实现电子商务（EC）的可能性。

电子商务，顾名思义，其内容包含两个方面：一是电子方式；二是商贸活动。EC 的技术基础是国际通信网络和电子数据交换系统（EDI）。换句话说，电子商务系统是以电子数据交换和企业内部局域网为基础，通过局域网与外部网络的信息交流，来实现交易信息的处理。在近两三年中，许多企业已开发了内联网，整个社会对于互联网的普及和推广也做了大量的工作，在建立了完善的内联网和实现了其与互联网之间的安全连接后，企业已经为建立一个好的电子商务系统打下良好基础，在这个基础上，再增加电子商贸应用系统，就可以进行电子商务了。

必须说明的是，实施企业间电子商务，首先是企业内部的信息化（内部的局域网及企业的业务操作和管理建立在计算机信息系统的基础上）。只有企业内部的信息化才可能按照企业业务需要向外拓展企业网络连接范围。在拓展范围时，应该先同与企业有紧密关联的企业建立外联网，实现信息共享，达到共同降低成本的目的，然后借助互联网将其业务拓展到互联网络，寻求更多商业机会和更大发展。

企业实现电子商务系统有两种途径：一种由内到外，是在企业内部信息系统的基础上，通过互联网向电子虚拟市场拓展，实现网上交易。这种途径对于信息化程度较高的企业来说是水到渠成的事情，企业只需利用互联网技术改造网络，建立与业务伙伴关系的数据共享即可。另一种是由外到内，首先建立一个电子商务网站实现企业的网上交易，然后将电子商务站点与企业内部的信息系统整合在一起，实现业务流程的自动化和系统化。后一种方式，对于一些企业还没有建立内部信息系统，又想利用电子商务拓展业务的，是可以采取的一种方式。任何一种方式最终是结合在一起的，即对外的电子商务交易系统部分与企业内部的管理信息系统部分要整合在一起。

总之，互联网信息系统保证了电子商务系统中信息流的畅通，它是电子商务交易顺利进行的核心和基石。电子商务为企业提供了一个虚拟的全球性贸易环境，为企业创造了更多的商业机会，使企业不再受时间与空间的制约，大大提高了商务活动的水平和服务质量。随着电子商务应用的普及，它对企业战略、竞争方式的影响等也会很快表现出来。

9.5.3 信息系统的趋势——决策化和集成化

1. 决策支持系统的新分支 GDSS 和 IDSS 简介

为了适应市场的环境，掌握信息，开拓业务，提高自身的竞争能力，正确的决策就显得至关重要。随着 MIS 水平的不断提高，从辅助管理向辅助决策发展是必然趋势。目前决策支持系统已经构成了一个相对独立的研究领域。

传统的 DSS 有三个主要部件，即数据库、模型库和人机会话部件。其中，用户接口是 DSS 与用户交互的界面，它负责接受用户的各种要求，并通过它提供用户各种决策信息；数据库用来组织存储和管理维护大量与决策有关的内外部数据，特别是高层决策在很大程度上依赖于外部数据；模型库提供大量的、供决策者进行决策分析的模型，通过它处理数据库中的数据，可以得到能供决策判断的信息。DSS 的重要特点是具有人—机接口。决策支持系统的全部功能必须通过对话系统来加以实现。这种人机对话式的决策方式，弥补了完全由计算机自动运算给出决策结果的不足，加强了人的思维的能动性，充分利用决策者的经验和判断力，从而提高了管理决策的效果。以上可见，决策支持系统是以决策模型、数据库和决策者组成的集成系统为特征的支持决策的信息系统。

在实际应用中，我们可以把决策支持系统分为专用决策支持系统和通用决策支持系统两种类型。专用决策支持系统主要应用于某一类具体问题的决策过程中，比如生产决策、财务决策、营销决策等，这类问题通常有明确的目标，所用的模型都是为了解决具体问题而制定的特殊模型，系统中的数据库也都是专用数据库。而通用决策支持系统则更具有普遍适用性，它们应用从内部和外部数据源获得的数据，通过各种有一定代表性的模型，来处理具体内容不同的决策问题，并且为用户提供十分方便的接口。这里不打算专门讨论其具体内容，仅仅介绍其最新的发展分支。

虽然 DSS 能较显著地提高组织高层领导决策的有效性，但它们是面向个人的，即决策的支持只局限于单个决策者。然而实际上一个组织的决策大都是由领导群体做出的，一些事关组织生存与发展的重大决策几乎更是毫无例外地由集体参与制定。群体决策不再仅仅是多人坐在一起分析问题、评价方案的活动，它还要求多个决策者能在一个周期内异时异地合作协调寻求解决问题的方案,依靠原有的方法进行群体决策在客观上已难以实现。因此如何在新的环境下,在更广泛的空间内与不固定的时刻进行群体决策成了一个迫切需要研究的课题。群体决策支持系统(GDSS)就是在此背景下产生的。因为 GDSS 用于支持群体决策者们进行决策,它必须是多数用户能同时应用的系统,还要辅助决策者们在时间和空间分离的状态下进行决策。群体决策支持系统期望能支持任何可能的合作。

DSS 借助计算机强大的运算能力与灵活的人机交互协作,为人们解决半结构化与非结构化的决策问题提供了有力的支持。但是由于 DSS 机器一方重点还在于模型的定量计算,人机对话方式与大多数不熟悉机器的使用者尚存在一定的距离,因此限制了 DSS 的应用效果。如何改进 DSS 的性能,智能决策支持系统(IDSS)是在传统 DSS 的基础上结合专家系统(ES)而形成的。有人认为,IDSS=DSS+AI。AI 就是计算机科学中的人工智能。这样就使传统 DSS 原来主要由人承担的定性分析任务部分或大部分地转由机器来完成,并且较之人做得更好、更稳。由于决策本身的复杂性和动态性,决策所需信息的不足性,传统的 DSS 对非结构化决策支持的突破甚少。也许只有当系统具有一定智能时,它才能对决策支持做出较大贡献。

2. 计算机集成制造系统 CIMS 简介

我国企业在计算机应用方面,陆续建立起针对各种工作需要的计算机应用系统,如人事管理系统、财务管理系统、物资管理系统、计算机辅助设计系统、计算机辅助制造系统等,这些系统对于提高生产效率、管理水平和服务水平,起到了非常重要的作用。但由于各系统自成体系,资源不能实现共享,严重影响整体效益的发挥。因此,将这些分散的系统相互联系起来,就成为十分困难而又必须解决的问题,这就是信息系统的一体化问题。目前一些企业的 MIS 已经初具规模,并在完善之中,其中先进企业在向计算机集成制造系统(CIMS)迈进。

CIMS 是一种比 MIS 功能更多,覆盖面更广的系统。它是用现代信息技术和管理理论对企业活动全过程中各功能子系统的完美集成。其内涵涉及两个基本点:一是企业生产的各个过程,包括市场分析、产品设计、加工制造、经营管理和售后服务等,是一个不可分割的整体;二是整个生产过程,实质上是一个数据的采集、传递和加工处理过程。

CIMS 是以计算机系统为基础,综合生产过程中信息流和物流的运动,集市场研究、生产决策、经营管理、设计制造与销售服务等功能为一体,使企业走向高度集成化、自动化、智能化的生产技术与组织方式。它有机地集成了计算机辅助管理(MIS)、计算机辅助设计(CAD)、计算机辅助制造(CAM)、计算机辅助工艺生产(CAPP)和柔性制造系统(FMS)等。

CIMS 将产品的订货、设计、制造、管理和销售过程,通过计算机网络综合在一起,达到企业生产全过程整体优化的目的。所以,CIMS 通俗的解释是,用计算机通过信息集成实现现代化的生产制造,以求得企业的总体效益。

CIMS 一般可以划分为如下四个功能子系统和两个支撑子系统:工程设计自动化子系统、管理信息子系统、生产制造子系统、质量保证子系统以及计算机网络子系统和数据库子系统。

CIMS 的核心在于集成。集成和连接不同,它不是简单地把两个或多个单元连在一起,而是将原来没有联系或联系不紧密的单元组成紧密联系的、有一定新功能的系统。对于CIMS来说，由于它的目标在于企业的总体效益，而企业能否获得最大的总体效益，很大程度上取决于企业各种功能的协调。一般来说，集成程度越高，这些功能就越协调，竞争取胜的机会也就越大。单纯地使用计算机来提高自动化程度，而不考虑各种功能的集成，既不可能使企业整体优化，也不可能有效地提高企业对市场的快速响应能力。

CIMS中的集成是把人、生产经营系统和工程技术系统三者紧密结合起来，组成一个统一的整体，使整个企业范围内的工作流、物流和信息流都保持通顺流畅和相互有机联系。这个集成应从整个企业的经营目标和内外环境出发进行优化组合，应摆脱过去人为分工、部门界限和职能范围所带来的束缚，这是实现工作流、物流和信息流流畅以及企业高效运行的前提。

CIMS的基础和难点是集成，其中信息的集成是关键的。产品数据管理（PDM）的出现，为CIMS环境下的各个分系统之间的集成带来了新的平台和集成框架。CAD、CAM、CAPP、MIS等都是局部的、专门部门的应用系统，所产生的数据涉及产品的不同方面，信息如何在部门之间传递、共享，保证数据的准确、可靠与安全。PDM将计算机在产品设计、制造、工艺和质量管理等方面的信息孤岛集成在一起，对产品整个生命周期内的数据进行统一的管理，为实现企业全局的信息的集成提供了信息传递的平台和管理沟通的桥梁。

PDM是当今计算机应用领域的重要技术之一，是一种管理产品信息的工具。架构在PDM集成平台上的CAD、CAM、CAPP系统都可以从PDM中提取各自所需的信息，再把结果放回PDM中，真正实现了CAD、CAM、CAPP的集成。作为CIMS重要组成部分之一，ERP中的许多信息来自CAD、CAM、CAPP系统，通过PDM系统可以及时把相关信息传递到ERP系统中，而ERP产生的信息也是通过PDM传递给CAD、CAM、CAPP的，可见，PDM是CAD、CAM、CAPP系统与ERP系统之间传递信息的桥梁，并实现了企业全局信息的集成与共享。

PDM有机地组织与产品有关的全部数据，保证了信息的唯一性和一致性，使得"在正确的时间把正确的信息以正确的方式传给正确的人"真正成为可能。PDM对于缩短产品开发周期，加快市场响应速度大有作为。它是提高企业竞争力和新产品创新能力的有效管理手段。它的应用会给企业带来了非凡的成就。PDM技术在国外已得到广泛的应用。我国也有一些企业对PDM产生了兴趣，不少企业也实施了PDM。

总之，计算机集成制造系统是管理信息自动化和生产过程信息化的结合，是管理信息系统的一个重要方向。它将利用已有的计算机辅助设计、制造、管理和通信等所有现代化技术，将企业的管理和经营水平提高到一个崭新的阶段。计算机集成制造系统已超越了制造的范畴，其目的是增强全企业的协同作用，提高企业资源的使用效率，为此，用信息系统集成或计算机集成管理系统名词替代计算机集成制造系统可能更恰当一些。实施CIMS，可使企业在日益激烈的市场竞争中处于有利的地位，提高企业的竞争实力。

习 题

1. 名词解释

信息系统、人基信息系统、计算机信息系统、网基信息系统、MIS 的平台、外联网、CASE、项目管理、结构化方法、原型法、系统集成、文档管理、IBS、EC、GDSS、IDSS、CIMS、PDM

2. 填空

(1) 简单地说,信息系统可以看成是由三个基本的行为部件构成,它们是_____、_____和_____。

(2) 诺兰模型的前三个阶段可以称为_____的信息系统,而后三个阶段则可称为_____的信息系统。

(3) 全面地来看,_____、_____、_____和_____是信息系统的四种基本资源。

(4) 管理信息系统是一门新兴的边缘学科,总的来说,它是_____、_____和_____的混合体。

(5) 复旦大学薛华成教授曾指出,管理信息系统的三大要素是_____的观点、_____的方法和_____的应用。

(6) 清华大学侯炳辉教授曾概括指出,管理信息系统的三大组成部分是:_____理论、_____技术、_____方法。

(7) 管理信息系统的硬件结构最主要是指_____设备(配置)和_____设备(方案)。

(8) 管理信息系统软件结构是指_____软件、_____软件、_____软件。

(9) 每个项目的开发可由五个阶段组成,即系统_____、系统_____、系统_____、系统_____和系统_____。

(10) 系统开发的队伍是庞大的,开发过程所需要的人员主要有:_____、_____、_____和_____等。

(11) 系统维护具体包括_____的维护、_____的维护和_____的维护。

(12) SIS 是从企业_____的高度出发,通过充分开发和有效利用信息资源来提高企业_____的信息系统。

3. 论述题

(1) 论述一个基于计算机的信息系统的要素。

(2) 论述诺兰提出的信息系统发展的六个阶段。

(3) 谈谈你对管理信息系统概念的理解。

(4) 为什么说管理信息系统是人—机系统?

(5) 我们应该如何看待信息系统与信息技术的关系?

(6) 你是如何看待本学科与本专业的?

(7) 论述信息系统的基本组成和功能。

(8) 目前在各种社会经济组织中,比较普遍存在的信息系统的弊病有哪些?

(9) 分别从横向和纵向论述组织中的信息系统。

(10) 谈谈领导者和信息系统委员会在系统开发中的作用。
(11) 论述信息系统开发各阶段的任务和成果。
(12) 论述系统开发人员应该如何协同工作。
(13) 论述系统的不同开发方式的优缺点。
(14) 论述信息系统有哪些开发策略。
(15) 传统管理信息系统开发方法有哪些问题?
(16) 信息系统开发前应该做哪些准备工作?
(17) 论述系统维护工作的重要性。
(18) 论述信息系统管理的主要内容。
(19) 论述信息系统对组织管理变革的影响。
(20) 信息系统的安全隐患有哪些?

课堂讨论和弹性作业

1. 如果从事信息系统开发工作,你将在其中扮演什么角色?
2. 你对信息系统开发项目管理了解吗?讨论一下都要管些什么。
3. 对一小型的管理信息系统进行分析,并初步操作使用。
4. 如果从事信息系统管理工作,你觉得应该做好哪些工作?
5. 一起分析指定的企业 MIS 建设案例。
6. 去网上访问,进一步了解一下信息系统的最新发展。

第10章 信息管理实证研究

本章从信息战略管理、信息过程管理、信息基础管理、信息系统管理四方面,揭示了信息管理工作与信息系统建设的密切关系。而且,每一节都给出了实际的例子。本章属于扩展性教学内容,作为专业导论课程,可以暂时不讲,等读者学完后续的专业课程后再回过头来阅读,可以加深对信息管理与信息系统专业的进一步认识。

10.1 信息战略管理

10.1.1 信息战略管理与主题数据库

信息是企业的重要资源,应当被全企业所共享。然而过去分散独立开发的各应用系统存在着一些潜在的问题——由于不能提供综合性的信息而成为一个个的信息孤岛,随着应用的扩大而日趋严重。因此,需要对信息特别是对应该被共享的信息做战略性的管理。

由于企业内外的信息资源很多,其内外之间都有大量信息需要交流,如何收集、存储、加工和利用这些信息以满足各种不同层次的需要,这显然不是低层的、分散的、局部的考虑所能解决的问题,必须有来自高层的、统一的、全局的规划,这样才能实现信息的共享。解决的方法是在战略规划中,对大量的公共数据进行合理的定义。这就需要引出主题数据库的概念。

主题数据库又称为集约化的数据库或共享的数据库,这就是说整个系统中的数据都是集约化的和共享的。但是,不能将它理解为一个非常庞大而复杂的无所不包的数据库。主题数据库方法正是为了避免产生这样庞大复杂的数据库而设计成为更容易管理的若干个主题数据库。它们应该被设计得独立于具体的应用,形成一个稳定的数据基础,从而使得许多应用可以在此基础上建造起来。

概括起来,主题数据库是满足各项管理的数据类的集合。当一系列这类数据库建成之后,它们就能够成为独立于具体应用的数据资源。

建立主题数据库目前还没有一套形式化的方法。实际上,关于应该建立哪些主题数据库、主题数据库应该包含哪些数据有许多值得探讨的问题,这是总体规划的一个难点。下面我们结合一个例子来看。

10.1.2 信息战略管理例子——高校教学管理

教学管理是各个高校都具备的有关进行日常教学各项管理的系统,这个系统从整体工作上具有一些普遍的、一般的规律和内容,但由于各院校的类型、培养目标的不同,使得系统内部的各项业务又具有其特殊性。

某高校教学管理是由校教务处教务科和下属系、学院教学办公室共同完成的。对各个部门、各业务人员进行详细的调查，可以了解到现行管理业务如下：

新生入学后填写学生情况登记表报各系、院后，再上报教务处教务科，教务科将这些报表汇总后与学校招生办公室进行核对，准确无误后存档以备后用。每年各个专业在制定完教学计划后，交系、院教学办公室进行审核，然后上报教务科，由教务处和教务科出面组织全校进行讨论后，协调各专业的教学执行计划，最后形成年度教学执行计划下发各系、院组织落实。各系、院将落实后的教师任务分配表汇总再报教务科。各系、院教学办公室根据教学执行计划、教师任务分配表和教室情况排出本系、院课程表，再报教务科，由教务科进行统一协调，最后制定出全校课程表下发各系、院。学校在部分专业中实施了学分制管理，在每学期开学以前还要进行学生选课工作。期末结束后，各系、院将学生成绩归档并继续做学籍处理，然后将成绩及学籍处理结果报教务科审批执行。另外，教务科还要根据教师任课情况、学生情况制定各种报表上报有关主管部门。

根据数据处于现代处理的中心、数据模型是稳定的而处理是多变的基本原理，采用实体—关联的方法，所规划的主题数据库共有八个。

（1）学生学籍管理数据库。该数据库记录了学生基本信息、学生奖惩情况、学生学籍变动情况等信息，它反映了学生自身在校四年的主要情况。

（2）学生成绩管理数据库。该数据库记录了学生的各门课程的学习成绩及补考成绩，反映了学生在校四年的学习情况。

（3）教师管理数据库。该数据库记录了教师自身的基本信息及所属教研室、所属系、院的基本情况。

（4）教师任课数据库。该数据库记录了每一个任课教师的任课情况及日常必需的调课信息。

（5）课程管理数据库。该数据库记录了教学执行计划的详细内容。

（6）教室管理数据库。该数据库记录了学校所有教室的基本配置和使用情况。

（7）课表数据库。该数据库是各专业、各班级课程安排的具体体现。

（8）统计数据库。该数据库是根据教师、学生的各类信息进行分类汇总形成的一个初步的综合统计信息。

在学校教学管理主题数据库下，各系、院可建立相关的子集数据库，包括学生学籍管理数据库、学生成绩数据库、课程管理数据库、教师任课数据库和课表数据库。各系、院根据具体工作需要，可以进一步建立其专用数据库。

由于教学管理系统仅仅是学校各项管理中的一个职能域，所以在进行主题数据库中的数据项定义时，要充分考虑本系统与其他系统之间、本系统与校外上级部门之间的数据交换关系。例如目前有关教师基本情况的管理是在系统内进行，但将来必定与学校人事部门相联系，因此要考虑当系统未来需求发生变化时对本系统的影响。又如在各个主题数据库的定义中，不仅要考虑自身的信息需求，还要充分考虑到学校其他部门、上级部门的信息需求是否已经被包含在这些主题数据库中。

10.2 信息过程管理

10.2.1 信息过程管理与数据流程图

对现行系统进行详细的业务调查,调查结果可以用业务流程图来表达。从业务流程图中识别出信息流程,可画出数据流程图。

数据流程图是组织中信息运动的抽象,是描述管理信息系统逻辑模型的最主要工具,是对系统分析的有力工具。由于图像描述简明、清晰,不涉及技术细节,所描述的内容是面向用户的,即使完全不懂信息技术的用户单位的人员也容易理解。

对数据流程的抽取主要是要搞清楚最终用户需要获得什么样的信息,为了得到这样的输出信息应该对什么数据进行哪些处理,输入数据向输出信息所进行的转换过程是什么等。

数据流程图描述数据流动、存储、处理的逻辑关系。数据流程图的组成如下:

(1) 外部项:是指在系统以外的事物或人,它表达了该系统数据处理的外部来源和去处。确定系统的外部实体,实际上就是明确系统与外部环境之间的界限,从而确定系统的范围。

(2) 数据存储:它指明数据保存的地方。这里"地方"并不是指保存数据的物理地点或物理介质,而是指数据存储的逻辑描述。

(3) 处理功能:它指对数据的逻辑处理,也就是数据的变换。包括两方面的内容:一是变换数据的组成,即改变数据结构;二是在原有的数据内容基础上增加新的内容,形成新的数据。处理可以是由一个人,也可以是一个部门,也可以是某个计算机程序来完成。

(4) 数据流:数据流表明了数据的流动方向及其名称,它是数据载体的表现形式之一。数据流可以来自或流向一个外部项,表明有信息从外部项进入该系统或该系统要向外部项输出信息;可以来自数据存储或流向数据存储,表明有信息要存入数据库中或要从数据库中检索信息;也可以来自某一个处理功能或流向处理功能,表明经过处理功能产生了某些信息或为了完成某些功能需要输入某些信息。

熟练地掌握数据流程图的画法,对系统分析员来说是至关重要的。绘制数据流程图一般遵循从左到右、从上到下的原则。先从左侧开始画起,标出外部项,它是系统主要的数据输入来源。然后画出由该外部项产生的数据流和相应的处理功能。如果需要将数据保存,则标出其数据存储。接收该信息数据的外部项一般要画在数据流程图的右侧。

在绘制数据流程图时,应该注意其层次性。把一个系统看成一个整体功能,明确信息的输入与输出,系统为了实现这个功能,内部必然有信息的处理、传递、存储过程。这些处理又可以分别看作整体功能,其内部又有信息的处理、传递、存储过程。如此一级一级地画,直到所有处理步骤都很具体为止。所有数据流程图一定要经过仔细的检查以保证正确性。

和用户进行交流,在用户完全理解数据流程图的内容的基础上征求用户的意见。和用户讨论的主要问题是:系统逻辑功能的设置和描述是否合理,能否满足用户的信息需求,数据流和数据存储的内容以及数据来源和去处是否符合实际,描述是否准确;用户在了解数据流程图的全部内容后对系统逻辑功能有什么进一步的意见和要求。同样,我们来看例子。

10.2.2 信息过程管理例子——企业管理系统

以计算机为中心的企业管理系统和企业的性质有着密切的关系。不同性质的企业,相应的管理系统的结构和功能也是不同的。以生产制造企业为例,生产制造企业不仅要制造产品,而且还要把产品销售出去,所以既要有市场经营管理,又要有生产管理,当然,财务管理和人事管理对任何企业来说都是必不可少的。

企业管理信息系统的基本结构如图 10-1 所示。

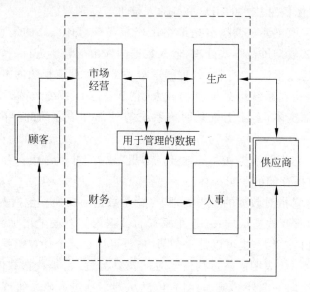

图 10-1　企业管理信息系统

1. 市场经营管理子系统的主要功能是为企业决策人提供有关的市场信息

主要回答这样的问题:
(1) 企业应该生产什么样的产品?
(2) 应该用什么样的分配渠道把产品销售出去?
为了实现这样的功能,市场经营管理子系统由如下四个功能模块构成:
(1) 计划和经营研究
(2) 销售分析
(3) 订货和顾客服务
(4) 分配

2. 生产管理子系统的主要功能是为生产人员提供有关的生产信息

主要解决这样的问题:
(1) 产品的结构应该如何设计?

(2) 在特定的时间里应该生产多少最终产品？
(3) 从哪里、在什么时候应该获得什么样的材料？
(4) 生产进度应该如何控制？
(5) 在哪道工序应该保持多少在制品库存？
(6) 产品的质量情况？

为了实现上述功能，生产管理子系统由以下四个功能模块构成：
(1) 产品设计
(2) 生产计划
(3) 材料管理
(4) 生产控制

3. 财务子系统的主要功能是为企业决策人和财务管理人员提供有关的财务信息

主要解决这样的问题：
(1) 企业应该用何种方式获得资金？
(2) 如何做预算，以有效地使用固定资产和流动资产？
(3) 如何降低企业的生产成本？

为了实现上述功能，财务管理子系统由以下四个功能模块构成：
(1) 总账维护
(2) 财务计划
(3) 会计
(4) 报表

4. 人事管理子系统为企业的人事部门提供有关的人事信息

主要解决这样的问题：
(1) 企业应该招收什么样的人？招收多少人来从事什么样的工作？
(2) 企业应该如何制定激励政策？

为了实现上述功能，人事管理子系统由以下三个功能模块构成：
(1) 人事档案维护
(2) 人事计划
(3) 劳动管理

10.2.3 各子系统的详细分析

1. 市场经营管理信息系统

作为整个企业管理信息系统的一部分，市场经营管理信息系统是企业内部与外部市场的窗口。它收集必要的市场资料，产生各种有用的市场信息，传递给其他的子系统，使企业能够正常运转，向市场提供产品和服务。市场经营管理信息系统的主要数据来源是顾客，所谓顾客是指所有购买本企业产品的单位和个人，它向企业提出订货和服务要求；另一个数据来源是企业的市场调查人员,他们收集有关市场的情报资料,供市场经营研究和分析之用。这些原始数据输入到系统以后,经过适当的处理,产生各种市场信息,有的存入相应的数据库中,有的输出给有关的部门或其他子系统。

市场经营管理信息系统的数据流程图如图10-2所示。

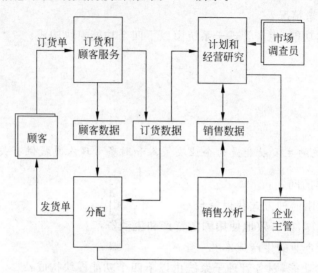

图10-2 市场经营管理信息系统

(1) 订货和顾客服务模块(见图10-3)

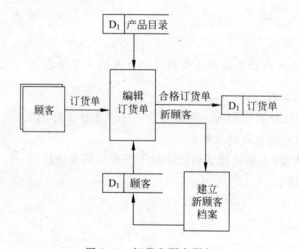

图10-3 订货和顾客服务

订货和顾客服务模块要完成以下三项工作:

① 对顾客的订货单进行编辑;

② 如果是新顾客,建立顾客档案;

③ 形成订货数据文件。

(2) 销售分析模块(见图 10-4)

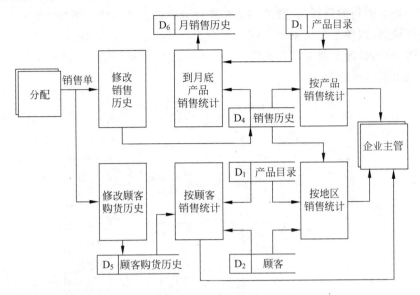

图 10-4 销售分析

销售分析模块要完成以下五项工作：
① 产生各种销售统计数据，以便于各级管理人员随时查询；
② 按产品统计销售量、销售额；
③ 按销售地区统计各种产品的销售量、销售额；
④ 按顾客统计购买各种产品的数量和金额；
⑤ 计算本企业产品的销售总额。

(3) 计划与市场研究模块(见图 10-5)

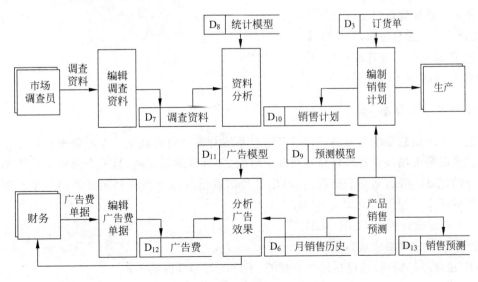

图 10-5 计划和市场研究

计划与市场研究模块要完成以下三项工作：
① 市场调查资料的分析，一般采用抽样统计分析的方法来研究市场问题；
② 销售预测，以便于制定销售计划；
③ 广告分析，以便于制定广告策略。
(4) 分配模块（见图10-6）

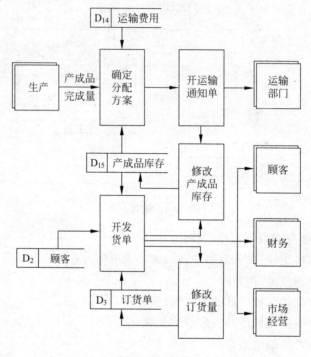

图 10-6　分配

分配模块要完成以下三项工作：
① 产生发货单通知，寄给顾客；
② 产成品的运输管理；
③ 产成品的库存管理。

2．生产管理信息系统

生产管理信息系统与市场经营管理信息系统有着密切的联系。生产管理信息系统主要的数据来源是市场经营管理信息系统和原材料、零部件的供应商，另一个来源是生产部门入场运行的记录。经过适当的处理后，输出各种信息给其他子系统和主管部门。生产管理信息系统的数据流程图如图10-7所示。

(1) 产品设计模块（见图10-8）
产品设计模块要完成以下三项工作：
① 建立产品结构，这包括建立装配图、零件图和零部件清单；
② 建立产品制作的工艺流程，以表明零件所经过的全部加工过程；

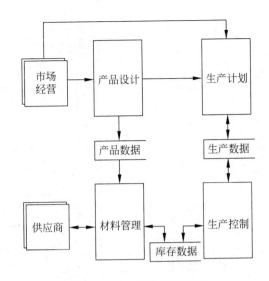

图 10-7 生产管理信息系统

③ 根据产品结构和工艺流程,确定产品零部件和加工过程的生产成本。

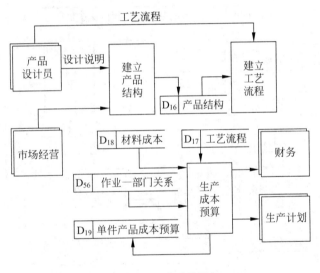

图 10-8 产品设计

(2) 生产计划模块(见图 10-9)

生产计划模块要完成以下两项工作:

① 根据销售和生产能力制订总体生产计划,一般是年度生产计划,包括产品项目和数量;

② 根据市场经营管理子系统所做的总预测,要做进一步的分解预测,并根据订货要求,按总体生产计划制订进度计划。

(3) 材料管理模块(见图 10-10)

材料管理模块要完成以下三项工作:

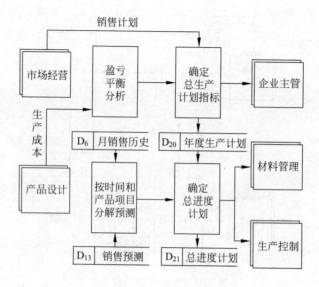

图 10-9 生产计划

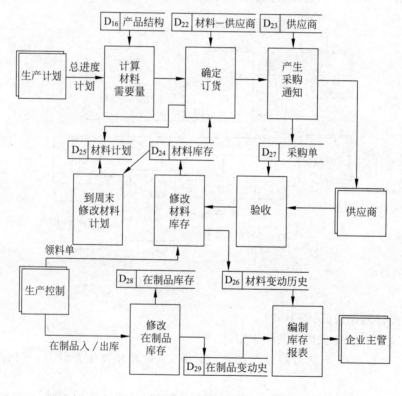

图 10-10 材料管理

① 根据生产进度计划,制订原材料需要计划,这包括两项工作,一是什么时候向供应商发出订货通知,二是订多少货;

② 材料(包括外购的零部件)的采购和接收;

③ 原材料和在制品的库存管理。
(4) 生产控制模块(见图 10-11)

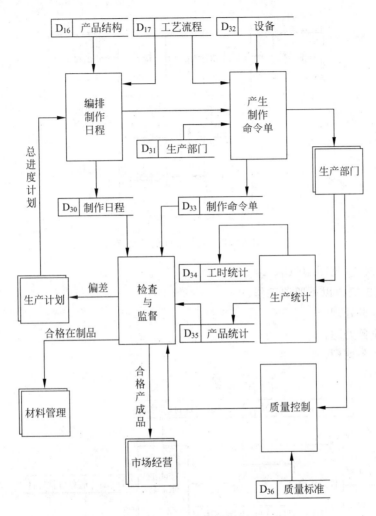

图 10-11 生产控制

生产控制模块要完成以下五项工作：
① 根据总进度计划,进一步安排制作日程,也就是生产调度；
② 根据制作日程,向车间、工段分派制作任务,发布制作命令单；
③ 检索和监督作业进度,发现偏差,加以纠正或修改生产计划；
④ 各道工序在制品的质量控制；
⑤ 生产统计,包括工人劳动统计和产品统计。

3. 财务管理信息系统

财务管理信息系统的数据来源既有企业外部的,也有企业内部的,每天都会有大量的数据要处理,所以在财务管理信息系统中,设计出良好的数据库是极其重要的。该系统的中心数据库是"总账",各个模块都和它有数据联系,财务管理信息系统的数据流程图如图10-12所示。

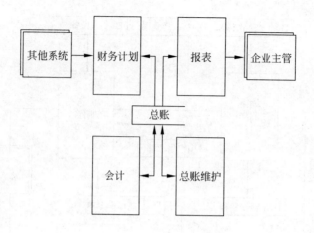

图10-12 财务管理信息系统

(1) 会计模块(见图10-13)

会计模块要完成以下四项工作:

① 付款业务处理;

② 收款业务处理;

③ 转账业务处理;

④ 工资计算。

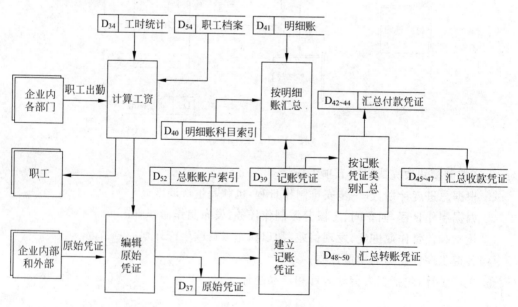

图10-13 会计

(2) 总账维护模块(见图10-14)

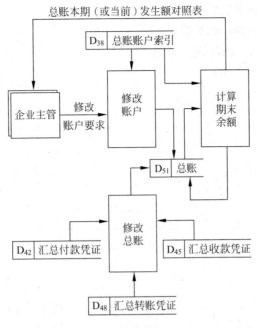

图 10-14　总账模块

总账维护模块要完成以下两项工作：

① 根据业务变化修改账户,这包括设置新的账户,或合并若干账户,或废除某个账户；

② 定期或随时地修改总账。

(3) 财务计划模块(见图10-15)

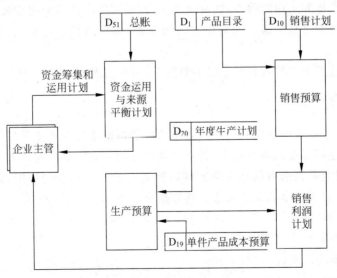

图 10-15　财务计划

财务计划模块要完成以下三项工作:
① 根据生产计划,编制生产预算;
② 根据销售计划,编制销售预算;
③ 产生预测性财务报表,即财务计划。
(4) 报表模块(见图10-16)

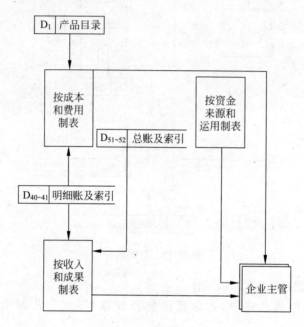

图 10-16　报表

报表模块主要打印各种报表。财务报表一般分三类:
① 反映资金来源和运用的报表,如资金平衡表、固定资产及折旧明细表等;
② 反映企业经营过程中成本和费用支出的报表,如产品成本计算表、企业管理费明细表等;
③ 反映经营过程中的收入和财务成果的报表,如利润表、营业损益明细等。

4. 人事管理信息系统

人事管理着重于对人的活动的管理。人事管理子系统要为企业主管领导提供制定经营决策、人力资源计划所需要的各项信息,并且处理日常的人事变动情况。人事管理子系统的数据来源主要是对企业内所有的作业分析以后所获得的有关作业的数据,以及人事变动的数据。输出是各种有关人事状况的报告。其数据流程图如图10-17所示。

(1) 职工档案维护模块(见图10-18)

职工档案维护模块要完成以下两项工作:
① 新职工档案的建立;
② 职工变动情况的记录。

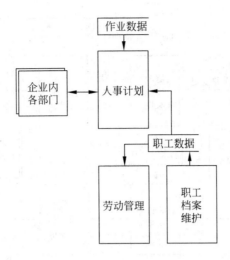

图 10-17 人事管理信息系统

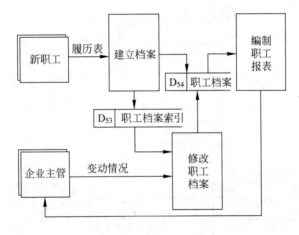

图 10-18 职工档案维护

(2) 人事计划模块(见图 10-19)

人事计划模块要完成以下三项工作:

① 企业内的各种作业分析;

② 根据企业的总体经营计划预测企业对各种人才的需要;

③ 制定培训计划。

(3) 劳动管理模块(见图 10-20)

劳动管理模块要完成以下两项工作:

① 定期统计企业的劳动生产率;

② 劳动保护,定期统计所发生的劳动生产安全事故。

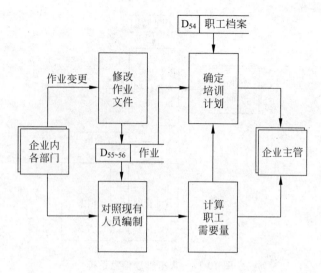

图 10-19 人事计划

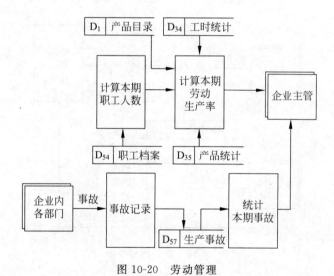

图 10-20 劳动管理

10.3 信息基础管理

10.3.1 信息基础管理与数据字典

数据字典是一种表格,它把系统中有关数据的各种信息汇总起来,并把数据之间的关系表示出来。

数据字典是一种数据分析和管理的有力工具。它是我们建立有关数据库的基础和前提。在整个系统开发过程以及系统运行后的维护阶段,都要使用它。

数据字典是对上述数据流程图中的数据部分进行详细描述的工具,它起着对数据流程图的注释作用。具体来说,数据字典实际上是对所有数据流(动态数据)、数据存储(静态数据)、数据结构、数据元素等说明的集合。数据字典实际上是"数据的数据"。

数据字典把数据的最小组成单位看成是数据元素(基本数据项),若干个数据元素可以组成一个数据结构(组合数据项)。数据字典通过数据元素和数据结构来描写数据流、数据存储的属性。数据元素组成数据结构,数据结构组成数据流和数据存储。

换个说法,不论数据流或数据存储,都具有其一定的数据结构,这个结构是由不同的数据元素组成的。数据元素就是基本项,是不能再进一步分解的数据组成的最小单位。它包括数据元素名称、数据元素值(通常有离散型和连续型两种)、数据元素类型和长度等。数据结构代表数据流或数据存储的逻辑组成。它指出组成这个结构的各个数据元素,以及它们之间的组合关系。一个数据结构可以由若干个数据项组成;也可以由若干个数据结构组成;还可以由若干个数据项和数据结构组成。如果是一个简单的数据结构,只要列出它所包含的数据项就可以了;如果是一个嵌套的数据结构,只须列出它所包含的数据结构名称,因为这些数据结构同样在数据字典中有定义。

数据字典的编写是一件十分繁重的工作,需要花费相当的人力。但这是一个必不可少的工作,它可以确保数据在系统中的完整性和一致性。

数据字典的使用可以有两种方式:人工方式和计算机方式。许多计算机有专门的自动化数据字典软件包对数据进行管理、查询、修改十分方便。也可采用通用的开发工具和数据库管理系统来创建数据字典及相应的编辑、查询与检验程序。但自动化数据字典的建立也要从手工做起。

数据字典必须由专人——数据管理员管理。任何人,包括系统分析员、系统设计员、程序员,修改数据字典的内容,都必须通过数据管理员。下面我们来看例子。

10.3.2 信息基础管理例子——学生成绩管理

某校现在实行学校、院系两级学习成绩管理,学校教学管理科、院系教务员都登记学生成绩。任课教师把学生成绩单一式两份分别送院系教务员和学校教学管理科。院系教务员根据成绩单登录学籍表,学期结束时,给学生发成绩通知,并根据学籍管理条例,确定每个学生升级、补考、留级、退学的情况。教学管理科根据收到的成绩单登录学籍表,统计各年级各科成绩情况,报主管领导。

在这里,选择性地列出有关数据元素、数据结构、数据流、数据存储的条目,仅供参考。

1. 数据元素条目

名称:学号
别名:S-No
说明:本校学生编码
数据值类型:(连续/离散)离散
类型:(字符/数字)数字
长度:7

有关数据结构：学生成绩、学生卡

总编号：
编号：
有关编码说明：
##
前两位：入学年号
第三位：院系代号
第四位：专业代码
第五位：班号
后两位：编号

2. 数据结构条目

名称：学生登记卡
说明：新生入学时填写的卡片
结构描述：
  学号
  姓名
  [曾用名]
  入学日期
  出生日期
  性别
  民族
  家庭地址
  本人简历：
    开始时间
    终止时间
    就读学校
    担任职务

总编号：
编号：
有关的数据流、数据存储：
新生登记表
学籍表
数量：

3. 数据流条目

名称：期末成绩单

简要说明：学期末任课教师填写的成绩单
来源：教师
去向：教学管理科、院系教务员
包含的数据结构：
科目名称
考试/考查
学生成绩：
学号
姓名
成绩
任课教师

总编号：
编号
流通量

4. 数据存储条目

名称：学习成绩一览表
说明：学期末按班汇集学生各科成绩
结构：
  班级
  学生成绩：
    学号
    姓名
    成绩：
      科目名称
      考试/考查
      成绩

总编号：
编号：
有关的数据流：
  输入数据流：
  输出数据流：
信息量：
有无立即存取要求：有

10.4 信息系统管理

10.4.1 信息系统管理与结构图

信息系统管理不仅要求具有对信息进行全面的、系统的管理观点,而且要求以计算机系统的方式、手段来对信息进行管理(注意:这里的信息系统管理含义不同于上一章)。它主要考虑的是为实现某一个系统/子系统,应该设计几个功能模块,这些模块由哪些程序模块组成,它们之间又存在什么关系。换句话说,新的系统在计算机内应该由哪些程序模块组成,它们之间如何连接在一起以构成一个最好的系统结构。

由于系统的特性决定在系统设计中可以使用"自顶向下"的原则,将系统或它的组成部分看成是一个暗盒,只考虑它的输入、输出及对数据的变换功能,再将它们分解成若干暗盒模块,其中每一个暗盒模块都具有明确的功能和输入/输出。因此,层次模块结构图的基本做法是将系统划分为若干子系统,子系统下再划分为若干模块,大模块再分小模块。

结构图是表达系统结构的重要工具,它可以用来表达一个已经被分解的暗盒模块及其连结关系。结构图可以用来表示模块之间的层次及调用关系,表明模块之间的数据传递关系,表明每个模块的功能。结构图对模块的外部属性进行了描述,并可以通过图形的方式看到系统的全貌,是系统设计的有效工具。

结构图尽管可以表达暗盒模块及其连结关系,但是这些模块是采用什么原则分解而得到,它们之间的连结关系又符合什么样的设计原则,在结构图中并没有进行详细的说明。其实,决定系统结构的一个重要因素是每一个模块的内聚性,这是指一个模块内部的各个组成部分,其处理动作的组合强度。另一个重要因素是模块之间的耦合性,这是指模块之间的相互依赖关系,它们之间的相互依赖程度。为了使模块结构比较合理,使系统具有良好的可修改性和可维护性,在系统结构设计和程序模块结构设计中,应遵守这样一个基本原则:尽量使模块具有较高的凝聚和较低的耦合。

模块的划分工作是在尚未进行输入、输出设计的情况下进行的,其主要目的仅仅是掌握系统处理的整个过程和便于输入、输出等工作。整个信息系统的输入/输出是系统与用户的接口,输入/输出及人—机界面设计也是一项重要的内容。信息系统的输入是信息处理的"源",保证这个"源"的正确性是输入设计中的一项重要内容。输入设计既要给用户提供方便的界面,又要有严格的检查和纠错功能,以尽可能减少输入错误。信息系统的输出是给出用户所需要的结果,保证输出达到用户的要求是它的出发点和基本原则。输出设计既要全面反映不同管理层的各种需要,又要正确反映组织的各种有用的信息,不要将用户需要和不需要的信息都提供给用户。来看一个例子。

10.4.2 信息系统管理例子——工资管理系统

在企业管理中职工的劳动报酬是根据按劳分配的原则,主要通过工资形式支付的。工资管理是一项琐碎、繁杂而又十分细致的工作,一般不允许发生差错。手工进行工资发放工作,需要反复地进行抄写、计算,不仅花费财务人员大量的时间,而且往往由于抄写不慎,出现张冠李戴的现象,或者由于计算的疏忽,出现少元多角的现象。同时工资的发放有较强的时间限制,必须严格按照单位规定的时间完成发放工作。利用计算机进行工资发放工作,不仅能保证及时输入、准确核算、快速输出,而且还可以利用工资数据库对有关工资的各种信息进行分析统计,服务于财务部门其他的财务处理任务。

手工条件下,每月工资核算一般分为三个阶段:一是做好原始凭证的记录工作;二是根据原始凭证和一些工资标准资料计算应付月工资;三是进行工资结算和工资分配。

根据对现行系统的调查研究与分析,工资管理系统应该完成的逻辑功能如下:收集数据;核对数据;计算数据;汇总数据;工资分配;填写工资单;发放工资。

根据系统分析的结果和系统的初步方案——人工收集数据和核对数据,由计算机进行计算、汇总、分配以及填写工资单等单项处理,人工发放工资。

新的计算机系统设计的目标为:每月及时接收每一职工的各项变动工资数据内容;查询每一职工的工资内容和各部门的工资项目情况;计算工资和打印工资单;进行工资汇总和打印工资汇总表,进行工资分配并打印工资分配表以及系统维护等功能。

具体的功能模块结构设计图见图10-21。

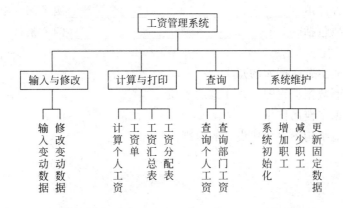

图10-21 工资管理系统结构图

1. 输入与修改模块

输入与修改模块主要是完成每月每个职工经常变动数据项的输入与修改。

2. 计算与打印工资模块

计算与打印工资模块主要是完成个人工资的计算,部门工资的汇总,按照类别进行工资的分配统计等。

3. 查询工资模块

查询工资模块主要是了解某一职工工资的详细情况。另外,在工资发放时,迅速查询出各部门的应发数、扣款数、实发数等。

4. 系统维护

系统维护模块是为完成系统初始化和职工增加、减少变动情况的维护以及某些固定的数据修改而设置的。

此系统只是一个简化的工资管理系统,若付之实际运行还需要考虑许多问题,譬如每月工资文件中变动数据的清零;数据的备份及恢复处理;保密口令的设置等。另外,输入设计可分为固定数据输入格式设计和变动数据输入格式设计;输出设计可采用屏幕输出、磁盘输出、打印输出。

习 题

1. 名词解释

主题数据库、数据流程图、数据字典、功能结构图

2. 填空

(1) 数据流程图由_____、_____、_____、_____四个部分组成。

(2) 数据字典包括_____、_____、_____、_____四个条目。

3. 论述题

(1) 论述建立主题数据库的意义。

(2) 论述绘制数据流程图应该注意的事项。

(3) 论述数据字典的作用。

(4) 论述功能结构图中模块设计的原则。

第11章 信息管理案例分析

本章给出了一系列案例,目的在于加强读者对信息管理与信息系统知识的理解和掌握,提高综合应用能力,加强理论联系实际。每一案例后留有参考讨论题。

[案例1] 海尔公司步入信息化时代

海尔集团是国家特大型企业,是在1984年引进德国利勃海尔电冰箱生产技术成立的青岛电冰箱总厂的基础上发展起来的。"八五"期间,与国内同行业相比,海尔集团实现了"中国家电第一名牌"这个目标,成为中国家电行业销售额最大、生产的产品品种和规格最多、出口量最大的企业集团,是名副其实的中国家电行业的排头兵。

企业的超常发展,除抓住了改革开放的大好机遇外,很重要的一条就是:集团自创业以来,始终重视信息技术的开发和应用工作,把信息工作列入企业的首要工作,特别重视计算机网络信息技术的开发、应用和推广工作。

信息是企业获得成功的原动力,是推动企业不断发展的关键所在,也是海尔集团发展为中国家电第一名牌的关键。海尔在发展过程中,不仅重视市场信息,在紧跟市场的同时,也重视国家的政策性信息。

海尔自始至终重视信息应用的重要性。海尔利用信息不断发展,在发展中又不断地完善信息网络。海尔为了应用信息技术推动企业更好的发展,制定了海尔的信息化发展战略规划。在海尔集团,规划发展中心和信息中心是指同一个部门,两者的结合体现了"信息为集团规划发展提供服务"这一重要的原则。经过5年多的努力,应用众多高新技术,并从信息收集的渠道和处理手段着手,结合企业的实际应用,已经逐步推广并实施信息网络构造和计算机技术的应用。对于运用信息技术的策略,用海尔自己的话说——重要的不在于我们掌握了多少信息技术资源,而在于我们利用了多少信息技术资源。海尔与国际上大的IT公司保持密切的联系和合作,经常邀请对方举办各种新技术的讲座或者是介绍新的技术发展趋势。在交流过程中,海尔可以了解到最新的技术动态,可以结合自身的需求,让需求不断变为现实。

要保证信息的畅通,就要建设企业的"信息高速公路",推广各种信息技术,收集各种信息。目前,海尔已投巨资,根据自身的需求开发和建设信息应用工程。

(1) 建立互联网和内联网项目。实现了电子邮件以及内部Web服务。不仅建立了海尔网站,同时海尔还在国内建立了镜像站点。

(2) 开展全面提高产品竞争力的PDM(产品数据管理)项目。海尔的各个设计研究中心都推广使用CAD,为产品设计带来极大便利,大大缩短了产品开发的周期。

(3) 利用内部网实施OA(办公自动化)。现已完成了公文流转、信息检索、会议安排、档案管理、网上培训等应用。

(4) 开展 ERP 工程。在 MRP-2 实现了财务和分销模块的基础上,海尔把在各地的营销中心连接起来。

(5) 建立网上服务中心。直接与设计、生产、销售部门连接,能够把用户的建议转化成科研开发的课题。

(6) 建立了信息公用平台。集团内部每个部门都可把自己联到信息公用平台上,实现共享。

从管理手段落后到企业全面信息共享、信息化的实施,海尔集团取得了令人鼓舞的成果。由此可见,信息与信息技术的应用,扩大了海尔的技术优势、市场优势、领导优势和信誉优势。计算机技术的应用和信息化的推广实施,为海尔插上了腾飞的翅膀,使之具备了向世界 500 强冲刺的能力。

参考讨论题

1. 海尔如何处理信息、信息技术与组织管理的关系。
2. 海尔如何处理信息基础设施和信息应用工程项目的关系。

[案例 2] 神龙公司供应链管理

神龙汽车有限公司由东风汽车集团、法国雪铁龙汽车集团共同出资于 1992 年初成立于湖北省武汉市(中方投资 70%)。神龙公司经历了多年的发展历程,目前拥有设计、采购、生产制造、装配、包装、仓储、运输、销售等一整套设备、设施、人员和组织机构。

当今市场需求日趋多变,技术进步突飞猛进,企业竞争全方位展开,对传统的经销商、生产商和供应商的生存和发展都构成了严峻的挑战。神龙公司仅靠自身的资源及能力不可能在各个领域内都占据优势,只有突破传统的封闭定势,与经销商、供应商乃至其他企业建立战略合作伙伴关系,才能变个体竞争资源为链网集合竞争优势,提高整体竞争能力,以适应高柔性和低成本的要求。该公司感到原有管理方法已严重钳制了企业的发展,尤其是在和合作企业的信息沟通上,存在着较大的问题。

供应链是一种企业联盟,其成员企业具有独立法人地位,不依靠行政手段干预,而是按照市场规律,通过维系共同利益来产生凝聚力。这就需要有一个核心企业来吸引众多企业加盟,神龙公司已具备了这种核心吸引力,表现在:

(1) 公司具有较大的生产规模和行业影响力。它已形成 15 万辆的年生产能力,市场占有率迅速增长;目前已拥有 180 多家直接供应商,1300 多种外协零件;同时带动大批二级、三级相关供应商发展。

(2) 公司具有较强的产品开发和产品导向能力。富康轿车的产品设计和工艺一直与雪铁龙公司同步改进,同时结合中国市场特点进行创新,连续推出多系列、多品种的新车型。

(3) 公司有较高的信息处理水平。供应链的良好运作很大程度上取决于网链上的信息交换质量。公司已经构建了较为完整的信息管理系统,在软件功能、硬件配置、网络化技术、信息人才等方面都具备了较雄厚的实力。

在激烈的市场竞争中,如果神龙公司认识到应以自身为核心,与供应商、供应商的供应商乃至一切向前的关系,与用户、用户的用户乃至一切向后的关系组建一个链网结构,建立战略合作伙伴关系,委托链网上的每一个个体完成一部分业务工作,那么神龙公司则可轻装上阵,做好本企业能创造特殊价值的、比竞争对手更擅长的关键性业务工作,从而极大地提高神龙公司的竞争力,取得期望的经济效益。这就是神龙公司采用供应链管理模式的初衷。

供应链的设计不仅要求考虑企业内部生产要素,还要考虑供应链系统对产品和服务的影响,各节点企业应重点处理好彼此间的资源组合、价值转移、风险分担、利益分配、组织管理接口和企业间物流均衡化、企业间的信息沟通关系。神龙公司从以下几个方面考虑供应链的设计:

(1) 组织机构重组,职能部门集成。根据神龙公司的核心业务活动流程,从职能上可以划分为产品开发与设计、供应、生产作业、销售、财务结算、信息组织六大部分。物料供应部门与供应商的管理部门集成、销售商务部门与销售商管理部门的集成,有利于对供应商、经销商的管理和考核。生产作业部门与设备能源部门的集成,有利于生产能力和设备能力的协调。而信息组织部门与财务结算部门则宜相对独立。这样,也便于物流、信息流、资金流的管理以及协调内部各职能部门之间和内外部接口部门之间的合作关系。

(2) 生产计划和控制系统的集成。在供应链管理环境下,生产计划与控制仍然是企业生产管理的重点。从供应链中节点企业的供需关系分析,神龙公司采取订单驱动其他企业的活动。

(3) 建立面向供应链的开放式信息平台。将 EDI、互联网和企业的信息系统集成起来能提高企业的经营管理水平。在神龙与雪铁龙的国际贸易中采用 EDI 技术,减少了低效工作和非增值活动,并使双方快速获得信息,方便地进行交流和联系。随着网络技术的发展,神龙公司供应链管理采用基于互联网/EDI 的运作模式成为必然。对于大部分国内的供应商或分销商来说,最经济、最实用的方式就是通过建立互联网来达到电子商务、同步作业、资源共享的目的。

以神龙公司为核心企业,与供应商、分销商用户形成网链状供应链,实行基于供应链的集成化信息管理,有重要的实用价值。仅从缩短提前期、降低库存、加快资金流转、提高响应市场应变能力这些方面来看,就已发挥了巨大作用。

参考讨论题

1. 神龙供应链和核心竞争力的关系。
2. 神龙供应链设计涉及哪些主要内容?

[案例3] "格力造"ERP

"好空调,格力造",这句话大家都听得多了!

成立于1989年的珠海格力电器股份有限公司(以下简称格力电器),1996年在深交所上市,并被誉为"中华第一股",是中国目前生产规模最大的空调生产基地,现有固定资产原值8亿元,拥有年产空调器350万台(套)的能力,是中国目前生产规模最大、技术实力最强的空调生产基地。

至今,格力已经开发出了 7 大系列、50 多个品种、1200 多个规格的空调产品,品种规模之多、系列之齐全居全国首位。而这个成绩的取得与格力利用信息化手段息息相关。

一、先合理化、再制度化

从 1991 年开始使用计算机网络辅助管理以来,格力电器在信息化应用方面一直坚持一个方向:服务于企业经营目标,提高企业的快速反应能力,提高企业营运效率。

格力电器信息化是从一套管理信息系统开始的。当时企业正在从计划经济下形成的粗放的生产管理向市场经济要求的现代企业的经营模式转化,中间涉及企业改革、改组、改制。为适应这一改革潮流,格力电器计算机中心根据企业生产经营需要,开发了一套管理信息系统,覆盖企业运作的各个方面。这套系统应用效果不错,为企业的腾飞发挥了巨大作用。

但随着格力电器飞速发展,这套系统的局限性也逐渐显现。从 1991 年到 1996 年,短短 5 年的时间内,格力电器的空调年产量已经从 2.8 万台增长至 92 万台,产值从 1.2 亿元增长至 29 亿元。随着企业的发展,模块化的信息系统已经很难满足要求,由于不同模块的程序是由不同时期的不同人开发的,缺乏总体设计,因此模块间存在着资源共享程度差、集成性不好的问题。

1997 年,格力电器董事长朱江洪毅然决定实施 ERP 系统。在实施 ERP 前,格力电器邀请了"863"专家组的专家对所有高层、中层干部及企业骨干进行了多次培训,普及推广 ERP 知识。随后,格力电器用了半年的时间,对国内利玛和以前的开思,以及国外四班、SAP、Oracle、SSA、Baan、QAD 等十几家 ERP 软件商进行了调研,结果发现各有特点,难以取舍。这时,该公司的领导认为,ERP 软件之间并没有孰优孰劣的差别,没有十全十美的软件,也没有全能的软件,在进行选择时,不能看是国内还是国外的产品,也不能看大小,关键要看哪家的产品最适合本公司的应用,能帮公司解决最关键的业务问题。经过流程优化、需求分析、软件演示、综合考评之后,格力电器选择了 Baan 公司的 ERP 软件。

二、实施的关键

在进行了近 4 个月的需求分析及流程重组后,1998 年 12 月 12 日格力电器召开了 ERP 工程实施动员大会,会后 Baan 公司开始调配有关实施人员进驻格力。1999 年 1 月 3 日,整个 ERP 系统的实施正式启动,由此拉开了格力电器 ERP 工程实施的序幕。

决定采购一个 ERP 系统是件相对容易的事情,BPR 的实施却充满挑战,一个强有力的领导班子是项目成功的关键。格力电器领导深明其中的道理,他们决定让有权力考核各部门及更改公司业务流程的全质办牵头,由各部门的业务骨干及计算机中心的人员组成项目组,实施完后再移交计算机中心,项目组可以根据 ERP 规范的需求,要求其他部门改变管理流程,这为 ERP 的顺利实施创造了条件。

格力电器购买了 Baan ERP 系统的所有模块,可处理从财务管理到销售预测、采购、库存管理、制造控制、项目管理、服务与维修、分销和运输等所有业务。

1. 格力电器企业模型

格力电器利用顾问优化后的流程和 Baan 公司软件流程结合,建立了格力公司模型,为每一位员工设置了不同的菜单及用户权限,它使格力电器将注意力集中于一系列高级功能,而不是复杂的应用软件配置或没完没了的产品设置。

2. 分销子系统的实施

该系统于2000年1月1日开始并行使用,在2000年8月26日投入正式运行。分销系统主要包含分销需求计划、销售合同、电子数据交换、销售控制等模块。

3. 制造子系统的实施

制造模块在2000年10月26日试运行,2001年1月份开始并行使用。2001年7月26日淘汰老系统。主要包含Baan制造系统,包括能力需求计划、生产控制、工程更改控制、主生产计划、工程数据管理等模块。

4. 财务子系统的实施

财务模块2001年1月开始并行使用,在不断完善财务模块的功能后,于2001年10月26日淘汰老系统,全面使用新系统。Baan ERP系统财务模块主要包含应收账、应付账、现金管理、预算系统等。

三、ERP带来20%的增长

对于系统的成功实施,格力电器认为以下几个方面值得注意:

(1) 产品基础数据的准备是项目成功与否的关键,完整、准确地准备好基础数据,项目就成功了一半。

(2) 实施各阶段责任明确,及时总结,步骤分明,文档完整、准确。

(3) 加强沟通、宣传工作,佐以严密的培训计划,保障项目的良性运转,避免部分部门、分厂因工作紧张,以应付生产为借口,对项目实施支持和配合不够。

(4) 应注重顾问队伍及项目组的稳定,格力电器的项目早期因Baan公司内部的问题而进展缓慢,在Baan公司被收购后,项目才走上正轨。

对于实施ERP系统带来的成效,格力电器认为ERP系统不仅提高了企业管理水平,同时也获得了良好的经济效益,这些经济效益包括直接和间接的两个方面。

1. 直接经济效益

(1) 缩短了研制周期,质量显著提高,市场响应的速度明显加快。空调从构思到产品下线只需90天时间,产品一次交检合格率从1998年的98.5%提高到2001年的99.8%。

(2) 按照应用软件的管理思想和逻辑,对生产计划进行重新设计,优化了生产管理过程,增加了产量,在价格战年年打的情况下,实现主营业务收入每年保持20%的增长。

(3) 提高了决策支持的准确率和及时性。

2. 间接经济效益

(1) ERP的实施,掌握企业现状及将来发展的方向,规范了企业的基础管理和运作方式,使公司建立起了科学的管理体系和快速反应的企业经营机制。

（2）企业流程重组对企业业务流程进行了优化,进一步完善了企业基础管理工作,大大提高了工作效率,增加了管理工作的深度。

（3）提高了企业的声誉,增强了市场的竞争能力和应变能力。

参考讨论题

1. 格力 MIS 与其 ERP 的关系。
2. 格力如何重视 BPR 在 ERP 的作用。

[案例 4] CRM 让融氏远离脱节

2001 年 7 月,上海融氏企业与用友公司合作,启动了企业 CRM 系统,由此上海融氏企业迈出了走向全球化经营管理的第一步。

上海融氏企业有限公司年产 5 万吨酶法淀粉糖浆,其淀粉糖产品在上海市场的占有率连续 5 年位居首位。2001 年 4 月,上海融氏企业有限公司获得美国 KOF-K(认定美国犹太教食品卫生认定)卫生注册。2000 年 9 月,上海融氏企业有限公司通过中国方圆标志认证委员会 ISO9002 质量体系认证。上海融氏企业已具备了全球化经营的基本条件,但缺乏一套相应的现代管理机制相配合。

一、销售与服务脱节

市场的不确定性和越来越高的经营风险令每一个行业都面临巨大压力,随着上海融氏企业有限公司业务扩展和员工数量的增加,管理的复杂程度相应增加,传统的管理模式显然已不适合新的经济形势。上海融氏企业意识到,企业要生存,就必须清晰地了解和明确认知企业所处的市场环境,必须找到能够为自己带来最大利益的产品,必须充分了解竞争对手的动向,制定合理的产品和市场策略。同时,企业必须分析销售环节,更透彻地了解客户的购买偏好、真正需求,然后才能寻找和锁定目标客户,利用"一对一"的个性服务和确定的服务质量拉拢最有价值的客户,创造最大利润。

然而事实是：上海融氏企业存在管理不力的问题,并因此引起服务部门与销售部门之间的业务脱节,缺乏协调配合和充分的沟通,最终导致客户服务水平不够稳定,降低了客户服务质量。正因如此,上海融氏企业越来越强烈地感觉到,由于缺乏信息技术支持,在处理与维护外部客户关系时,上海融氏企业总是力不从心。于是,建立 CRM 客户关系管理系统的想法应运而生。

上海融氏企业的 CRM 系统采用个性化设计,通过市场管理、销售管理、客户服务以及分析决策等模块,CRM 系统可为上海融氏企业提供业务进程管理、销售机会挖掘、决策支持等全面的管理功能,从而协助上海融氏企业建立一个适应业务发展的全新模式。

二、CRM 主抓三点

上海融氏企业的 CRM 系统主要包括三个方面,即市场营销、销售管理和服务支持。

1. 市场营销

与其他投资类似,投入到营销管理的投资一样要考虑回报,因此做出营销决策很重要。上海融氏企业对市场反应的要求很高,每天上海融氏企业都会在零售点抽样,分析产品销售情况,收集诸多信息,包括什么人在选购同类型产品,通常选购什么品牌,哪些卖场销售量比较好等。所有信息的收集整理结果将反映到市场部及相关部门,这样就可以决定生产周期,对工厂的生产进行合理化的指示,同时还可及时与卖场联系,并了解到自己的最终消费群体的信息。

在没有推广用友 CRM 系统的时候,所有信息是通过 POS 机或理货员收集、抽样、统计处理。建立 CRM 系统之后,上海融氏企业建立了客户活动数据仓库,并设计出一套及时得到信息的方法,进行信息分析。当客户和市场的信息快速处理之后,分析结果将快速反馈到市场,以响应市场的需求。

另外,CRM 系统还可帮助上海融氏企业提高营销速度。以往上海融氏企业的促销活动总是由市场部提出促销计划,然后由相关部门执行。但是推广了 CRM 系统后,上海融氏企业实现了对促销活动全过程的管理,包括促销方案的制定、活动预算、营销活动安排,再到营销活动日程,以及执行结果反馈等全部过程都在管理之中。

2. 销售管理

CRM 的实施全方位支持了上海融氏企业的销售系统,改善了上海融氏企业的销售流程。比如,上海融氏企业参加了一个新产品的推广活动,一个负责的销售经理必须及时得到新产品销售信息,包括客户关心哪种产品,如何与客户联系,已经得到什么客户信息等。在向客户推荐新产品或服务时,也必须了解到,企业的老客户是否及时得到服务,产品的问题是不是及时得到了解决,有关部门如何反应。然后销售代表才能胸有成竹地同客户沟通,增加客户对企业的信心和对产品服务的信心。

3. 服务支持

以客户为导向的企业,所做的一切是必须让客户满意,按客户需求来做。这给企业带来非常大的挑战,而 CRM 就是一个应答。

通过网络提供在线服务是当今 CRM 的一个重要特色。对客户来讲,除了其他渠道,比方说电话中心、现场服务以外,还有通过网络提供服务的渠道。要充分利用所有的渠道为客户提供高效、快捷的优质服务,在对客户服务过程中,客户能充分感受到企业的服务带给他的激励,使得客户愿意继续保持这种关系,并愿意继续购买你的产品或服务。

现在,客户可以通过 Web 浏览器访问上海融氏企业的网站,将自己的要求通过上海融氏企业的 Web 网站提交到 CRM 系统中,此时上海融氏企业的服务人员马上可以在屏幕上把客户的所有服务请求或者是客户对销售市场的请求显示出来,并把有关结果反馈给客户。CRM 系统是帮助企业实现高效的服务流程的工具,对客户反应的高效服务可以实现再销售,这就是客户服务工具的重要性。

三、是广告促销还是 CRM

CRM 的价值在于为企业的决策提供科学、量化的指导,使企业在市场上保持稳定持续的发展能力。一般来说,CRM 可深入分析客户特征、购买行为和价值取向,制定个性化产品策略满足客户的个性需求,以提高客户的忠诚度和保有率,从而全面提升企业的盈利能力和竞争力。

为争取最有价值的客户群,上海融氏企业经历了从广告促销到电子商务网站再到 CRM 系统的发展过程。

过去,企业不必考虑每个客户的专门需要,而是依靠大众媒体的广告促销树立起独特的产品形象,造就最热门的商品,而消费者往往只能被动听取产品介绍。上海融氏企业也曾依靠媒体的力量打开市场。

后来,上海融氏企业认识到,有两类人是其潜在客户:第一类是从来没有用过上海融氏企业产品而有购买需求的人;第二类是使用过其他品牌的同类产品的人,如果加强客户服务,可以争取更多的潜层客户。于是,上海融氏企业建立了一个电子商务网站,采用会员制,有针对性地为客户提供相关产品的信息,并定期向会员提供健康食谱。电子商务网站不像电视媒体那样可在极短时间内树立品牌,但是更好的服务可以开发潜在的消费者,为上海融氏企业赢得忠实用户。上海融氏企业的电子商务网站提供的是"一对一"营销,所花费用不高,但效果更为理想。

比较媒体广告和电子商务网站的应用,上海融氏企业认为,大众营销是无针对性的,电视广告统一在晚上 7:30 向观众播出,而其中 70% 的观众根本就不会关注,完全是信息浪费,可是浪费的营销费用将最终由消费者承担。因此,可以说,消费者在"新经济"的时代将要求更有针对性的有效的信息传递,能够做到这一点的商家才能赢得未来的市场。

不过,上海融氏企业发现,当 CRM 系统将用户需求调整为商业流程中心的时候,传统的企业运营方式与新的管理模式产生了许多不协调,这些不协调妨碍了一个整合的 CRM 系统发挥出完整的效力。因为 CRM 系统直接从"客户接触点"开始为企业管理换了一种思维方式,它也往往成为"传统"融氏企业走向"电子商务"的第一次尝试。在这种尝试中,企业开始感受到不同寻常的冲击。

四、企业的个性资源共享

根据以往的管理经验,上海融氏企业认为:在企业内部管理和供应链的管理中同样存在个性化信息资源共享的问题。

上海融氏企业员工数量众多,企业的内部信息传达往往不及时、不到位,员工很难在第一时间了解到与自己工作相关的信息,这在一定程度上影响了工作效率。另外,上海融氏企业原来采用的对经销商的人工管理存在很多弊端,已经越来越不适应现代企业的发展。因为不同的分销商对企业的产品需求是不同的,传统方法无法让企业及时了解到不同经销商的不同需求,这便导致企业浪费了许多销售机会,也导致了经销商的流失。

这些问题在上海融氏企业建立起 CRM 系统之后都得到了很好的解决。在企业内部,上海融氏企业在企业内部局域网上建立了 CRM 系统信息的权限共享,拥有不同权限的企业人员都可以找到与自己工作相关的最新信息以及任务,同时每一个人工作的进展状况信息也可以与团队共享。在公司外部,上海融氏企业与经销商的沟通更顺畅,企业的市场人员可通过 CRM 系统分析经销商的历史购买行为,很容易便对经销商的不同购买需求有一个大致的了解。

关系理顺了,工作效率也就提高了。以前上海融氏企业的工作人员对公司客户、经销商有不了解的地方,于是总要打电话请示总经理或相关负责人。而现在情况不同了,企业的各种制度、经销商信息、数据和市场活动、销售的进展、分工情况等都可以在 CRM 系统中方便地查寻,大家分工明确,各尽其责,各环节衔接流畅,很多日常事务不需要再去请示就可以处理,工作效率自然提高了。

CRM 系统帮助上海融氏企业实现了客户数据的共享。无论是营销部门的预算,还是市场策划,抑或是从营销部门到后续的销售部门和服务部门,所用到的都是一个统一的客户数据来源。这使得上海融氏企业可以完成一个连贯的市场营销过程,包括从预算到确定目标客户,到制订一个营销方案和其中的事件,一直到执行和评估分析全部环节。

CRM 系统将上海融氏企业的客户资源重新整合,使原本"各自为战"的销售人员、市场推广人员、客户服务人员等开始真正地协调合作,成为围绕着"满足客户需求"这一中心要旨的团队。现在,上海融氏企业与用友合作,着手完善 CRM 系统,在企业员工素质、客户信息积累和企业运作流程基本成熟后,上海融氏企业才能实现 CRM 的最高境界,即企业的智能市场决策。

参考讨论题

1. 融氏 CRM 的功能子系统。
2. 融氏个性化信息资源共享问题。

[案例5] 扬子汽车电子商务应用

企业信息化是企业的一个发展趋势,其具体表现就是 IT 技术在企业内部的广泛应用,其中包括办公、管理信息化、电子商务等。而电子商务则是未来重要的贸易形式之一。现在,电子商务在一些大型企业中已经有了比较现实的应用,而且每年都在以高比例增长,因此企业电子商务的开展势在必行。下面以扬子汽车电子商务平台为实例,介绍了电子商务平台的搭建,并给出了构架后的商务营销,说明了该平台的可操作性和应用价值。

一、扬子汽车电子商务平台

1. 扬子汽车电子商务平台搭建的前提条件

首先,扬子汽车销售网络广泛,为电子商务平台的搭建提供了坚实的基础。电子商务平台为扬子汽车厂和销售商提供了一个在线交易和交流的平台,大大节约销售成本,如果利用得当,这个平台将取代现在一些原始的电话、传真手段,可以直接在网上进行贸易和交流。这就是 B2B 在企业中的具体应用。

然后是B2C,也就是网上购物。现在扬子汽车网站中的在线订购就是B2C,现阶段来看运营良好,在开通不到两个月的时间里收到10个订单。这说明,扬子汽车的B2C也是很有市场潜力的。

2. 扬子汽车电子商务平台的搭建

可解决如下问题：
(1) 前台购物顾客登记

顾客可以登记个人信息将其存入网上的数据库中,用于鉴别其身份,对符合条件的顾客给予适当的优惠。登记只须一次,在以后的购买过程中,系统会根据顾客的登记信息自动加以识别,方便顾客的购物。

(2) 在线商品查询

商品查询包括模糊查询和分类查询,所有的查询条件可以自定义,由数据库自动生成,并可根据多种组合条件查询,顾客只要输入几个关键字就可以查询到感兴趣的商品信息。

(3) 在线商品浏览

让顾客根据商品的价格、规格、产地、厂家、外观等特性进行选购。显示的商品记录由顾客输入或选择的查询条件生成,可以分页显示商品记录。

(4) 用户登录

不同的代理商有不同的代理号码,同一个代理商也可以有不同的用户名和用户密码,对网站的浏览者进行很好的控制,没有权限的用户将无法浏览。

(5) 信息发布

这是一个在线交流系统。可分为两部分：重要信息,即共同信息,所有的代理商都能够看得到；代理商信息,不同的代理商看到的内容不同,具有针对性。

(6) 财务查询

不同的代理商可以看到自己的财务账单。可以按时间、金额、月份等查询。

(7) 产品目录

所有的代理商都可以看到产品概况,包括价格、外观、技术参数等信息。

(8) 提供强大的后台管理编辑功能

(9) 提供购物车功能

二、扬子汽车电子商务平台构架后的商务营销

1. 明确的定位

用户访问一个网站,常常不是要购买商品,只是查询信息。只要他们在此找到了有用的信息,觉得有"价值",他们还会回访。企业的着眼点,应该是为他们提供"价值"。

2. 合理的推广

利用一切机会推广站点,搜索引擎很重要,选择合适的关键字,能使用户容易找到你的站点。自我推广也是非常有效的,在名片上印上URL；若是商店,就在橱窗上广而告之你的

店"触网"了;给别人写电子邮件时,信尾一定别忘了签上网址。另外行之有效的办法就是友情链接、传统广告、报纸软推广。总之,哪里有你的潜在用户,就打到哪里去。

3. 积极收集反馈信息和网站信息

尽可能地提供表格和电子邮件地址,以便用户留下反馈意见:他们想从这里得到什么?他们对网页和图片有什么意见?另外一些问题也应给予关注:服务器能承担网站访问量吗?如果是在线商店,在访问统计报告中,有多少用户来访问,又有多少用户真的购买了?

4. 根据反馈信息适时调整业务

如果懂得善用,客户反馈信息无异于免费的业务咨询,愤怒的声讨信尤其能让你获益匪浅。对于在线营业的网站来说,既然用户肯花时间留下反馈,那么隐含的信息就是"我想从你那里订货,这里的信息就告诉你如何能让我掏钱"。有人抱怨速度慢吗?那就检查图片是不是太多,服务器是不是有问题;有人在不停地询问相关产品吗?可能该考虑是否需要扩大产品范围了。或许他们觉得程序太复杂不愿订购,那就列出 FAQ(常见问题解答),提供技术支持。

总之,当今的市场营销的弊病之一就是无法做到网上和网下一体化。只要网上网下紧紧结合起来,构建的电子商务就将是完善的。

三、电子商务的优越性

电子商务提供企业虚拟的全球性贸易环境,大大提高了商务活动的水平和服务质量。新型的商务通信通道其优越性是显而易见的,其优点包括:

(1) 大大提高了通信速度,尤其是国际范围内的通信速度。

(2) 节省了潜在开支,如电子邮件节省了通信邮费,电子数据交换则大大节省了管理和人员环节的开销。

(3) 增加了客户和供货方的联系。如电子商务系统网络站点使得客户和供货方均能了解对方的最新数据。

(4) 提高了服务质量,能以一种快捷方便的方式提供企业及其产品的信息及客户所需的服务。

(5) 提供了交互式的销售渠道。使商家能及时得到市场反馈,改进本身的工作。

(6) 提供全天候的服务,即每年 365 天,每天 24 小时的服务。

(7) 最重要的一点是,电子商务增强了企业的竞争力。

参考讨论题

1. 扬子电子商务平台。
2. 从扬子看电子商务与商务营销。

[案例6] 沈飞公司的信息工作

沈阳飞机工业(集团)有限公司是我国航空工业最大的歼击机研制和生产基地,自20世纪50年代初创建以来,先后研制生产了十几个机种、数千架飞机,被誉为"中国歼击机的摇篮"。改革开放以来,公司积极推进"军转民"和"内转外"的战略转变,先后开发了汽车、大中型机械、铝型材料制品、民用电器、民用飞机零部件转包生产等五大系列200多个品种的产品,并和美国波音公司、英国宇航公司等十几个国家的国际著名飞机制造公司及其他公司建立了合作关系,从而建成了军民结合型企业,"内转外"也有了一个良好的开端。

沈飞集团公司高度重视信息资源的开发利用工作。1984年9月邓小平同志为《经济参考报》题写"开发信息资源,服务四化建设"的题词具有深远的意义,从资源的角度确定了信息的地位和作用,从目的的角度明确了信息的服务对象。在这一题词的指导下,为适应改革开放和市场经济发展的需要,公司及早地转变了观念,于1985年在航空工业系统率先组建了以公司科技处为依托的经济技术信息中心,使企业耳聪目明,大大增强了市场竞争力和应变力。这个"中心"使企业保持了旺盛的活力,在信息市场和技术开发工作中,为公司军品研制、民品开发、生产经营和市场营销等方面做出了应有的贡献,有力地促进了企业的科研、开发和经营的发展。

十年来,沈飞集团公司的信息工作,着重从以下几个方面展开。

一、信息机构建设是开展好信息工作的前提

在我国大型企业的信息机构还没有统一的组织模式的情况下,沈飞集团公司结合本企业的实际情况,于1985年在情报科和技术开发科的基础上组织了处级建制的信息中心,直属公司副总经理兼总工程师的领导。为了适应市场经济发展的需要,建立完整的信息管理体系,又于1993年合并了工艺研究所和新技术推广科。

这一机构的强化与完善,起到了连结企业内外经济技术交流的枢纽作用,整个机构都是适应公司"军转民"、"内转外"的需要,紧密围绕公司生产经营、科研工作而运作,并且信息中心下设了信息管理室,从事信息管理工作。从1985年到现在,专职信息管理人员人数不断增加,人员素质不断提高,管理手段逐步改善,已经可以和政府及社会信息部门接轨,正在逐步走上信息管理规范化、制度化、程序化。信息中心还将沈飞信息、咨询及服务工作统一管理起来,并明确提出信息中心的任务就是通过各种渠道,利用各种手段收集信息、筛选信息、传递信息、反馈信息,为沈飞各级领导决策,为生产经营、技术改造、市场营销等方面服务。

二、信息网络建设是开展好信息工作的基础

为了收集公司生产经营、产品开发、技术服务、承揽加工和产品销售等方面的信息,从1986年开始,组建了公司内外信息网络,充分发动群众,利用各种关系,广开信息渠道,为公司收集了大量信息,对公司领导的经营决策和提高经济效益起到了很大的作用。

1. 公司内部信息网

公司内部信息网,是由各分公司、分厂和各科、处组成的纵向信息网络,下设15个信息

站,聘请各分公司的有关人员任站长。每个分厂、科、处指派一名兼职信息员,负责本单位的信息收集、传递、反馈和日常信息管理工作。现在公司内部信息网共聘任站长15人,信息员125人,他们除了自己积极收集和传递信息外,还发动本单位的职工,通过个人渠道,为公司收集和传递信息。

为了提高信息员的信息意识和业务水平,公司还分批举办信息业务学习班,对信息员进行培训。为了搞好信息网的工作,每年都进行一次信息员工作评比,对评出的优秀信息员进行表彰。

2. 公司外部信息网

公司外部信息网是建立在双向互利基础上的横向信息网络,组织形式是松散的,活动是单项的,大体有以下几种类型:

(1) 与各级信息中心联网。例如,先后曾与国家信息中心、辽宁省信息中心、黑龙江省信息中心、吉林省信息中心、深圳市信息中心、沈阳市信息中心及大连市、营口市、丹东市、鞍山市、本溪市、抚顺市、锦州市、辽阳市、盘锦市、铁岭市、阜新市和兴城市等市的信息中心进行了联网。

(2) 与各级信息协会联网。例如,先后与中国信息协会、中国企业管理协会、中国企业家协会、中国信息产业商会、东北信息协会、辽宁省信息协会、沈阳市信息协会和沈阳市物资贸易中心等协会联网。

(3) 与汽车专业信息网联网。例如,先后与全国客车经济技术信息网、全国汽车行业经济技术信息网华北分网和华东分网、解放汽车工业企业联营公司情报信息网和辽宁汽车科技情报信息网等专业网进行联网。

(4) 利用微机与有关单位连机联网。例如,先后与新华社辽宁信息社、全国产品购销发布中心、辽宁省关贸总协定信息发送中心和康巴斯信息咨询服务公司等部门进行连机联网。

三、健全的规章制度是开展好信息工作的保证

企业要发展信息工作,必须要建立各种规章制度和管理办法,制定信息管理工作标准和技术标准,建立各种类型的工作程序等。这些工作,是企业信息管理的基础工作。在实践过程中,不断强化制度建设,制定了一套有关管理条例。具体内容是:

(1) 制定了《信息管理工作暂行条例》,以公司文件形式下发公司各单位,明确规定公司信息工作的管理职能和各单位的具体任务,并要求各单位指派一名兼职信息员,负责本单位的信息工作。

(2) 制定了《信息管理工作细则》,经总工程师、总会计师等公司领导批准,作为开展信息工作的具体操作依据。

(3) 制定了信息管理工作中各个环节的规章制度,主要有:

①《关于信息传递和反馈的规定》,其中规定了传递的程序和信息反馈的内容。

②《信息酬金的划定标准》,其中规定:如果信息被采纳,并签订了合同,即按成交额的相应比例,向信息传递者支付信息酬金。

③《信息酬金的审批程序》,其中规定了必要的财务手续,避免出现漏洞。

④ 印制"信息传递卡"、"信息反馈单"、"信息咨询登记表"、"信息员登记表"和"信息酬金申报表"等各种信息业务表格。

由于努力实现管理的规范化,使信息管理这一涉及企业全过程的基础工作终于实现有章可循,真正纳入了企业主产技术经营管理的轨道。

四、信息工作成绩的取得是信息工作全面发展的催化剂

十年来,沈飞信息工作有了发展,并取得了可喜的成果。主要表现在:

(1)在开发利用信息资源方面,为提高经济效益的需要,增强企业在国内外市场竞争力,公司坚持以生产经营为中心,先后与全国 50 多个大中城市的用户建立了较为稳定的关系,形成了一个跨地区、跨行业、多层次、多形式的技术贸易信息网点。十年来,成交额 7.8 亿元,实现销售收入 4.95 亿元,利润 2.05 亿元,创社会经济效益 30 多亿元,组织转让军工科研成果 35 项,并充分发挥航空技术和科技人才优势,研制成功具有国际先进水平的"CNG 汽车减压系统",于 1994 年荣获了中国发明协会银牌奖;组织开发保定汽车厂汽车装配主产线和国家科技重点项目——深圳中康玻璃有限公司冷研磨加工玻壳的设计与制造。

(2)通过"信息传递卡"向公司各分厂传递各类具体项目信息每年平均 270 条,成交率 55%,平均年成交额 1500 万元。仅以 1990 年为例,通过客车销售信息网销售的客车,占公司当年客车销售量的 60%。1993 年通过信息传递,促销客车 75 辆,产值 2600 万元;促销轻型越野车 185 辆,产值 500 万元。

(3)通过信息为公司洽谈成功的项目有:与中航技广州分公司在广州联办"中航不锈钢型材制品企业有限公司";为汽车厂与台湾日亿汽车公司合资兴办"沈阳飞龙巴士客车有限公司",与美国迪尔公司签订了油缸加工合同等。

(4)为合理确定沈飞客车销售价,提供决策信息。1991 年 5 月,通过《信息内参》向公司领导传递了 1991 年全国汽车展销会大客车价格信息后,引起了公司总经理和总会计师的重视,为公司生产的各型客车合理定价,提供了重要的依据。这类信息还提供了许多,不一一列举了。

(5)为公司体制改革提供信息服务。前几年,公司设想建成集团公司,当时公司上下领导对究竟按什么模式来组建集团公司,没有一个完整概念,也无从获取成熟的方案。对此,公司领导请示了航空工业总公司,但也没有得到一个明确的答复。在这种情况下,公司负责筹建集团的总经济师找到了信息部门,信息人员通过各种途径、各条渠道,在较短时间内收集到大量的信息后,搞出了一个比较适合我国航空企业的模式。公司有关领导说,公司现行的集团公司组织形式,基本上是参照信息中心所提供的信息资料制定的。航空工业总公司的领导认为,沈飞集团公司的企业体制正是我们所设想的,是比较适合我国航空工业企业体制的,很有推广价值。后来在公司召开的现场研讨会上,向有关企业做了介绍和推广。

(6)更值得我们回顾的是,沈飞信息中心为诸多企业信息事业的发展和进步,做出了应有的贡献。1991 年 10 月,为了落实《中华人民共和国经济和社会发展十年规划和第八个五年计划纲要》对信息工作规划的任务,在国家计委规划司、国家信息中心和东北三省信息中心的委托和指导下,中心组织召开了"东北三省典型企业信息工作研讨会"。国家计委规划司、国家信息中心信息部和政策研究室的领导出席了会议,东北三省信息中心领导主持了会

议。东北20家大中型企业信息中心的领导参加了会议。会议结合企业开展信息工作遇到的困难,就如何加快发展我国信息服务业,积极培育信息市场,进一步搞活大中型企业的问题进行了研讨,并为国家制定一系列政策、法规献计献策,得到了国家计委规划司和国家信息中心领导的重视。

(7) 加强信息载体建设

通过信息网络及各条渠道收集到的信息,主要采取以下方法进行传递:

① 编印《信息内参》,以新华社辽宁信息社电传专供信息为主要来源,每周编印一期,传递给公司主要领导。

② 编印《专供信息》,把重要的宏观信息或微观信息,根据需要对象和专业范围,传递给公司有关领导和部门。

③ 编印《经济信息快讯》和《信息剪报》,把收集到的市场经济信息归类,印发给公司各单位。

④ 通过《信息传递卡》把各种专项信息,如铝合金工程、档案装具、非标准设备和各种生产线研制以及客车、轻型越野车的需求等信息,及时向有关专业厂和部门传递等。

⑤ 出版了《产品与技术》,这是一本以提供新产品开发、新技术应用信息为主的信息刊物,定期传递给公司有关设计、制造、开发等技术部门。

⑥ 编辑出版了《沈飞科技情报》,集中反映军品科研方面的信息情报资料。

⑦ 整理、编辑了《客车文献题录索引》,主要提供给公司民品部和沈飞汽车制造有限公司。

参考讨论题

1. 沈飞的信息组织机构。
2. 沈飞的信息网络建设。

[案例7] 龙涤集团信息化成功之路

话还得从1997年龙涤集团职代会上说起。当时总经理赵瑞民就率先提出"用信息化推动管理现代化"、"加快准备、加速推进企业信息化建设工程"。为此,龙涤集团对省内外实施信息化的企业进行了认真的调研考察,结合公司的实际,对信息化工程首先提出了三个定位。

目标定位。运用先进的管理思想,改造传统的管理模式,对企业进行管理重组和管理革命,实现面向客户的集成化的管理;运用先进的信息技术,对企业物流、资金流、信息流进行有效的制约和制衡,实现"三低一高"(生产成本最低、管理费用最低、财务与销售费用最低、销售价格最高)的经营目标;在新思想、新技术、新手段的支持下,使企业发生脱胎换骨的改变。

工程定位。把计算机工程不仅定位为技术工程,而且还要定位为管理工程,更把它定位为一项企业文化建设的系统工程。

决心定位。企业信息化建设成败在于决心,尤其是一把手的决心。为此,集团公司总经理赵瑞民明确表态："计算机管理工程只能成功,不能失败,只要有成功的我们就要成功。哪个部门、哪个人出问题,坚决追究责任,谁出问题谁下岗。"1999年8月,公司投资600万元的一期工程开始启动。

一、实施背景

黑龙江龙涤集团有限公司是1995年在黑龙江涤纶厂基础上改制组建的国有控股公司,由多种经济成分、多元投资主体的20余家企业组成。是黑龙江省唯一生产涤纶纤维的大型企业,纺织行业的龙头企业,也是国务院确定的全国百家建立现代企业制度试点和国家520家重点企业之一,连续多年进入企业销售额最大的500家工业企业行列。

近年来,尽管国内纺织化纤行业举步维艰,但是黑龙江龙涤集团有限公司仍然不断地创造出企业生产经营的佳绩,生产能力由建厂初期的1.6万吨涤纶短纤维,发展到现在的年产聚酯熔体16万吨,涤纶短纤维8.4万吨,涤纶长丝3.8万吨。"九五"期间,工业总产值和利税平均分别以41.2%和31.8%的速度增长,2000年实现工业总产值24.3亿元,利税1.5亿元,创公司组建以来的历史最好水平。其中,明确目标、统一思想,坚定企业信息化建设的决心,可以说是他们取得辉煌业绩的重要因素之一。

多年来,黑龙江龙涤集团有限公司改革和改造的成功,使企业一直保持了较好的发展势头。但是,在管理方面仍存在着传统国有企业管理粗放、管理手段落后、管理模式陈旧、企业信息技术应用水平低、缺少科学决策与制约制衡机制等问题,制约和束缚了企业的发展。如何解决这些问题?集团公司领导班子通过认真讨论,深刻感到:必须通过企业信息化建设,对企业管理模式、管理手段进行大变革,才能从根本上实现新的突破,跨越式地提高管理水平。

二、信息化建设为企业成长立下六大功劳

(1) 实现了集成化和精细化管理。龙涤集团信息化建设做到了跨公司、跨部门、跨业务的管理和应用,实现了物流、资金流、信息流的统一及一个网的运行和集中监控。一个信息一点录入,相关信息联动,实现了自动服务式的管理。企业原来的"慢、粗、散、重、低"的管理有了明显的改观,企业每天的经营情况迅速反映到决策层和每一个管理人员的计算机桌面,真正做到了精细化管理。

(2) 实现了成本费用的适时、及时管理。企业管理的适时、及时是传统管理所追求的,但可求不可及,企业规模越大就越难做到。但是,龙涤集团通过企业信息化建设做到了这一点。实现计算机管理后,无论是采购、领料、产成品等物流的每一个动作,资金的每一笔活动,均在ERP系统中运行,系统的现任中心是最小核算单位(机关部室到科、生产厂到生产线和产品),谁发生的领料和费用,自动进入谁的成本,成本计算精确,并按此制定成本、费用目标考核。生产部门将成本目标分解为产量、质量、单耗和可变费用四大指标,管理部门按现任中心实行严格的预算管理,成本监控中心按目标进行适时及时的对比分析,超目标计算机报警,目标与经济责任制挂钩,使成本费用不断降低。2000年集团公司成本费用明显下降,其中生产成本同比下降570万元,采购成本同比下降2320万元,管理费用和销售费用同比下降390万元。

（3）企业面对市场的反应速度加快。计算机的客户信息、合同管理、订单管理及产成品库存和应收管理在同一系统内运行，用户变动情况、市场需求情况及产品销售情况，公司领导和每一个销售人员及生产单位都了如指掌，企业营销形成了以信息化为基础的、以市场为导向的全员运作的机制。产品的销售流程设计合理、市场的反应速度加快。特别是优化后的客户提货流程，由原来的 3~4 小时，降到现在的 20~30 分钟，受到客户的好评。

（4）在计算机的支持下，形成了有效的控制与制约机制。稽查物价科，借助计算机对采购部门全方位监控，把住了采购的渠道、价格、数据和质量关。信息系统自动进行四单匹配，规范了采购行为。采购行为一发生，采购订单、验收入库单、进货检验与化验单及报销时的发票，自动传到财务的相应模块，其数量、单价、金额、质量一致进行匹配，否则计算机挂起不做核销，由稽查物价科查明原因，提出处理意见。这样流失浪费得到了控制，仅此每年就减少流失和浪费近千万元。

（5）实现了集团内部的电子商务。龙涤集团公司是由合资公司、股份公司、全资子公司等独立实体组成，过去内部交易繁杂，浪费大量人力和物力。实行计算机管理后，公司的主客业务都在一个系统中运行，每一笔关联交易清楚，一目了然，每个月公司之间只进行一次性发票结账，效率明显提高。

（6）管理得到持续化改善。管理的成功不在一时，而在于持续，计算机应用的成功，为管理可持续化改善奠定了基础。

龙涤集团企业信息化建设一期工程的结束，不是企业信息化建设的结束，更不是管理的结束，而是新的工程、新的管理的开始。龙涤集团总经理赵瑞民又适时提出"苦练内功，提升管理水平；把握机遇，图谋更大发展；用高新技术装备龙涤，为构建 21 世纪新的竞争优势而奋斗"的集团发展目标。

可以说，这是龙涤集团把企业信息化建设引向深入的又一个目标。

三、"六四三"企业信息化运作新模式

企业信息化建设是一项系统工程，涉及企业的组织结构、管理框架、业务流程，甚至企业文化等诸多方面。只有积极吸收和研究先进的管理思想和理念，借用外脑，借用代表先进管理思想的软件，借鉴成功的管理实践，才能实现管理创新和管理革命。经过认真调研分析，龙涤集团最后选择了美国 Oracle 公司的 ERP 企业应用软件，并在该软件管理思想和模式的支持下，对企业内部管理模式、业务流程进行了再造和重组，形成了"六四三"的企业信息化运作模式，即"六个化"和"四个三"的管理构思。

"六"是一个扁平化加上五个集成化。

一是扁平化的结构。即由原来的多层结构变为扁平结构，由过去的 5~7 个管理层次减少到现在的 2~3 个层次，由过去的领导和分管角色变成流程经理的角色。管理人员兼职化，原副总经理兼主管部的部长，并兼到主管部核心业务科的科长。通过兼职化实现了由多层向扁平的压并，实现了决策层和执行层直线挂接。同时按照扁平化的原则形成了适应扁平化的领导方法和工作方法。

二是集成化的采购。在计算机网络支持下，取消了集团公司十几个单位的采购权，成立

了国内采购部,实行了集中采购管理。不仅降低了采购成本,资源得到了合理利用,而且也有利于对采购价格、费用、抽样、检验、进出称重进行集中监控。采购人员由最初的30多人优化到10人。

三是集成化的财务管理。取消了公司内所属单位的独立的财务和各生产厂的二级财务,按照 Oracle 软件的功能,实行了多用户、多账套的财务管理。通过对集团财务进行集中整合,财务功能、效率明显提高,资金周转速度加快,监管力度明显增强,全公司财务队伍也由75人精简到43人。

四是集成化的仓储管理。取消各生产厂及相应公司的二级库和三级库,将采购与仓储管理分开,采购与仓储形成了制约关系,在信息技术的支持下,解决了原材料部门与公司分割的状态,实现了资源共享和最佳分配,保管人员由35人减到18人。

五是集成化的质量检测检验。公司组建了检测中心,将原属于各生产厂的产品及进货检测检验的职能划归到检测中心,加强了产品质量与进货质量的检测和监控。检测检验的结果通过计算机网络传到相应的单位和人员,并分头进行指标分析和质量控制。体现了集中管理和"专业化"分工的基本原则,人员又分流了近30%。

六是集成化的控制、制约与制衡。企管部的内设机构侧重于控制、制约和制衡。成本监控中心负责目标成本及费用预算、费用报销的审核与控制;稽查物价科重点监控采购价格及把住进出公司的各类物资,保证其数量、质量的真实;全质科对生产管理的全过程进行质量监督,并对 ISO 9002 认证要素综合控制;审计科负责审计监督;财务投资部负责进行现金控制和全成本控制,计算机管理科负责全公司信息流的管理与控制,通过《企业信息化管理办法》实施严格管理。

"四"是四个三的管理模式。

一是建立了企业业务管理的"三大流程"。即战略流程、客户流程与保障流程。战略流程是企业发展部流程,负责企业战略的制定、远景规划的安排和竞争战略的研究等。客户流程主要是产品销售部的营销流程,追求业务处理的效率及其对顾客和市场的反应速度。保障流程包括人力资源部、生产管理部、国内采购部、财务投资部和集团公司办公室,其活动的效率、成本的控制是保障流程追求的目标。

二是实现了"三个中心"核算的管理。即成本中心、利润中心和管理中心。生产部管理下的各生产厂或车间均属成本中心;利润中心是各独立法人的有限公司。在总经理领导下,各部、科管理部门是新模式中的管理中心。

三是完善了管理的三个层次。产品销售部、生产管理部、国内采购部及企业发展部的技术中心、检验中心为企业的经营层;企业管理部、人力资源部、财务投资部、集团公司办公室为企业管理层;总经理及流程部长为企业决策层。

四是突出控制的三个阶段。即事先计划与制衡、事中监督与检查和事后研究与分析三个阶段。事先计划,突出企业发展部中的企划科、生产管理部的生产调度中心及总师办的计划职能;事中监督检查,强调各职能部门对流程的监控;事后研究分析,加强企管部、财务投资部对结果的总结和分析。

企业模式再造和重构之后,又对企业业务流程及各类职责按照信息化建设和软件的要求进行了再思考、再设计。共理顺新流程105个,重划部、科职责61个,岗位职责203个,职能部由原来13个整合为10个,人员在以前已优化50%的基础上又一次精简336人,其中企业中层以上领导干部27人,占企业中层干部的20%。上述管理思想的实践,使得龙涤集团公司的管理模式发生了革命性的变化,一个全新的管理构架在计算机技术的支持下应运而生。

参考讨论题

1. 龙涤信息化建设的实质效果。
2. 龙涤信息化建设的运作模式。

[案例8] 江铃国际集团MIS

一、企业简介

(1) 企业概况

江铃国际集团是江铃集团两大部分之一,是江西省支柱产业。

(2) 企业组织结构

江铃国际集团在国内外有下属单位14家,涉及商贸、工业、旅游业等行业。

(3) 企业主营业务

江铃国际集团主要经营汽车进出口业务、国内外旅游业务、旅行车制造业务、化工产品生产业务、汽车专用技术开发业务、计算机应用程序开发等。

二、企业信息化建设动因分析

随着IT技术的飞速发展,企业面临的竞争环境发生了根本性变化,如顾客需求瞬息万变,技术创新不断加速,竞争日趋激烈。在这种形势下,企业管理必须转变,从粗放经营向成本控制转变,从部门管理到企业级协同管理转变。只有这样,才能适应竞争形势的变化。

1. 技术落后无法满足现行经营管理的需求

随着业务水平、管理水平和应用水平的提高,原有系统只能在局域网上运行,不能进行远程处理,经常出现数据混乱的现象,不能准确地对账,而且重复录入性工作多,特别是银行对账单不能直接引入,需要手工录入。这种财务系统已远远满足不了业务管理的需要。

2. 财务核算不能实现数据共享和传递

原有系统最大不足之处在于存在信息孤岛,不能满足集团公司对财务整体状况进行监控、统计和内部对账等管理的需要。

3. 事前、事中控制困难

由于原有系统功能简单,财务不能完全甩账,所以只能做事后分析,不能进行事前计划和事中控制,难以较好发挥财务监控的作用。

因此,江铃国际集团通过一系列的分析,决定需要更新原有的财务系统,建设一套具有本企业特色、先进、实用、可靠的管理信息系统,以适应集团的总体发展战略。于是集团内部组织人员通过多家软件厂商进行现场演示选型,最后选中了用友软件8.12WEB版,于2001年3月开始实施。经过制订计划、用户培训、正式运行、评审验收4个阶段近2个月的实施过程,江铃国际集团管理信息系统已开始顺利运行。

三、江铃国际管理信息系统解决方案

1. 系统建设目标

（1）集团内部采用统一的财务系统,统一会计制度和会计原则,方便财务信息的采集,同时适应集团内部不同行业的财务核算要求;

（2）组建集团财务信息网络,集团内部数据共享,上级机构对下级机构的财务从计算机上做到即时查询、审计,严格集团的内部监管制度,强化财务管理;

（3）集团内部财务数据能及时自动上报,上级机构能对上报数据进行汇总、合并和分析,使集团领导及时掌握全集团的经营状况,为其提供决策支持数据,提高集团的市场应变能力;

（4）财务电算化系统具有Web功能,支持远程录入、查询、会计凭证、账簿、报表等有关会计数据,实现远程操作;

（5）能实现预算编制、预算执行和预算评价三个过程;

（6）能对资金的使用、结构、安全、成本(含利息)和效益进行控制。

2. 网络硬件环境解决方案

江铃国际集团下属14家单位分布在国内外各地,集团总部设在江西南昌,内地主要分两个区域,分别为凯莱区和技术开发区,集团所有的账务处理分别在两个区域集中处理。凯莱区在同一座办公楼办公,整个区域已有一个局域网,为了给管理信息系统提供硬件环境,公司在财务部增加一台服务器,组成一个财务小局域网,再与原有的局域网连接,形成一个大局域网,最后与互联网连接。技术开发区与凯莱区相似。

3. 应用解决方案

（1）软件方案

江铃国际集团采用用友软件V8.12(SQL),其功能子系统包括资金系统、财务系统和预算系统。其中,财务系统又涉及总账系统、应收系统、应付系统、UFO表、财务分析和决策支持。

（2）业务流程具体解决方案

管理信息系统通过集中建账、统一基础科目设置、集中数据管理、远程实时查账等手段,全面支持了江铃国际的集中式集团管理模式。

① 统一规范的基础设置,实现集团信息统一管理和横向对比分析

在管理信息系统中,集团建立统一的会计科目,制定统一的基础设置规范,统一采用新的企业会计制度,这样就能够保证整个集团在基础设置上的统一规范,为实现多组织的集中管理奠定良好基础。

② 另建一套费用账进行集中报账

各单位单独设立账套,另外设一套费用账(以单位分别设凭证类别)单独核算、控制费用,在财务分析中编制费用预算,日常各单位发生费用统一在费用账中反映,能控制个人在各单位报销的费用,便于及时平衡各单位盈亏。月末将费用账中的凭证分类别地输出,然后利用总账工具分别引入到各单位账中进行核算。

③ 预算管理(包括现金预算、收入与费用预算、损益与指标预算)

预算管理包括预算编制、预算执行和预算评价三个过程。全面预算按季滚动编制,现金收支计划按月滚动编制。财务部定制表格,同时提供与预算期相等时间(期)的各预算单位的历史实际数据,以供编制者参考。各预算单位编制好预算,预算管理系统据引自动生成预算汇总表(部门预算→公司预算→总部预算)。预算执行过程包括预算检查、分析、调整和控制,软件系统对突破预算的支出做到实时反映,提供提示、警告以及不得录入等多种选择。预算评价过程包括预算结果分析、问题揭示和预算业绩评价等,提供按月度、季度和年度的预算指标与实际数的对照分析,反映预算执行差额和差率。

④ 用辅助核算简化科目体系,加强管理

在科目设置时将往来科目设为客户、供应商往来核算,将固定资产、在建工程、存货类、成本类、收入类等设为项目核算,其他应收款——个人往来、费用内某些科目设为个人往来,其余费用类科目设为部门核算。对科目进行辅助核算后,科目体系中科目不需要随单位经营期的变化而进行调整。系统编制相关凭证时,提示用户录入对应的辅助信息,这样,在节省科目的同时保证信息的详尽。另外,将成本类、收入类设为项目核算,形成一个利润中心,加强盈亏管理。

四、效果评析

1. 统一设置基础科目实现集团信息可比性

在原来的分散账务信息系统下,由于信息传递速度低、不准确,经常出现集团公司上下科目设置不一致的情况,给集团财务管理和各营业部之间业务的对比分析和管理带来很大困难。适应集团应用特点和财务信息可比性需要,江铃国际集团利用系统中统一科目的功能,这样就解决了总部对下属单位的财务核算、预算、资金的实时监控和对比分析等问题,以便整合集团内外部资源,发挥总部的计划与控制作用。

2. 数据的集中管理,保证了集中式管理模式的实现

江铃国际集团管理信息系统以总部为中心,各下属单位集中建账,两个区域之间采用互联网进行传递数据,总部对整个集团的财务信息可以一目了然,方便地实现了账、证、表数据的高度集成,保证了集团公司集中式管理的实现。

3. 实现异地实时查询与统计分析,充分发挥领导的监控职能

基于 Web 功能的管理信息系统提供了远程查账功能,集团可以根据报表反映出来的结果追溯到业务发生的最原始单据,系统使财务报表上报制度大为简化,财务报表传递周期明

显缩短;还具备了财务预算、异地实时查询、统计、分析和监督管理等在传统桌面型财务软件中无法有效完成的功能。领导能对各单位的财务状况进行实时监控;在不影响单位工作的前提下,领导能够及时获取有效信息,及时发现各单位在财务管理中存在的问题并及时解决,充分发挥领导财务监控的职能。

4. 强化资金的集中管理

利用系统中的资金管理子系统,江铃国际集团能够很好地处理各类筹资、投资、担保、内部资金拨付、资金计息等资金业务,并能够对企业内外部各种资金进行预测、控制、分析,管理各种资金合同,动态准确地反映各项资金的来源与去向,保证资金的运作效率。并且,集团实现了资金的统一调配,控制资金的流出,降低风险,提高资金运作效益。

5. 辅助核算评析

在实际业务中,有许多辅助核算,例如,个人、部门、对外投资、利润中心、在建工程等,这些项目核算量大且统计要求频繁。如果使用传统的科目核算方法,按项目开设账页,并在账页中按辅助项设专栏进行明细核算,即所谓多栏账,会导致科目数量成倍增加,造成科目体系庞大、错账率高、难以进行纵向横向分析比较、统计核算汇总不便等许多弊端。采取这种科目结构,即使在计算机上也不会得到理想的管理效率和效果。另外,将成本、费用进行项目核算,可以及时准确地了解各业务利润。例如,内贸业务每一商品的利润、旅游业务每次出团的利润、工业每一产品的利润、外贸业务每一订单的利润等。

6. 丰富的报表查询为管理提供支持

在完成日常业务的基础上,该系统提供灵活多样的查询方式、组合式查询条件,这些报表的提供满足了财务部门账表的数据要求,以及业务部门和分管总经理的查询和汇总要求,同时为统计部门提供必要的统计数据。

7. 实现预算管理

(1) 预算编制

财务部门发布预算表格时,同时提供与预算期相等时间(期)的各预算单位的历史实际数据,供编制者参考;各预算单位编好送至财务部门,预算管理系统据此自动生成预算汇总表;经过董事会决议发布的预算方案,在系统中不能随意修改,如需变更,需在系统中履行签批程序;预算实现滚动编制。

(2) 预算执行

财务人员能够实时掌握各预算的执行情况(发生进度);向各预算单位提供预算执行进度等预算提示报告;预算期内,各预算单位可就预算的部分内容通过规定的程序要求做预算变更,财务系统应当揭示部分预算变更对全面预算的影响(变更前后之分析);对费用和现金实行严格控制,突破预算的支出提供提示、警告以及不得录入等多种选项,并提供单项报告。

(3) 预算评价

提供按月度、季度和年度的预算指标与实际数的对照分析,反映预算执行差额和差率,提供预算执行差异和趋势报告。

参考讨论题

1. 讨论江铃国际集团管理信息系统开发的需求分析。
2. 谈谈江铃国际集团管理信息系统建设中的业务流程重组。

[案例9] 长虹MIS的实践经验

企业管理信息系统(指MRP/ERP等,以下称企业MIS)在中国蓬勃发展,国外的许多软件公司如德国的SAP、荷兰的BAAN、美国的Oracle等,在"用我们的经验帮助贵公司(买方)发展"的招牌下,纷纷在中国设立机构,占领中国的市场;应运而生的中国软件公司也如雨后春笋般生长起来,成为一道亮丽的风景线。然而,买了这些软件的企业抑或是这些企业里的MIS工作者们,其形象却不都很鲜亮,其中有一些还在"走麦城"。根据中国有关部门的调查,全国企业花了近80亿元投资MRP,成功的不多。于是有人认为,MRP不适合中国国情。美国MRP实施很成功的企业也仅占25%左右,即有3/4是失败或半失败的。

按理说败者如云,该商品理应没有销路,但再看看MRP/ERP软件销售,一年几十亿美元,经营业绩年递增10%以上的公司又是如此之多;中国的软件公司,更是从零开始,已经长成了小巨人群体。个中奥妙,不能不发人深思。应该体会的是:MIS软件有市场是因为它确实有用;其处境不佳是因为它并非标签"一贴就灵",而是要下功夫才能使其发挥效用。

一、MIS建设必须以提高企业效益为目标

中华人民共和国成立以来,我国企业学习苏联计划经济模式,以高度集中战胜了开国时期的困难。但是由于计划经济的痼疾,企业的效益始终不很理想。总设计师邓小平的改革开放政策把企业推向市场,企业的价值观发生了根本的变化,企业生存的目标就是使企业的拥有者财富最大化。效率、效益是衡量企业价值的关键尺度。

MIS系统是企业的子系统,这个子系统在企业里的生死存亡,关键不在于它的技术有多先进,界面多么好看,可以应付或通过什么检查,可以充当什么道具,为多少人晋升技术职称创造了条件,而在于它是否在提高企业办事效率,提高企业对市场的响应速度,为企业合理利用资源、节约资源、降低成本、提高效益发挥作用。

在调查中到过一个合资企业,由于其母公司MIS系统建设得很早,我们发现该中国子公司的MRP用的仍是网状数据库,版本也较旧,但是它们几乎一切业务都依赖计算机完成,管理效果不错,且MIS人员也感觉良好。另一个企业在引进时建了一套相当先进的系统,应当说MIS人员也把这个系统管理得很有水平,但是该系统在企业运作中未担当主力,系统投资成了一笔不小的负担。MIS人员对自己的前景也不无隐忧。后者虽然不一定是MIS人员的过错,他们属于英雄无用武之地,认为MIS失败显然有失公正,但也从另外一个侧面说明,假如MIS人员在企业内部不千方百计为生产经营服务,使之成为生产经营中"离不开的人",那么其生存发展动力也不会足。

长虹的计算机应用比较健康,年营业额从几千万元到200亿元的规模增长,在计算机及

其应用的投入方面大约为5000万元,大都投在那些"设计或管理需要的,速度和工作量是人在规定的时间里难以完成"的地方,即抢时间、争速度、降成本、增效益相当紧迫的环境。例如财务和生产计划部门,它们的管理规模随公司成长增加了几百倍,但其人数基本还保持了20年前的数量;物资计划、库房人均业务量都有数量级的增长,其管理精度却有数量级的提高。这些主要归功于长虹"管理是管理者思维的管理"的创新理念,但计算机的应用也是功不可没的。其投资效果,往往不是几年能回收,而有些是当年就能回收。因此,企业的投资热情不断高涨。

二、MIS建设的浓墨重彩是企业文化建设

中国社会是从半封建半殖民地基础上发展起来的,人治,"干部出数字,数字出干部"在经济领域里有相当大的影响。而计算机辅助企业管理则要求"三分技术,七分管理,十二分数据",它与有些管理人员的马虎、踢皮球、逢场作戏的不良作风格格不入。它的可查询、可追溯性还是反腐倡廉的利器。在MIS系统中,一定要注意数据的准确性,否则,系统运行一段时间以后,其中的数据由于"人对计算机说假话(输入不准确的数据)"而导致"计算机对人说废话"(输出结果于管理无补),最后得出"电脑不如猪脑"的结论,从而导致系统的闲置、失败。

早年曾听一位朋友讲过一个故事,说是金马奖检查前夕,某企业为了表现已经运用计算机实现了现代化管理,组织人员连夜把人加工好的报表输到微机里,检查团到来时,很认真地从计算机里"输出"很规整的报表,由于检查的人未加深究,所以检查通过了。当然,后来发生的事是这个道具系统被闲置,失败了。

长虹在MIS建设中,认真分析了自己的厂情,走了一条领导支持、以点带面的路子。公司在20世纪80年代末曾由当时的设计所在全厂建立自己的企业网,但由于认知上的差异,运行不太成功。后来公司领导改变了策略,对那些干部认识深刻又急需的部门,重点扶持。例如,在80年代后期,财务处派人员参加了电子部的培训,回来后干劲很大,要求开展计算机辅助财务管理。考虑其重要性及大多数数据比较结构化的特点,总经理倪润峰在投资上给予保证支持,开发运行有成果时,开发功臣技术职称晋升,当了先进生产者、优秀共产党员。又如总库主任虽然年龄较大,文化也不是很高,但他认为库房是公司的钱包,这么一大堆财产的高效运转对公司效益至关重要,总库一班人提出要上计算机管理。公司领导坚决支持,配备了技术人员和计算机资源,而且倪总从始建至今每天都要亲自阅读其送来的显像管,成品机等进、销、存报表,使子系统人员感到领导十分重视,不断努力改进。他们为了做到次日10点钟之前一定要把全国当天的库存变化送到倪润峰总经理桌上,又要在现有条件下降低运行的费用,全国各库在晚上9点以后(通信费减半)开始发送数据,公司工作人员则通宵达旦复核全国上万笔业务,使数据成为领导决策的可靠依据。经过支持、示范、磨砺,这些子系统在长虹的"倪润峰时代"的生产经营中,适应了公司发展规模经济的需要,为长虹发展做出了贡献。更为重要的是十年磨一剑,由此培养了企业量化管理的文化氛围。这样全公司17个局域网、几百台PC机、上千的人员,依靠计算机处理业务,以至于"如果网络管理人员上班晚几分钟开机,就会有人找领导告状",形成了长虹的计算机应用的办公习惯,为长虹自身的信息建设和进入信息产业做出了有力的铺垫。

三、MIS 建设要努力支持企业深化改革

现在人们对知识经济非常热衷。知识经济时代企业最显著的特征是企业的结构随着产品技术进步、市场变化而快速变化,时效经济和消费个性化会不断增强。在企业核心能力不断优化,创建和优化生态环境,组织虚拟生产或低成本扩张时,由于有许多风险必须由企业家去化解,企业家越来越成为企业诸生产要素中的关键要素。企业家的精力是有限的,怎样才能使企业家在自己的舞台上指挥"更大的乐队呢"? 一个优秀的信息系统能使企业家对企业了如指掌,用数据帮助企业家瞻前顾后,使企业家能把有限的精力更多地用于处理风险规避上。

有人把企业管理划分为五代:以所有制为核心的管理为第一代;严格等级制度的管理为第二代;矩阵型组为第三代;以计算机网络化为特征的第四代;知识网络化为第五代。依照这个观点,中国的企业大多数还处在第二代。正如人民公社"一大二公"未能使农村社会主义建设一蹴而就,家庭联产承包反而使农民走上了小康致富之路一样,中国当前不少效益好的企业,并不是一步跨入第五代,而是从第二代管理中脱颖而出。西方发达国家的不少企业已经用第五代管理模式在跑,中国企业如果还一个劲儿地坚持"拍脑袋"管理,当然是不行的。从第二代基础上急起直追,以至于要面对面地同第五代管理的企业竞争,这就决定了中国企业必须走从体制到操作不断深化的改革之路。我们改进计算机系统,把最新的网络技术运用到企业 MIS 中来,既不能不顾及企业的文化现实,又不能一味照顾落后,尤其不能借 MIS 模型捆绑了企业家改革发展的手脚。

一些陈旧版本的 MIS 软件声称自己就是最先进的管理思想,要求企业千篇一律、照抄照搬,一旦实施完成以后,企业的组织机构和业务流程就很难改动;还有一些企业的 MIS 人员,有一劳永逸的思想,在系统基本成功以后,不去钻研管理和技术,不去解决企业深化改革中的新业务、新流程,这样因循守旧会使自己的系统慢慢老化,最后退役。所以 MIS 建设者们一定要注意企业不断深化改革的需求,以"发展才是硬道理"这样一个定式,不断紧跟自己企业的改革进程,有所发明、有所创造、有所前进。

长虹公司在过去建设了 17 个局域网,这些网在长虹发展中功不可没。为了适应发展,长虹的领导对企业进行了集团化改造,内部推行了事业部制,企业的地域跨度也越来越大。在这种情况下,企业停留在各个部门的孤岛状态已不适应公司的发展要求。公司领导把过去从属于公司规划处的专业人员独立出来,成立了计算机信息管理处,又指导该处对公司的信息集成做了总体规划。领导小组通过几个月的努力,已对长虹第二代信息系统的建设需求做了规划,目前正加紧进行招商洽谈。

在引进先进管理思想,结合企业现状的情况下,强化职能责任、规章制度、业务流程和数据规范,统一文档格式;借助系统进一步理顺关系,规范管理,精细核算。系统选型特别强调了适应动态企业的经营理念和客户服务功能。相信其实施后,能使长虹集团信息化水平再上一个台阶。

四、优秀的 MIS 数据平台系统是企业的重要资源

随着信息技术的发展,商品的流通体制正在日益发展,由于地域时滞造成的商业机遇正

在逐步变少,只有对用户需求及技术创新超前响应的企业才有可能持续取得可观的利润。整个地球已经从过去的短缺经济过渡到了过剩经济。这个时代的企业,竞相将其产品和服务展现在用户面前,用户购买了某公司的产品,相当于对该公司的生存和发展投了一张赞成票,顾客的忠诚度和信任度成为企业生存的基础之一。

当一个社会需求反映到企业,或者企业家有了一个好的产品创意之后,如何以较快的速度和较低的成本先于竞争对手把产品放到商店的货架上和送到顾客家中,已成为企业竞争取胜的看家本领,这就不能不建设一个快速反应的信息系统。

过去的企业管理部门每个月底都要根据当时的要求做出一些管理报表,这些报表反映了当时管理者的需求。但是在知识经济社会中,谁能预料5年以后企业需要什么样的数据分析?能否从这些文档中获取?因此现在的MIS建设,应当重视数据平台的建设。所谓数据平台,即把企业生产经营中人、财、物、产、供、销最基础的原始数据,用数据仓库保存起来,形成企业的主营业务数据;同理,相应建立本行业的行业数据,与社会有关的综合数据,三者结合形成数据平台。当企业在今后运作的任何时刻,企业家需要做经营决策时,数据分析师可以根据企业家的思路运用数据挖掘、分析技术,做出有关的分析图表,为企业家决策提供依据。由此可见数据平台是企业的重要资源。

综上所述,不能把企业的MIS建设仅仅看成是减少劳动力占用、提高办事效率的手段,更重要的是为企业积累无形资产的过程。它也是企业生存发展的要素之一。国外有公司早几年曾提出网络就是计算机,现在进一步提出网络就是生活,这是很有道理的。

以长虹公司为例,公司每年产销上千万台电视机、空调、VCD等,长虹产品已经有了三四千万的消费者。客户买了长虹产品,更关心长虹的后续产品,及时调查了解他们对长虹如何发挥产品和服务的优势,有哪些不足和改进的建议,比一般的社会调查要直观得多。还有长虹的几十万股东,则更是对长虹倍加关心、精心呵护,他们对长虹公司生产经营的建议,无疑是公司发展的宝贵财富。这些信息的收集、整理和分析都需要海量存储的数据信息系统。建成的这一数据平台相当于是请长虹的"衣食父母"和"所有者们"为长虹办了一个"点子公司"。在长虹宣布进入信息产业之际,投资建设自己的第二代的信息系统,反映了企业管理者"不断追求高目标"的思想境界,正在努力增强自己"用高技术造福大众"的竞争实力。

参考讨论题

1. 长虹MIS与组织管理变革。
2. 你从长虹MIS中得到了哪些经验。

第 12 章　大数据时代的信息管理

本章通过对大数据现象的观察与分析,给出大数据的特征和意义,对大数据对信息管理的影响和变革进行了展望,提出信息管理学界应对大数据的几点对策建议。

12.1　大数据现象的观察与分析

12.1.1　大数据现象的源起与发展

有关大数据的提法最早见于 1980 年美国著名未来学家阿尔文·托夫勒的《第三次浪潮》一书中。当时所谓的大数据只反映出字面意义,即指数据量大,并未涉及大数据的类型、存储能力以及分析处理技术。

自 20 世纪 90 年代中期,大数据在信息产业界和学术界逐渐引起关注。2000 年以后,世界著名机构、专家和学者纷纷把目光聚焦在大数据现象上,全方位审视大数据的内涵和潜在的应用价值。Gartner Group 公司首次从大数据特征的角度对大数据进行了相对明确的定义,即强调大数据必需的 3V 特征——容量大、多样化和速度快。IBM 在以上 3V 的基础上归纳总结了第四个 V,即真实和准确。只有真实而准确的数据才能让对数据的管控和治理真正有意义。

2011 年,世界著名的咨询机构麦肯锡公司发布了《大数据:创新、竞争和生产力的下一个前沿》,详细列举了大数据的核心技术,深入分析了大数据在不同行业的应用,明确了政府和企业决策者应对大数据发展的策略。近几年来,各国政府和国际组织也逐渐意识到大数据对社会经济发展与管理的巨大价值潜力,纷纷将大数据提升到战略层面,制定详细的计划,主动应对大数据带来的变革和挑战。2012 年 3 月,美国政府宣布投资 2 亿美元启动"大数据研究和发展计划",大力推动和改善与大数据相关的收集、组织和分析工具及技术,以推进从大量的、复杂的数据集合中获取知识和洞见的能力。

大数据技术之所以火爆全球,主要是因为近年来互联网、移动通信、云计算和物联网行业的迅猛发展。面对数以亿计用户的互联网服务时时刻刻在产生巨量的交互数据,要处理的数据量实在太大,增长也太快了,而业务需求和竞争压力对数据处理的实时性、有效性又提出了更高的要求,面对这样的挑战,传统的常规技术手段根本无法应付。

虽然"数据爆炸"的概念在 20 世纪 80 年代就有人在提,那为什么大数据问题到现在才爆发呢? 这其中最核心的原因还是大数据的价值。上一代的信息系统还停留在应用管理、流程管理的阶段,主要是用计算机来协助人们管理生产办公中遇到的计算问题、程序化问题、报表问题等。其中关系数据产品发展了三十多年,最根本地也只是增加了数据的格式化、归档和查询、统计等基本的管理功能。然而,随着经济全球化的发展趋势和发达国家新一代信息技术的不断更新,对数据的需求已不再限于归档和统计等了,数据内在的价值才是决定国家和企业生存以及保持核心竞争力的根本。

那到底多大的数据才称得上"大数据"呢？其实答案要视应用而定。从应用的角度，当数据量大到传统技术难以处理时，就可称为"大数据"了。当然，这只是最基本的概念。

12.1.2 对大数据的认识

如何准确描述大数据现象及其特点，国内外著名的企业、机构、专家和学者的观点不尽相同。这里先简要介绍几种代表性的观点。

麦肯锡对大数据的定义是："大数据是指大小超出传统数据库软件工具的抓取、存储、管理和分析能力的数据群。"

根据维基百科的表述，大数据是难以用现有的数据库管理工具处理的兼具海量特征和复杂性特征的数据集成。

本书认为，大数据是指超出了常用硬件环境和软件工具收集、管理和处理数据能力的复杂性数据集。

大数据是个动态的定义，不同行业根据其应用的不同有着不同的理解，其衡量标准也在随着技术的进步而改变。受限于数据处理技术水平，2000年以前提及的大数据仅仅指数据容量巨大，大数据还没有成为一种现象，而2000年以后，出现的大数据现象已超越了对量的强调，进一步指向多样的数据类型、丰富的数据来源以及超传统的数据处理技术等。而且，大数据的威力体现在如何处理这些数据，如何分析这些数据，基于这些洞察又将采取什么样的行动，以及如何利用这些数据来改变业务等方面。

为了认清大数据的本质，下面列出了大数据与传统数据的区别。
(1) 大数据多属机器自动化或半自动化生成；
(2) 大数据一般来自多种数据源；
(3) 大数据包含非结构化的数据类型；
(4) 大数据的分析方法和理念不同于以往；
(5) 大数据要求数据处理技术有新的突破。

本书认为，大数据是数据和技术的结合。从数据角度看，大数据具有多源头、多类型的特质。从技术的角度看，大数据的关键技术搭建了从数据到知识转变的桥梁，从而成就了大数据现象。从信息处理技术上来讲，大数据的技术应该包括数据采集技术、预处理技术、存储技术、数据分析技术和结果展示技术。

归纳起来，大数据的特点有以下五个方面：
(1) 数据体量巨大。
(2) 数据类型繁多。
(3) 处理速度快。大数据往往以数据流的形式实时快速地产生，其价值的高低随着时空的变化而发生变化。
(4) 数据获取与发送方式自由灵活。
(5) 应用价值巨大。

12.1.3 大数据的意义

大数据继云计算和移动互联网之后成为信息技术的又一大热门话题，有关大数据的话题也逐渐从讨论大数据相关的概念,转移到研究从业务和应用出发如何让大数据真正实现其所蕴含的价值。

我们先来看看大数据的商业价值。大数据可以应用于企业的研发设计、生产制造、经营管理、市场营销、客户服务、科学决策、项目管理、节能减排、安全生产等环境和领域,构建一个智慧企业,并产生巨大的商业机制。根据麦肯锡公司的初步总结,大数据可以通过以下5种方式为企业创造价值:

(1) 减少"信息不对称"。以信息流带动技术流、物资流、资金流、人才流,促使市场资源的优化配置。

(2) 发现客户需求规律。随着企业创造并存储更多数字化的交易数据,并收集更多准确而详细的绩效数据,企业能够通过对比,运用数据分析做出更好的决策。

(3) 对客户进行细分。利用大数据技术,企业能够对客户群进行非常具体的细分,以便精确地定制产品和服务,最大限度地满足客户的需求。

(4) 提高科学决策水平。成熟的分析方法能够显著改善决策过程,使决策造成的风险最小化,并在一定程度上预见未来。

(5) 创新商业模式。大数据让企业能够创造新产品和新服务,改善现有产品和服务,甚至创造全新的商业模式。

企业应用大数据要做好如下工作:归集相关数据,包括企业内部数据和企业外部数据,如互联网上的数据。建立应用场景,把大数据应用于研发设计、生产制造、经营管理、市场营销、客户服务、领导决策等环境和领域。设立大数据管理部门和首席数据官(CDO)、大数据分析师等岗位,建立企业数据管理制度。当然,如自身没有力量进行大数据分析,可以委托专业机构来进行大数据分析。

无论如何,拥有大量的数据本身并不会增加任何价值。事实上,拥有任何一个数据集,无论它们多大或者多小,其本身都不会带来任何价值。被收集来的数据如果不投入具体的环境中并付诸使用,那么数据将毫无意义。

大数据使得应用领域有了改变游戏规则的能力,支持了新的业务应用。大数据催生了新的业务应用,新的业务应用又产生新的数据,周而复始使得数据与应用相互发展着。

大数据的核心是发现价值,而驾驭大数据的核心是分析。大数据分析的目的更加注重解答"是什么",而不是"为什么"。也就是把人们从对因果关系的追求中解脱出来,转而将注意力放在相关关系的发现和使用上。在这瞬息万变的世界,知道是什么比知道为什么更为重要。

立身于大数据时代的我们,应该更加专注于大数据的核心价值,如何转化和激发它的潜能,赋予其新的生命,创造出更多的业务提升机会,这才是真正的重点所在。

12.2 大数据背景下信息管理面临的挑战

大数据已经为个人生活、企业经营,甚至国家和社会都带来了影响。关于大数据对人类的影响,许多知名专家都给出了判断。可以预见,大数据是一场数据革命。它是一种创新,更是一种挑战,颠覆性地影响着社会发展的方方面面。我们正迎来"大数据"时代。无论是结构化数据还是非结构化数据,都在以想象不到的速度增长着,且需要实时根据这些数据做出决策。

12.2.1 大数据对信息管理业务流程的挑战

在前面的章节中指出,数据处理的流程包括产生数据,收集、存储和管理数据,分析数据,利用数据等阶段。其实,大数据应用的业务流程也是一样的,包括产生数据、聚集数据、分析数据和利用数据等阶段,只是这一业务流程是在大数据平台和系统上进行的。

整个大数据的处理流程可以定义为在合适工具的帮助下,对广泛异构的数据源进行抽取和集成,并按照一定的标准统一存储,再采用合适的数据分析技术对存储的数据进行分析,从中提取有益的知识,最后利用恰当的方式将结果展现给终端用户(见图12-1)。简要地说,可以分为数据抽取与集成、数据分析以及数据解释。

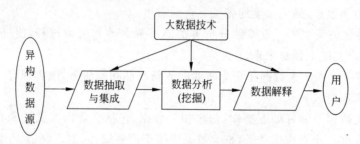

图 12-1 大数据信息管理流程

1. 数据抽取与集成

大数据的一个重要特点就是多样性,这意味着数据来源极其广泛,数据类型极为复杂,这种复杂的数据环境给大数据的处理带来极大的挑战。要想处理大数据,首先必须对所需数据进行抽取和集成,从中抽取实体和关系,经过关联和聚合后采用统一定义的结构来存储这些数据,在数据抽取和集成时还需要对数据进行清洗,保证数据质量的可信性。

2. 数据分析

数据分析是整个大数据处理流程的核心,因为大数据的价值产生于分析过程。从异构数据源抽取和集成的数据构成了数据分析的原始数据,根据不同应用的需求可以从这些数据中选择全部或部分进行分析。所以,大数据的分析方法在大数据领域就显得尤为重要,可以说它是决定最终信息是否有价值的决定性因素。

3. 数据解释

数据分析是大数据处理的核心,但是用户往往更关心结果的展示。如果分析的结果正确,但是没有采用适当的解释方式,则所得到的结果很可能让用户难以理解,极端的情况下甚至会误导用户。

详细地说,大数据对信息管理流程带来的挑战是全面化的,包括获取、存储、搜索、处理、分析、共享和可视化。

首先，需要说明的是，驾驭大数据的一个关键是对大数据流进行过滤，鉴别出哪些是重要信息，从而丢弃那些对某些特定目标来讲毫无价值或低价值的数据。

随着数据量的迅猛增加，如何有效地存储和管理不同来源、不同标准、不同结构、不同实时性要求的大数据已经成为信息领域的一大课题。

紧接着，如何能够开发出经济实用的大数据应用解决方案——大数据系统，使得用户能够利用手中掌握的各种数据，揭示数据中所存在的价值，从而获取竞争优势。而且，要求大数据系统要能够把结构化数据的方法、工具和新兴的非结构化数据的方法和工具有机地结合。

大数据所蕴含的价值需要挖掘，而这种大海捞针的工作极富挑战性。大数据分析需要革命性的理论和新算法的出现。大数据时代呼唤从以计算为中心到以数据为中心的改变。另外，许多大数据应用需要实时的数据分析能力，因此提高数据分析的效率和速度是大数据分析的又一挑战。

数据可视化无疑是一门数据分析人员必备的技术。那什么是数据可视化？顾名思义，就是将数据用可视化的方式展现出来。它不仅可以帮助我们探索数据内在价值，还能帮助我们直观有效地展示分析结果，从而更容易地让人接受我们所希望传达到的关键信息。

另外，大数据给信息安全带来了新的挑战。由于各种在线应用中共享数据的比例在增大，这种大量的数据共享的一个潜在问题就是信息安全。信息安全的另一方面是管理。大数据时代信息安全需要更完备的信息安全标准。

总之，在大数据时代，业务部门需要以新的视角来面对大数据，接受和利用好大数据，创造更大的业务价值。

12.2.2 大数据对信息管理学科和信息管理人才的挑战

随着大数据时代的来临，大数据分析已经成为一个被热议的话题。大数据的出现也改变了人们传统的思维模式，人们在做决策时不再仅仅凭借感觉和经验，应养成一种依靠数据分析来判断和决策的习惯，而这种决策方式也更具有说服力。用数据分析为管理层提供决策支持主要有以下三种：

(1) 对数据进行挖掘；

(2) 对已收集的大数据进行分析；

(3) 依据数据进行决策。

"智能决策"和"数据支持"都是大数据时代的热门词汇。两者时常被混淆或等同。好像一旦有了足够的、真实的和及时的数据，就能做出正确的决策。这是理解上的一个误区。如果两者等同，拥有同样数据和信息的决策者就应做出相同的决策。实际上，在大多数情况下，决策者都会做出不同的决定。那么决策的智能从何而来呢？决策者在进行决策时要有数据意识，形成"用数据说话、用数据决策、用数据管理、用数据创新"的思维和理念。将数据加工成信息，将信息提炼成知识，用以支持决策的过程是一个系统工程。这就需要专门的新兴学科和专门的创新型人才。

1. 数据科学的出现

大数据的兴起，催生了一个新的学科，即数据科学。

数据科学可以简单地理解为预测分析和数据挖掘，它是统计分析和机器学习技术的结合，用于获取数据中的推断和洞察力。数据科学的典型技术包括：优化模型、预测模型、统计分析。

提及"数据科学"，人们可能会联想到另外一个似乎类似，却又无法清楚区分开的名词——"商业智能"。其实，商业智能更关注于过去的旧数据，其结果的商业价值相对较低；而数据科学更着眼于新数据和对未来的预测，其结果的商业价值相对更高。但是我们也看到，两者并不存在一个明确的划分，只是各有偏重而已。

大数据需要数据科学，大数据的下一步是数据科学，要做到的不仅是存储和管理，而是预测性的分析。数据科学将真正利用到统计学的力量，但是数据科学也并非简单的统计学，它需要新的应用、新的平台和新的数据观，而不是现有的、传统的基础架构与软件平台。

需要说明的是，并不是说数据科学出现，信息管理学科就过时了，新的时代需要两者有机地结合、整合或融合。

2. 数据科学家的需求

数据科学团队要解决的问题是如何实现大数据的价值。这是一个跨学科的团队，由多种角色的人员组成，包括数据科学家、程序员、统计人员、业务人员等。其中，数据科学家是有着宽阔视野的复合型人才，除了和相关人员合作以外，数据科学家应帮助制定出适合各种决策人员的大数据计划和策略。

大数据时代，需要处理的数据集合，不但在规模上急剧增长，数据类型也更趋复杂，对数据分析人员提出了更高的要求。未来的数据分析人员需要具备多方面的技能和素质，以适应深度分析数据的需要。

对数据分析人员的需求量也在激增。据2011年麦肯锡全球研究所的一份报告预测，美国到2018年对具有良好信息素养的经理人才的需求量大约在150万，此外，还需要14万～19万数据分析方面的资深专家。为满足人才需求，美国政府率先行动，实施了一系列促进计划，以鼓励研究型大学设立跨学科的研究生专业课程，培养新一代数据科学家和工程师。

让数据说话，让数据驱动决策，这些观点已经被人们普遍接受了。在这个从数据中"钻取石油、开采黄金"的时代，我国的信息管理专业如何抓住大数据时代的机遇，变革发展战略，以培养出更多符合社会需求的高层次复合型人才，成为当务之急。大数据时代的到来，提出了许多新的市场需求，如何跟上时代的步伐，重新定位信管专业的培养目标，重新进行课程体系设计，有针对性地提升师资队伍建设，都是摆在我们面前的任务。

12.3 应对大数据的几点对策

近几年来，大数据技术飞速发展，已从前两年的膨胀阶段、炒作阶段转入理性发展阶段和落地应用阶段。虽然大数据仍然存在一些问题，但前景是非常乐观的。以企业为例，未来大数据的技术将呈现以下发展趋势：

（1）企业数据孤岛将被打通，大数据将发挥更大的价值

当今企业大数据面临的一个重大挑战就是数据的碎片化。我们有理由相信，更多企业

会去推动内部数据打通,并在此基础上实现内外部数据打通,从而更好地发挥大数据关联和整合的业务价值。

(2) 大数据将在企业运营中落地,企业经营更加精细化

由于当今很多企业不太了解大数据技术,导致在搭建大数据部门时犹豫不决,从而阻碍了企业大数据方向的发展,也阻碍了企业积累和挖掘数据资产,因此,需要推动和分享大数据应用场景,让更多的业务人员了解大数据的价值。

(3) 大数据将成为企业重要的战略资源,助推企业参与市场竞争

随着大数据应用的发展,大数据价值得以充分体现,大数据在企业或社会层面成为重要的战略资源,将是大家抢夺的新焦点。我们有理由相信,越来越多的企业和机构会将大数据定位为企业的无形资产,并对其做系统化的管理和应用。

(4) 大数据和人工智能深度融合,成为人工智能发展的重要驱动力

人工智能的发展目前还停留在弱人工智能阶段,很难超越人类的认知能力,甚至达不到与人类匹配的认知能力。人工智能专家吴恩达曾把人工智能比作火箭,并把大数据看作是火箭的燃料。

总之,数据能够产生价值,因为数据背后反映的是信息,不同的学派和实践者对于"管理"的本质可能有着迥异的理解,但所有的人都会承认,管理最核心的要素之一就是信息的收集与传递。大数据将掀起一场管理革命,无论是企业界、学术界,还是政策界都将受到重大影响。对于信息管理界来说,如何利用大数据为管理服务,就是必须面对的课题。

目前,大数据研究与应用已经成为信息管理领域的热点。同时,也给信息管理学科的发展带来了创新的要求。如果没有创新,我们现在仍将生活在石器时代,因为只有创新才可以引发变革和进步。为了应对大数据,本书从宏观上对信息管理改革和创新提出以下几点思路和参考意见:

1. 提高认识

大数据对信息管理带来了深刻的影响和挑战,信息管理者必须充分认识,建立忧患意识,建立大数据背景下信息管理工作的新思维。

2. 制定战略

要推动大数据应用持续深入,必须制定相应的大数据发展战略,或者说,要从战略的高度研究大数据相关问题。

3. 推动改革

大数据的特点意味着大数据一旦为业务部门所采用,其工作流程将打破传统的模式,在一定程度上革新甚至再造。

4. 加强学习

找到恰当的搜集、处理、分析软件,是更好地应用大数据的必要条件,所以要求我们必须主动去学习大数据技术知识。

5. 培养人才

传统的信息管理人才培养与大数据的发展要求有很多明显不适应的地方。谷歌首席经济学家哈尔·范里安曾预言,分析型人才将成为市场上最抢手的人才。不可否认,大数据的发展会产生一种新的信息系统,因此,要研究新型信息管理人才与数据分析师的关系,培养数据科学家,以应对大数据分析的需要。

参 考 文 献

1. 王文举. 信息学概论. 北京：中国商业出版社，1995.
2. 岳剑波. 信息管理基础. 北京：清华大学出版社，1999.
3. 胡昌平. 信息管理科学导论. 北京：科学技术文献出版社，1995.
4. 钟守真，李培. 信息资源管理概论. 天津：南开大学出版社，2000.
5. 谢阳群. 信息资源管理. 合肥：安徽大学出版社，1999.
6. 孟广均. 信息资源管理导论. 北京：科学出版社，1998.
7. 潘大连. 信息资源管理的概念、技术和实践. 北京：中国大百科全书出版社，1994.
8. 甘仞初. 管理信息系统. 北京：机械工业出版社，2001.
9. 严建援. 管理信息系统. 太原：山西经济出版社，1999.
10. 薛华成. 管理信息系统. 北京：清华大学出版社，1999.
11. 朴顺玉，陈禹. 管理信息系统. 北京：中国人民大学出版社，1995.
12. 陈佳. 信息系统开发方法教程. 北京：清华大学出版社，1998.
13. 邝孔武. 管理信息系统分析与设计. 西安：西安电子科技大学出版社，1995.
14. 杜栋. 管理控制论. 徐州：中国矿业大学出版社，2000.
15. 周宝曜，等. 大数据：战略·技术·实践. 北京：电子工业出版社，2013.

教学支持说明

▶▶ 课件申请

尊敬的老师:

您好!感谢您选用清华大学出版社的教材!为更好地服务教学,我们为采用本书作为教材的老师提供教学辅助资源。鉴于部分资源仅提供给授课教师使用,请您直接手机扫描下方二维码实时申请教学资源。

任课教师扫描二维码
可获取教学辅助资源

▶▶ 样书申请

为方便教师选用教材,我们为您提供免费赠送样书服务。授课教师扫描下方二维码即可获取清华大学出版社教材电子书目。在线填写个人信息,经审核认证后即可获取所选教材。我们会第一时间为您寄送样书。

任课教师扫描二维码
可获取教材电子书目

 清华大学出版社

E-mail: tupfuwu@163.com   网址: http://www.tup.com.cn/
电话: 8610-62770175-4506/4340   传真: 8610-62775511
地址: 北京市海淀区双清路学研大厦B座509室   邮编: 100084